W0084326

Mit Kreuz und Kutte

Sabine Buttinger

Mit Kreuz und Kutte

Die Geschichte der christlichen Orden

Bibliografische Information Der Deutschen Nationalbibliothek
Die Deutsche Nationalbibliothek verzeichnet diese Publikation in der Deutschen National-
bibliografie; detaillierte bibliografische Daten sind im Internet über *http://dnb.d-nb.de* ab-
rufbar.

Bildnachweis: Die Abbildungen im Innenteil stammen von Picture Alliance, Frankfurt.

Umschlaggestaltung: init, Büro für Gestaltung, Bielefeld, unter Verwendung von Abbildun-
gen von Getty Images (Kreuzgang, Mönch mit Rosenkranz), bpk/scala (Miniatur mit dem
Hl. Benedikt, Betende Nonne) und Picture-Alliance (Hl. Franz von Assisi, Q-Initiale mit
Zisterzienser).

© 2007 Konrad Theiss Verlag GmbH, Stuttgart
Die Herausgabe des Werkes wurde durch die
Vereinsmitglieder der WBG ermöglicht.
Alle Rechte vorbehalten
Redaktion: Ricarda Berthold, Freiburg
Satz und Gestaltung: Satz & mehr, R. Günl, Besigheim
Druck und Bindung: Himmer, Augsburg

ISBN: 978-3-8062-2073-5

Besuchen Sie uns im Internet: www.theiss.de

INHALTSVERZEICHNIS

EINLEITUNG

Am 15. Februar 1944 steuerten Kampfflugzeuge der US-Streitkräfte auf den Monte Cassino südöstlich von Rom zu. In zwei Angriffswellen warfen sie über 400 Tonnen Spreng- und Brandbomben über dem gleichnamigen Kloster auf dem Gipfel des Berges ab. Nach wenigen Stunden war die 1300 Jahre alte Abtei dem Erdboden gleichgemacht. Die Annahme der Alliierten, die Deutschen, deren Stellungen sich unweit des Klosters befanden, hätten die heilige Stätte selbst militärisch genutzt, sollte sich später als Irrtum erweisen. Neben den Mönchen hatten sich nur zivile Flüchtlinge hinter den Klostermauern aufgehalten. Obgleich die folgende monatelange Schlacht um den Monte Cassino zu einem der verlustreichsten Gefechte des Zweiten Weltkriegs zählt, war es die Zerstörung des Klosters, die von der Öffentlichkeit als besonders schmerzlich empfunden wurde. Inmitten millionenfachen Sterbens hielt die Welt für einen kurzen Moment inne und beklagte den Untergang der „Wiege des Abendlandes". Unter großen Mühen und hohem finanziellen Aufwand des italienischen Staates wurde das Kloster in zehnjähriger Arbeit nach dem Krieg in seinem barocken Kleid wieder aufgebaut.

Die Abtei war aus einer bescheidenen Mönchsniederlassung erwachsen, die Abt Benedikt von Nursia im sechsten nachchristlichen Jahrhundert auf dem Monte Cassino errichtet hatte. In den folgenden Jahrhunderten entwickelte sie sich zur Keimzelle des Benediktinerordens, der entscheidende Impulse für die Entwicklung des Mönchtums im gesamten christlichen Europa gab. Dass man Montecassino und damit die Orden und Klöster als geistiges Fundament des Abendlandes würdigt, verrät, wie tief greifend sie das Werden der modernen Welt über lange Zeit gestaltet haben und wie fest ihre Leistungen auch im Bewusstsein der säkularisierten Gesellschaft des 20. Jahrhunderts verankert sind.

Dieses Buch möchte einen historischen Überblick über die Geschichte der bedeutendsten christlichen Orden des Abendlandes von ihren Anfängen in der Wüste über ihre Blütezeit im Mittelalter und den Herausforderungen des konfessionellen Zeitalters bis zu ihrem Fortwirken in der Gegenwart geben. Mit „Orden" sollen dabei alle religiösen Lebensgemeinschaften gemeint sein, die einer gemeinsamen Regel folgen. Ein Anliegen des Buches ist es, die Vielfalt monastischen Lebens während der letzten 1500 Jahre aufzuzeigen. Einende Klammer aller Mönche, Nonnen und Kleriker war und ist ihr Ziel und der Sinn ihres Lebens: die Nachfolge Christi in Gemeinschaft. Doch es gab viele Wege und Pfade, dem Erlöser zu folgen. Einige führten in die Stille der Einsamkeit, andere eröffneten sich durch kraftvolles Gebet und reiche Liturgie. Manche führten in die belebten Städte an die Lager der Kranken und in die Behausungen der Elenden. Und wieder andere bedeuteten den kompromisslosen Eintritt für den Namen des Herrn und die Lehre der Kirche.

Welchen Weg eine Ordensgemeinschaft einschlug, bestimmten die Zeit, die Gesellschaft und das geistige Klima. Kutte und Schleier zu tragen hieß nicht, isoliert von der Welt hinter dicken Mauern zu leben. Mönche und Nonnen reagierten sensibel auf ihre politische und geistige Umwelt. Sie passten sich Veränderungen mitunter in erstaunlicher Flexibilität an, indem sie ihr Tun beständig hinterfragten und immer wieder zu Aufbruch und Neuanfang bereit waren. Obgleich unter dem Schlagwort „Reform" zumeist eine Rückkehr zum Altbewährten proklamiert wurde, schufen die vielen Reformbewegungen in Wirklichkeit neue Wege der Christusnachfolge, die von ausgetretenen Pfaden abzweigten, nicht selten andere Wege monastischer Tradition kreuzten, bisweilen aber auch in einer Sackgasse stecken blieben. Der Leser passiert dabei wichtige historisch-politische Marksteine wie den „Investiturstreit" um das Jahr 1100, den Armutsstreit im 14. Jahrhundert sowie die Reformation, die die Schritte der Mönche, Nonnen und Kleriker entscheidend lenkten.

Im Rahmen dieses Buches ist es nicht möglich, jede der Ordensgemeinschaften und geistlichen Gruppierungen zu behandeln, deren Zahl sich im Lauf der Geschichte ins Unüberschaubare entwickelt hat. Die folgende Darstellung beschränkt sich deshalb darauf, die Geschicke vornehmlich der großen Orden der Benediktiner, Franziskaner, Dominikaner und Jesuiten mit ihren bedeutendsten Zweigen von ihren Anfängen bis zur Gegenwart zu begleiten. Dass ein Kapitel den Freimaurern und Illuminaten des 18. Jahrhunderts gewidmet ist, mag Erstaunen hervorrufen, sind diese Gemeinschaften doch keineswegs christliche Orden. Gerade sie spiegeln aber nicht nur die Geisteshaltung des 18. Jahrhunderts wider, die sich massiv auf die Geschichte der Orden und Klöster auswirkte. Sie boten den Menschen in der Zeit des Antiklerikalismus erstmals die Möglichkeit, ein geistliches Ziel außerhalb von Kirche, Konfession und Religion in Gemeinschaft zu verfolgen. Nicht zuletzt durch ihre Statuten und inneren Strukturen kann man sie als „Anti-Orden" sehen, die leicht in die Nähe von Ersatzreligionen gerieten.

Auch die Personalprälatur Opus Dei ist kirchenrechtlich kein Orden, soll aber, zumal sie zunächst als Ordensgemeinschaft gegründet wurde, in die Darstellung mit einbezogen werden. Denn auch sie vereint Christen, die einem gemeinsamen Ziel dienen und sich in der Nachfolge Christi sehen.

Abgerundet und beschlossen wird das Buch durch einen intensiven Blick in die Ordensregeln der Benediktiner, Franziskaner, Klarissen und Jesuiten, die das Leben der Mönche, Nonnen und Patres bis in die Gegenwart bestimmen. Noch heute besitzen sie dieselbe Gültigkeit wie zum Zeitpunkt ihrer Entstehung. Dennoch ist die Geschichte der religiösen Gemeinschaften längst nicht abgeschlossen, sondern fordert die Zeitgenossen wie eh und je in Lob und Kritik heraus.

ASKETEN, EINSIEDLER UND MISSIONARE

Die Anfänge des christlichen Mönchtums

Begibt man sich auf die Suche nach den frühesten Spuren christlichen Mönchtums, so führt diese zunächst nicht nur in den Orient, sondern ganz konkret in die Wüste.

Die frühen Christen hatten noch ganz in der Naherwartung des Weltenendes gelebt, an dem Jesus Christus wiederkehren und Gericht über die Lebenden und Toten halten würde. Das Ende vor Augen, war ihnen der Gedanke fern, selbst in die Fußstapfen Jesu zu treten und sich den Gottessohn für ihr eigenes Leben zum Vorbild zu machen. Doch der große Weltenbrand blieb aus, der Heiland kehrte nicht zurück. Stattdessen machten sich religiöser Eifer und Verunsicherung gleichermaßen breit. In den ersten nachchristlichen Jahrhunderten war der Glaube an Jesu Tod und Auferstehung noch keiner festen und verbindlichen Lehre gefolgt. Die jungen Christengemeinden hatten viele Wege gekannt, ihren Glauben zu praktizieren. Grundlage waren ihnen die Evangelien, die Apostelgeschichte und die Briefe des Paulus gewesen. Dabei blieb es nicht. Woran glaubte ein Christ eigentlich? Was beinhaltete die Lehre von der Dreieinigkeit? War Jesus Christus Gott gleich oder nur ähnlich? Welcher Natur war der hl. Geist? Der Anspruch, im Besitz des wahren Glaubens zu sein, den Christen gegenüber Andersgläubigen äußerten, führte dazu, die eigene Religion zu definieren und den ursprünglich freien Glauben in feste Formen zu gießen. Während Bischöfe und andere geistliche Würdenträger bald auf Synoden und Konzilien über die rechte Lehre stritten, besannen sich andere auf Jesu Worte, der Welt zu entfliehen und sich in ihr nicht zu verlieren.

Väter der Wüste
Christusnachfolge in Einsamkeit und Gemeinschaft

„Wenn du vollkommen sein willst, geh, verkaufe deinen Besitz und gib das Geld den Armen; so wirst du einen bleibenden Schatz im Himmel haben; dann komm und folge mir nach." Dies war Christus' Vermächtnis an die Welt (Mt 19,21). Ein solcher Anspruch ließ sich für manchen Christen des 3. Jahrhunderts im lauten Treiben der pulsierenden spätantiken Städte und im Lärm der immer stärker werdenden Auseinandersetzungen um die rechte Auslegung des Glaubens nicht verwirklichen. Sie beschlossen deshalb, die sündige Welt zu verlassen und in unwirtlicher Umgebung in Einsamkeit und Entsagung Gott zu suchen. Mönche (griech. *monachos* = der Alleinlebende) nannten die Zeitgenossen die Menschen, die ein Leben als Eremiten (griech. *eremía* = Einsamkeit) auf sich nahmen und seit dem dritten nachchristlichen Jahrhundert zunächst in Ägypten, dann auch in Kleinasien und Syrien belegt sind. Wie Jesus einst in der Wüste gegen die Versuchungen Satans gekämpft hatte, so suchten sie in der Überwindung körperlicher Begierden ihren Geist frei zu machen für Gott.

Der bekannteste dieser Wüstenväter ist der hl. Antonius († 356). Wie sein Biograph Athanasius, Bischof von Alexandria, berichtet, zog er sich schon in seiner Jugend in die Einsamkeit zurück. Als Behausung dienten ihm eine kleine Hütte, ein verlassenes Kastell und sogar eine Grabkammer. Der Ruf seiner großen Frömmigkeit und Weisheit zog bald Schüler an, die sich ihrerseits als Einsiedler in seiner Nähe niederließen und es ihm gleichtun wollten. Briefe und unter seinem Namen überlieferte Aussprüche vermitteln einen Eindruck dessen, was Antonius und andere Einsiedler seiner Zeit unter anachoretischem (griech. *anachoreín* = entweichen), eremitisch gelebten Mönchtum und Christusnachfolge verstanden: „Töte dich täglich selbst ab." Sinn und Zweck des Lebens in der Einsamkeit war der beständige Kampf gegen Versuchungen und die Bezwingung der Leidenschaften: „Wer in der Wüste sitzt und der Herzensruhe pflegt, ist drei Kämpfen entrissen: Dem Hören, dem Sehen, dem Reden. Er hat nur noch einen Kampf zu führen: den gegen die Unzucht!"[1] Antonius starb im Jahr 356, der Legende nach im Alter von 105 Jahren. Bis heute ist er der herausragende Vertreter des anachoretischen Mönchtums, das in späteren Jahrhunderten vor allem im byzantinischen Reich als vollkommenste Form der Christusnachfolge verehrt wurde.

Bis ins Mittelalter gab es auch im Abendland immer wieder Einsiedlerkolonien und berühmte Eremiten. Doch sollte hier einer anderen Form des Mönchtums wesentlich größerer Erfolg beschieden sein: den Koinobiten (griech, *koi-nós bios* = gemeinsames Leben), in klösterlicher Gemeinschaft lebende Mönche oder Nonnen. Wie das Anachoretentum hatte auch das Koinobitentum seinen Ursprung in Ägypten. Begründer dieser Richtung war Antonius' Zeitgenosse Pachomius († 346), den es ebenfalls zu Gebet und Askese in die Einsamkeit der Wüste gezogen hatte. Sein geistiger Lehrer war der Einsiedler Palamon. Mit ihm zusammen und, so heißt es in seiner Lebensbeschreibung, auf Gottes Geheiß, gründete er um 325 eine Einsiedlergemeinschaft im ägyptischen Tabennese, einem verlassenen Dorf bei Theben. Alle Mitglieder waren bereit, ein christliches Leben in Gemeinschaft, in Armut und Demut, unter Gebet und Arbeit zu führen, fern der Gesellschaft und ihrer früheren verwandtschaftlichen und sozialen Bindungen. Während Antonius und seine Schüler ihr einsames asketisches Leben nur zu bestimmten Zeiten zu Gebet und frommer Betrachtung unterbrachen, war die Gemeinschaft von Tabennese etwas grundlegend Neues: Es war das erste Kloster überhaupt. Seine Bewohner schliefen zwar in eigenen kargen Zellen, doch nutzten sie alle gemeinsam Wohngebäude, Hütten und Werkstätten, die hinter einer hohen Mauer von der lärmenden Welt draußen ferngehalten wurden. Wie in der Jerusalemer Urgemeinde sollten alle Mönche ein Herz und eine Seele sein und sich alles Lebensnotwendige teilen.

Tabennese war der Keim aller Klöster und Ordensgemeinschaften, die die abendländische Geschichte so nachhaltig prägen sollten. Schon Pachomius' Zeitgenossen waren von der Idee, ein solches Leben in der Nachfolge Christi zu führen, so angetan, dass Tabennese bald zu klein war, alle Eintrittswilligen aufzunehmen. Er gründete daher weitere klösterliche Gemeinschaften, darunter zwei Frauenklöster, deren Leitung er Verwaltern übertrug. Als er 346 starb, lebten über 10.000 Männer und Frauen in von ihm gegründeten Klöstern.

Der massive Zuwachs an Mönchen und Nonnen hatte es nötig gemacht, ihnen eine Richtschnur für das klösterliche Leben an die Hand zu geben, der sich alle kompromisslos zu unterwerfen hatten. Diese erste Klosterregel aus der Feder des Pachomius ist im koptischen Original nicht überliefert, doch fasste mit griechischen und lateinischen Übersetzungen die Idee des koinobitischen Mönchtums schnell im Orient wie im Abendland Fuß und wurde durch die Schriften von Kirchenvätern wie Basilius von Caesarea und insbesondere Johannes Cassianus weiter vermittelt.

Auf dem von den Wirren der Völkerwanderung gebeutelten Kontinent waren es vor allem die Bischöfe Italiens und Galliens, die sich als Gründer von monastischen Gemeinschaften hervortaten. Als mit dem Zerfall des weströmischen Reiches Verwaltung und Infrastruktur in den Städten zugrunde gingen, hatten sie wichtige administrative Aufgaben übernommen. In den Klöstern, denen sie meist selbst als Äbte vorstanden, schufen sie sich geistige Stützpunkte, Inseln der Schriftlichkeit und der Bildung, in denen die auf dem Christentum basierende Bischofsherrschaft gefestigt und legitimiert wurde. Ein Mönchtum, das nicht der Bischofsgewalt untergeordnet war, war in jener Zeit kaum denkbar. Auf dem Konzil von Chalcedon 451 wurde sogar festgeschrieben, dass alle Klöster den Bischöfen unterstellt sein sollten. Eigene Impulse für die Christianisierung des noch immer weitgehend heidnischen Abendlandes konnten von den Mönchen also kaum ausgehen. Diese entwickelten sich jedoch weitab vom weltpolitischen Geschehen der Zeit, an der windumtosten Peripherie des Abendlandes, in Irland.

Mönchtum am Rand der Welt
Klöster in Irland

Irland, das nie mit den Römern, ihrer Sprache und ihrer Kultur in Kontakt gekommen war, war in allen Bereichen völlig anders als die dem Imperium Romanum zugehörigen Regionen des Abendlandes. Es bestand aus über hundert Stammesstaaten (*tuatha*), die von Königen geführt wurden. Druiden und Sänger bildeten eine intellektuelle Oberschicht, wobei die Druiden medizinische und priesterliche Aufgaben zu erfüllen hatten und den Herrschern mit ihrem Rat zur Seite standen. Die Sänger (*filidh*) waren die Hüter des mündlich tradierten historischen Wissens und trugen mit ihren Erzählungen zur Entwicklung eines Gemeinschaftsbewusstseins der Menschen bei.

Wie nun die Grüne Insel westlich Britanniens erstmals mit dem Christentum in Berührung gekommen ist, entzieht sich der genaueren Kenntnis der Historiker. Doch tauchen zu Beginn des 5. Jahrhunderts plötzlich christliche Missionare auf. Unter ihnen wirkte auch Patrick, der versuchte, der heidnischen Bevölkerung die Lehre Jesu Christi zu vermitteln. Als Sechzehnjähriger war er von irischen Kriegern aus Britannien nach Irland verschleppt worden. Nachdem ihm nach sechsjähriger Gefangenschaft die Flucht und die Rückkehr in die britannische Heimat geglückt waren, brach er erneut in die Fremde Irlands auf. Diesmal jedoch als Missionar in der erklärten Absicht, „auch die abgelegenen Gegenden, jenseits derer kein Mensch mehr wohnte", zu bereisen.[2] In den Legenden verschmolz der historische Patrick jedoch schon bald mit seinem Zeitgenossen Palladius, der auf päpstliches Geheiß von Gallien aus als

Missionar nach Irland geschickt worden war, zu weitgehend einer Figur. Palladius, so wird vermutet, war hauptsächlich in der Provinz Leinster im Südosten Irlands tätig, Patrick wirkte hingegen bevorzugt im Norden und Westen der Insel. Während Palladius und andere frühere Missionare schon bald wieder im Dunkel der Geschichte verschwanden, war es Patrick, der im Gedächtnis der Menschen verhaftet blieb. Unermüdlich predigte und taufte er und formierte erste christliche Gemeinden. Schon bald nach seinem Tod, der zwischen 463 und 493 datiert wird, galt er den Menschen als „Apostel der Iren".

Die Menschen zur Aufgabe ihres jahrtausendealten Glaubens und zur Annahme des Christentums zu bewegen, war kein leichtes Unterfangen. Patrick war vertraut mit den heidnischen Riten und mit der Sprache der Iren. Er versuchte eine Verschmelzung der keltischen Kulte mit dem neuen christlichen Glauben zu erreichen. Festtage wie Weihnachten und das Fest Johannes des Täufers wurden nun zusammen mit heidnischen Festen wie Jul und Alban Heffyn (Sommersonnenwende) begangen. Aus Angehörigen der Oberschicht bildete Patrick eine einheimische Geistlichkeit heran. Ihnen war wichtig, den neuen Glauben fest auf der Grünen Insel und im Bewusstsein ihrer Bewohner zu verankern. Das Land bedurfte geistiger Zentren, ähnlich den Bischofsstädten des weströmischen Reichs. Obwohl durch Patrick eine erste Bistumsorganisation in Irland geschaffen wurde, waren es die Klöster, die das religiöse Leben dominierten und das irische Christentum prägten. Das nordirische Kloster Armagh soll der Legende nach im Jahr 444 von Patrick selbst errichtet worden sein. Damit setzte eine Welle von Klostergründungen ein, die sich über Jahrhunderte fortsetzte. Kildare, Glonard, Clonmacnois, Bangor, Confert, Kells und Glendalough sind nur einige Abteien, die vom 5. bis zum 7. Jahrhundert entstanden (Tafel 1 oben).

Die Klöster wirkten nicht als Konkurrenz, sondern als geistige Zentren der Clans (Stämme). Jeder Clan richtete bald sein eigenes Kloster ein und stellte Mitglieder der Königsfamilie an dessen Spitze. So hielten sie nicht nur die politisch-militärische, sondern auch die geistig-kulturelle Führung in ihrem Herrschaftsgebiet in der Hand. In der Regel blieb die Familie eines adligen Klostergründers seiner Stiftung über Generationen hinweg eng verbunden, sorgte für ihren Unterhalt und wählte sie zur Grablege. Die ersten irischen Klöster waren zumeist aus Holz, Lehm und Flechtwerk errichtet. In späteren Jahrhunderten wurden die schlichten Gebäude dann durch Steinbauten ersetzt und mit einem Ringwall umgeben, um die monastische Gemeinschaft so gut wie möglich von der Welt abzuschließen. Neben der Kirche und dem Wohngebäude wiesen sie Werkstätten, Gäste- und Pilgerhäuser und darüber hinaus sehr früh bereits eigene Schulen und Schreibstuben samt kleinen Bibliotheken auf, in denen eifrig studiert, geschrieben und gemalt wurde. Neben kostbar illuminierten Bibeln, Werken der Kirchenväter, Heiligenliteratur und liturgischen Schriften brachten die Mönche auch die alten keltischen Sagen in der Volkssprache ihrer Heimat zu Pergament.

Die Klöster mit ihren Kirchen wurden zum Mittelpunkt der *paruchia,* der Kirchengemeinde, die sich aus den Mönchen und Nonnen sowie den gläubigen Laien zusammensetzte. Alle Gottesdienste und sakramentalen Handlungen wie Taufen fanden in der Klosterkirche statt. Gebet und Fürbitte, aber auch die Gerichtsbarkeit, die der Abt über seine Gemeindemitglieder ausübte, banden die Menschen fest an ‚ihr' Kloster.

Asketen auf Wanderschaft

Doch florierten in Irland nicht allein die Klöster, an die eine Pfarrgemeinde angebunden war. Nicht alle Mönche sahen ihre Christusnachfolge in der seelsorgerischen Betreuung einer Gemeinde erfüllt. Einige wünschten sich ein asketisches Mönchtum in Gemeinschaft, das sich stärker als bisher in die Einsamkeit zurückzog. Colum Cille, auch Kolumban der Ältere (521–597) genannt, hatte mit Derry und Durrow auf dem Besitz seiner Familie zunächst zwei Klöster nach traditioneller Art gegründet, beschritt dann aber neue monastische Wege. Zusammen mit einigen Gefährten zog er auf die Insel Iona westlich von Schottland und errichtete dort ein Kloster. Es war ein hartes Leben, das sich die Mönche dort auferlegten. Der Boden war karg und das Klima rau. Geduldig aber versuchten sie dem Boden das Lebensnotwendige abzuringen, hielten einige Schafe, Kühe und sogar Pferde. Ihre Klostergebäude hatten sie aus steinernen Rundlingen so zusammengefügt, dass sie dem unerbittlichen Wind standhalten konnten. Wie in den anderen irischen Klöstern legte man auch in Iona Wert auf Gelehrsamkeit. In der Einsamkeit ihrer nackten Zellen gaben sich die Mönche nicht nur dem Gebet, sondern auch dem Studium der Bibel und anderer heiliger Texte hin. In den Schreibstuben schufen sie Werke kunstvoller Buchmalerei. Möglicherweise entstand in Iona im 7. oder 8. Jahrhundert das berühmte Book of Kells, jenes erstaunliche Zeugnis frühmittelalterlicher insularer Buchmalerei, das heute im Trinity College in Dublin aufbewahrt und ausgestellt wird.

Mit der Ruhe und Zurückgezogenheit war es freilich bald vorbei. Viele Mönche aus Irland und Schottland strömten neugierig nach Iona, um die dort praktizierte Lebensweise kennen zu lernen. Das Kloster wurde bald zum Mittelpunkt eines ganzen Verbandes asketisch und zurückgezogen lebender Klostergemeinschaften. Kolumban machte sich seinerseits auf, um seine Vorstellungen monastischen Lebens weiter zu verbreiten. Von Iona aus trug er das Christentum nach Schottland, wo er unter den heidnischen Pikten missionierte.

Sein Namensvetter Kolumban der Jüngere (ca. 543–615) intensivierte die Vorstellungen von einem asketischen Mönchtum in Verbindung mit der Verbreitung des Glaubens. Wie Christus einst den Aposteln den Auftrag gegeben hatte, fremden Völkern das Wort Gottes zu verkünden, wollten sie es auf sich nehmen, ihre Heimat hinter sich zu lassen und in die Fremde zu ziehen. Die vertraute Umgebung aufzugeben und alle sozialen Bindungen abzubrechen war eine extreme Form der Askese. Als *peregrinatio*, Pilgerfahrt, bezeichnete Kolumban seine Reise ins Unbekannte, die ihn um 590 über das Meer ins Frankenreich und nach Burgund führte. Dort gab es zwar bereits einige Klöster und seit langem auch Bischofsstädte, doch die Bevölkerung war in ihrer Mehrheit noch immer heidnisch. Kolumban predigte nicht nur unermüdlich, er gründete auch mehrere Klöster. So wurde Luxeuil in den Vogesen bald das Mutterkloster mehrerer Abteien irischer Prägung.

Charakteristisch für die irischen Mönche waren die starke Betonung von Askese und die Wichtigkeit der Buße. Aus ihrer Heimat hatten sie Bußbücher (*Poenitentiarien*) mitgebracht. Peinlich genau waren darin alle nur denkbaren Vergehen und die entsprechenden Bußen aufgelistet. Der Weg zur wahren Vollkommenheit, so vermittelten sie den Menschen, war mit extremem Fasten, Geißelungen, Nachtwachen und vielen anderen Entbehrungen gepflastert. Diese Strenge floss auch in die beiden Klosterregeln ein, die Kolumban um 595 für die monastischen Gemeinschaften von Luxeuil, Annegray und Fontaines verfasste und die schnell Eingang auch in andere Abteien des späteren westfränkischen Reiches finden sollten. Das gemeinsame Chorgebet sowie Arbeit und Studium waren die Säulen des mönchischen Lebens nach irischem Muster. Ein einfaches Untergewand (Tunika), ein Mantel (Kukulle) sowie ein Paar Sandalen waren die wenigen Kleidungsstücke, die Mönche besitzen durften. Gemüse, Bohnen und Brot bekamen sie zu essen, und davon gerade soviel, „dass es zum Überleben reichte und nicht schadete."[3] Kolumban forderte absolute Demut und Gehorsam gegenüber den Weisungen des Abtes und der Älteren des Konvents. Jedes kleine Vergehen, jede Unachtsamkeit wurde von der Regel hart bestraft. „Der, der den Löffel nicht gesegnet hat, mit dem er isst, erhält sechs Stockschläge. […] Der, der zu Beginn eines Psalms gehustet und dadurch unschön gesungen hat, erhält sechs Stockschläge. [...] Wer durch Krankheit die Hostie erbrechen muss, der tue Buße für sieben Tage."[4]

Trotz oder gerade wegen der übermäßig großen Strenge und Askese überzeugte die Frömmigkeit der irischen Mönche. Viele junge Adlige aus dem fränkisch-burgundischen Gebiet strömten den Klöstern zu und suchten dort Aufnahme. Allerdings kam es bald zu Konflikten mit den Ortsbischöfen. Während sich die angelsächsische Kirche Rom unterordnete, beharrten die Iren auf ihrer liturgischen Eigenständigkeit. Auch Kolumban und seine Gefährten orientierten sich nicht wie alle anderen kirchlichen Einrichtungen des westlichen Frankenreichs an den Gebräuchen Roms. Sie entzogen ihre Klöster der Kontrolle durch die örtlichen Bischöfe und betrieben auch Seelsorge ganz auf eigene Faust. Kolumban musste Gallien schließlich verlassen. Durch fränkisch-alemannisches Gebiet und über den Bodensee gelangte er schließlich ins Langobardenreich im Norden Italiens. Dort gründete er in Bobbio erneut ein Kloster, als dessen Abt er 615 starb.

Auf seinem Weg nach Italien hatte Kolumban einen treuen Gefährten zurück lassen müssen. Der Legende nach blieb Gallus wegen einer Krankheit am Bodensee zurück und richtete sich schließlich eine kleine Klause ein, in der er als hoch angesehener Eremit lebte. Im Jahr 720 errichtete ein alemannischer Priester über Gallus' Grab ein Kloster, das er dem irischen Wandermönch weihte und St. Gallen nannte. So finden sich in einem der bis heute bekanntesten Klöster des Abendlandes die Spuren eines Iren.

Kolumban, Gallus und alle ihre Gefährten und Nachfolger, die sich auf die gefahrvolle *peregrinatio* in die Fremde eingelassen hatten, machten die Menschen auf dem Kontinent nicht nur mit dem Christentum, sondern auch mit dem Mönchtum in Gemeinschaft vertraut. Als Kolumban längst gestorben war und in Bobbio als Heiliger verehrt wurde, lebten viele Mönche im westlichen Frankenreich noch immer nach seiner strengen Klosterregel. Den Titel eines „Vaters der Mönche" verliehen spätere Generationen jedoch nicht ihm, sondern einem Mann, der ein halbes Jahrhundert vor ihm gewirkt hatte.

DIE ÄRA DER BENEDIKTINER

Mönchisches Leben unter
der Benediktregel

Vermittelt durch die Schriften des Basilius von Caesarea, des Johannes Cassianus und des Cassiodor hatte die Idee des koinobitischen Mönchtums, wie es von Pachomius und seinen Gefährten in der ägyptischen Wüste begründet worden war, seit dem späten 4. Jahrhundert auch in Italien Fuß gefasst. Das Land wurde in dieser Zeit durch die Völkerwanderung schwer gebeutelt, erlebte den Vandalensturm und die Unterwerfung durch die Ostgoten. Schließlich errichteten die Langobarden seit dem sechsten Jahrhundert hier ihr Reich. Dennoch bewahrte Italien in seinen Städten die antike Kultur, wo die Schriften über die Wüstenväter und die ersten Klöster besonders zahlreich rezipiert wurden. Neben mehreren Einsiedeleien entstanden größere klösterliche Gemeinschaften, deren Bewohner nach eigenen Regeln lebten. Eine dieser Regeln ist die dickleibige „Magisterregel", die wohl um 450 verfasst wurde und bis heute die umfangreichste aller Mönchsregeln ist.

Der Vater der Mönche
Leben und Wirken des Benedikt von Nursia

In den Tagen des ausgehenden 5. Jahrhunderts, als das Mönchtum in Italien aufzublühen begann, zog es auch einen Mann namens Benedikt, wohl um 480 in Nursia (Norcia) im umbrischen Apennin geboren, in die Einsamkeit. Zunächst wanderte er in die Sabiner Berge, anschließend ließ er sich in einer

Höhle bei Subiaco im Aniotal nieder, wo er sich dem Gebet und der Meditation widmete. Von dort wurde er für kurze Zeit als Abt in ein benachbartes Kloster berufen. Nachdem er einem Giftanschlag seiner Neider nur mit knapper Not entkommen war, ging er zurück in die Einsamkeit, bis er sich entschloss, sich als Klostergründer zu betätigen. Er errichtete eine Siedlung mit zwölf Klöstern, die er jeweils einem Abt unterstellte. Allerdings machte ihm der Ortskleriker Florentinus durch Nachstellungen und Feindseligkeiten zunehmend das Leben schwer, und so verließ Benedikt die junge Pflanzung Subiaco. Um das Jahr 530 ließ er sich mit einigen Anhängern auf dem Monte Cassino zwischen Rom und Neapel nieder. Zu Ehren von Johannes dem Täufer und Martin von Tours erbaute er dort zwei Kirchen und ein Kloster. Als er um 560 starb, wurde er in der Johanneskirche bestattet.

Diese spärlichen Daten aus dem Leben eines der wirkmächtigsten Menschen der abendländischen Geschichte sind nur in einer einzigen Quelle überliefert, dem zweiten Buch der „Vier Bücher der Dialoge über die Wunder der italischen Väter" Papst Gregors I. (590–604). Gregor umkleidete das biographische Gerüst sorgsam mit allerlei Berichten über Benedikts Wundertaten, wie er die Leidenschaften besiegte, Kranke heilte und in Wort und Tat immer mehr zum „Lehrmeister der Tugend" und zum „Mann Gottes" heranreifte. Alles an Benedikt schien Programm, auch sein Name. Laut Gregor war er ein „von der Gnade und vom Namen her Gesegneter" (lat. *benedictus* = gesegnet).

Unter Historikern immer wieder aufgetretene nagende Zweifel an der Historizität Benedikts von Nursia verstummten nie und gipfelten jüngst erneut in der Behauptung, es hätte den Heiligen nie gegeben und er sei eine reine Erfindung Gregors des Großen. Gestützt werden solche Überlegungen nicht nur dadurch, dass es nur Papst Gregors Schrift zum Leben Benedikts gibt. Auch seine erklärte Absicht, an Benedikts Beispiel ein ganz am Evangelium ausgerichtetes Leben und den Weg des Menschen zur Vollendung aufzuzeigen, bringt wenig historische Klarheit. Tatsächlich wollte der Papst nicht Zeugnis geben von Benedikts Leben, sondern anhand seiner Taten ein Musterbeispiel eines Heiligen darstellen. In Zeiten von Krieg und Not hatte der Pontifex, der 590 nur unwillig sein kontemplatives Leben als Mönch hinter sich gelassen und den Stuhl Petri bestiegen hatte, für sich selbst eine Trost- und Erbauungsschrift geschaffen, die ganz der Tradition der spätantiken Heiligenliteratur verpflichtet ist. Hat Gregor nun aber Benedikt von Nursia erfunden? Oder hat er das Leben eines real existierenden Abtes Benedikt so mit hagiographischen Bildern übertüncht, dass die historische Person dahinter verschwunden ist? Oder aber gab es einen Abt und Klostergründer in Italien, den Gregor mit dem sprechenden Namen Benedikt und allen Tugenden und Werken eines idealen Heiligen ausstaffierte? Ein Mensch des Mittelalters hätte auf solche Fragen mit völligem Unverständnis reagiert, und dies nicht allein, weil es vermutlich schon wenige Jahrzehnte nach Gregors Tod darauf keine Antwort mehr gegeben hätte. Was Benedikt real, zum „Vater der Mönche" und unter Papst Paul VI. schließlich sogar zum „Patron Europas" machte, war seine atemberaubende Wirkungsgeschichte.

Das Kloster Montecassino lag längst von den langobardischen Eroberern niedergebrannt und verödet da, als Gregor der Große das Bild des idealen Christenmenschen Benedikt schuf. Die weite Verbreitung seiner Schriften verhalf dem Abt von Montecassino zu erstaunlicher Popularität. Seine Lebensbeschreibung im zweiten Buch der Dialoge wurde im Abendland nicht nur unzählige Male abgeschrieben, sondern aus dem Lateinischen bald auch ins Griechische und Angelsächsische übersetzt. Gegen Ende des 8. Jahrhunderts finden sich schließlich erste Spuren eines beginnenden Heiligenkultes um Benedikt von Nursia.

Der Ruhm des italischen Abtes gründete nicht allein auf den Tugenden eines wahren Heiligen, die ihm Gregor der Große so überreich zugeschrieben hatte. Es ist auch Benedikts einziges an die Nachwelt überliefertes Werk, das zu seiner wachsenden Verehrung beitrug und mit dem sein Name seither verbunden ist. Gregor erwähnt es beinahe lapidar: „Er schrieb eine Regel für Mönche, ausgezeichnet durch maßvolle Unterscheidung und ihr klares Wort." In der Tat hat Benedikt eine Lebensregel für seinen Konvent auf dem Monte Cassino niedergeschrieben. Auch wenn diese bei weitem nicht die erste Klosterregel der Spätantike und des Frühmittelalters war, wuchs mit der immer größer werdenden Verehrung Benedikts seit dem frühen 7. Jahrhundert auch das Interesse für sein Werk. Um das Jahr 620 taucht sie erstmals in einem irofränkischen Kloster in Gallien auf. Zusammen mit der Mönchsregel des hl. Kolumban wurde sie zu einer Mischregel, der *regula mixta*, geformt, die sich in der Folgezeit schnell verbreitete. Immer öfter wurde auf Synoden nun die Empfehlung ausgesprochen, die Benediktregel in den Klöstern einzuführen. Allmählich verschaffte sich Benedikts Werk Autorität und trat im 8. Jahrhundert an die erste Stelle der Mönchsregeln im Frankenreich. Zu verdanken hatte sie diese Popularität neben ihrem Gehalt vor allem dem Umstand, dass man sie für römischen Ursprungs hielt. In Theologie und Liturgie hatte sich die gesamte fränkische Kirche fest nach Rom als oberster Autorität ausgerichtet und rezipierte alles, was römischer Provenienz zu sein schien: Choralbücher, Rechtsaufzeichnungen oder das römische Messbuch wurden immer wieder abgeschrieben. Auf dieser Welle der Rombegeisterung wurde auch die Benediktregel in immer mehr Klöstern eingeführt. Im Angelsachsen Winfried Bonifatius († 754), der im päpstlichen Auftrag im östlichen Frankenreich missionierte, fand sie einen besonders eifrigen Fürsprecher. Das Kloster Fulda, seine bevorzugte Gründung, unterstellte er ausdrücklich alleine dieser Regel.

Eine Regel, eine Gewohnheit
Die Klosterreform des Benedikt von Aniane

Auch wenn die Mönchsregel des Benedikt von Nursia im frühen 9. Jahrhundert fast in allen Teilen des Frankenreichs bekannt und geschätzt war, so bedurfte es doch eines ordnenden Eingriffs von oben, um sie zur alleingültigen Regel in den Klöstern zu machen. Ausgangspunkt dieses entscheidenden Einschnittes in der Geschichte des frühmittelalterlichen Mönchtums war das Kloster Aniane in Aquitanien. 779 war es von dem Adligen Witiza gegründet worden, der zunächst Kriegsdienst unter den Frankenkönigen Pippin dem Jüngeren und Karl dem Großen geleistet hatte. Nachdem er auf dem zweiten Langobardenfeldzug Karls seinen Bruder nur knapp vor dem Ertrinken hatte retten können, wuchs in ihm der Wunsch, der Welt zu entsagen. Er trat 773/74 in das Kloster St. Seine bei Dijon ein. In einem für seine Zeit ungewöhnlichen Schritt legte Witiza seinen Taufnamen ab und nannte sich fortan Benedikt. Der Name war mit Bedacht gewählt: Benedikt von Aniane war ein glühender Verehrer Benedikts von Nursia und seiner Klosterregel. Mit aller Kraft setzte er sich dafür ein, ihr in allen Abteien im Reich Geltung zu verschaffen. Während die meisten Klöster seiner Zeit der Mischregel folgten, die Elemente der Benediktregel und anderer Regeln, zumeist der Kolumbanregel, verband, unterstellte Benedikt seine Gründung Aniane einzig der Benediktregel. Bald betraute Ludwig der Fromme den Abt mit der Oberaufsicht über alle Klöster Aquitaniens und schließlich des ganzen Frankenreichs. In den Jahren 816 bis 819 bestimmte der Herrscher die *Regula Benedicti* reichsweit zur alleingültigen Richtschnur monastischen Lebens. Hinter der Reformgesetzgebung des Karolingers ist mit hoher Wahrscheinlichkeit die Mithilfe Benedikts von Aniane zu vermuten, da er zu einem wichtigen Vertrauten des Frankenkaisers geworden war. Unter großem Einsatz bemühte er sich um die Erneuerung und Vereinheitlichung des Klosterlebens im Reich. Dazu schrieb er 817 eine redigierte Fassung der Benediktregel, das *Capitulare monasticum*. Auch die *Consuetudines*, die „Gewohnheiten", die die Regel ergänzten und in denen die Klöster in Fragen der Kleidung, des Tagesablaufes und der Ernährung den regionalen und strukturellen Gegebenheiten Rechnung trugen, versuchte Benedikt von Aniane zu vereinheitlichen. Anlass für dieses umfassende Reformprogramm war der allgemein beklagte Verfall der Klosterzucht und die überhand nehmende Verweltlichung der Mönche. „Eine Regel, eine Gewohnheit" war das Motto, unter dem das Mönchtum im Frankenreich fortan leben sollte. In der Tat gab es bis zur Entstehung der Bettelorden im 13. Jahrhundert mönchisches Leben im Abendland fast ausschließlich unter dem Banner der Benediktregel. Die von Benedikt von Aniane angestrebte Einheit des Mönchtums in Spiritualität und Lebensweise aber war, wenn es sie überhaupt je richtig gab, nur von kurzer Dauer. Es gehört zu den Merkmalen des benediktinischen Mönchtums im Hochmittelalter, dass es sich immer wieder neu definierte. Das wiederholte Bestreben von Reformbewegungen, zu den Ursprüngen im Sinne Benedikts zurückzukehren, führte zur Ausbildung verschiedener Zweige, die sich in der praktischen Umsetzung der Benediktregel voneinander unterschieden. „Eine Regel, viele Gewohnheiten" ließe sich das bunte Nebeneinander von Benediktinern in Abkehr vom einheitlichen Mönchsideal Benedikts von Aniane daher trefflicher umschreiben. Zunächst aber fiel die anianische Reform auf fruchtbaren Boden. Benedikt von Aniane stellte das Klosterwesen im Frankenreich auf eine einheitliche Basis, auf der viele Abteien schnell zu Glanz und Blüte fanden.

Der Benediktregel folgend, sollten Klöster so angelegt sein, dass sich in ihren Mauern alles befand, was die Mönche zu einem autarken Leben benötigten. Sie sollten die schützende Sphäre ihres Klosters so wenig wie möglich verlassen und sich dem Treiben der Welt so weit wie möglich entziehen. Aus einem architektonischen Plan, der im frühen 9. Jahrhundert im Kloster auf der Insel Reichenau angefertigt und dem Abt von St. Gallen übereignet wurde, lässt sich ersehen, wie man sich in der Karolingerzeit die perfekte Klosteranlage vorstellte (Tafel 2).

Um die Klosterkirche und den Kreuzgang, der nicht nur dem Gebet und der Meditation diente, sondern gleichsam ein „Verteilerhof" war, gruppierten sich die Gebäude der *Klausur*. Diese war ein abgeschlossener Bereich, den nur die Mitglieder des Konvents betreten durften. Dazu gehörten der gemeinsame Schlafraum (*Dormitorium*), der Speisesaal (*Refektorium*), der Kapitelsaal, in dem die Brüder Versammlungen abhielten, Bade- und Waschräume, Latrinen, die Küche der Mönche sowie Bibliothek und Schreibstube (*Skriptorium*). Außerhalb der Klausur befanden sich eine Vielzahl von Werkstätten, Vorratskammern, Viehställen, Gemüse- und Obstgärten, der Friedhof, das Krankenhaus (*Infirmarium*), die Gebäude der Klosterschule, eine Anzahl weiterer Latrinen und Badehäuser und schließlich das Gäste- und Pilgerhaus. Der Bereich außerhalb der Klausur war die Domäne der Bediensteten des Klosters und der Laienbrüder (*Konversen*), die erst als Erwachsene die Mönchsgelübde abgelegt hatten.

Die Konvente setzten sich in der Regel aus Adligen zusammen, die häufig schon im Kindesalter als sogenannte *Oblaten* einer Abtei übergeben wurden. Schon im 9. Jahrhundert waren viele der Mönche zu Priestern geweiht und konnten all ihren liturgischen Pflichten selbst nachkommen. An der Spitze der Konvente stand der Abt, der im Idealfall von den Brüdern selbst gewählt wurde. Er war für alle wichtigen Entscheidungen zuständig, sollte den Mönchen ein gütiger und strenger Vater und in allem ein gutes Vorbild sein. Doch trug er die Last der Verantwortung im Kloster nicht allein. Den würdigsten und fähigsten unter den Brüdern gab er verantwortungsvolle Ämter, denn die Versorgung einer vielköpfigen Gemeinschaft bedurfte vieler helfender Hände. Der Kellermeister (*Cellerar*) verwaltete alle Vorräte und Gerätschaften des Klosters, während der Kämmerer (*Camerarius*) zunächst nur über die klösterliche Kleiderkammer, später über alle Einkünfte der Abtei wachte. Dem *Sakristan* oblag die Pflege der Altargeräte, der liturgischen Gewänder und des Kirchenschmucks, der Bibliothekar (*Armarius*) übersah Bibliothek und Schreibstube und der *Infirmarius* versorgte die Kranken.

Das Leben der Mönche wurde bestimmt durch den beständigen Wechsel von Gebet, Arbeit und geistlicher Lesung. Achtmal täglich versammelten sie sich in der Klosterkirche zum gemeinsam gesungenen Stundengebet, dessen Ablauf und Inhalt von der Benediktregel streng vorgegeben waren. Die Arbeit verrichteten sie in den Ställen, Werkstätten und Gärten oder aber im Skriptorium, gebeugt über ein Pergamentblatt mit einem Griffel in den schmerzenden Fingern. Im Zuge ihres groß angelegten Bildungsprogramms förderten die Karolingerherrscher Karl der Große und Ludwig der Fromme die Pflege der Wissenschaft in Klöstern und Domschulen. Das unermüdliche Schreiben, Malen und Studieren in den Schreibstuben erhöhte den Bildungsstand und die Schriftlichkeit im Frankenreich beträchtlich und machte das 9. Jahrhundert zu einem Höhepunkt monastischer Kultur (Tafel 1 unten).

Die Mönche erwiesen sich jedoch nicht nur als begabte Schöpfer herrlicher Buchmalereien, sondern auch als geschickte Ökonomen. Die Abteien verfügten durch Schenkung, Tausch, Erwerb und Rodung über ausgedehnte Ländereien, die sie als Grundherren selbst verwalteten. Darauf lebten Menschen, die dem Kloster als Zinspflichtige oder Hörige in verschiedenen Stufen der Abhängigkeit unterstellt waren. Sie mussten entweder Abgaben in Form von Geld- oder Naturalzinsen leisten oder auf einem der großen Höfe der Grundherrschaft arbeiten. Die Mönche gingen schon früh dazu über, bei der Güterverwaltung Bücher und Besitzlisten zu führen, was ihr Wirtschaften weitaus erfolgreicher machte als das der in der Regel illiteraten weltlichen Grundherren.

Die Hörigen eines Klosters gehörten zu dessen *familia*. Als Gegenleistung für ihre Dienste und Abgaben waren ihnen die Mönche zum Gebet, zur Versorgung in Zeiten der Not sowie zum Schutz vor äußeren Feinden verpflichtet. Dazu schwangen Abt und Mönche freilich nicht selbst das Schwert, denn als Geistliche durften sie keine Waffen tragen. Diese Aufgabe übernahm ein Vogt (*advocatus*). Er vertrat das Kloster in allen weltlichen Dingen nach außen und übte auch die Gerichtsbarkeit innerhalb der klösterlichen *Immunität* aus. So hieß der gesamte Bereich des klösterlichen Grundbesitzes, der von der weltlichen Zugriffsgewalt der Grafen und Bischöfe ausgenommen war. Für ihre Dienste erhoben die Vögte jährliche Abgaben von den Klöstern. Nicht immer waren die Abteien aber glücklich mit ihren weltlichen Beschützern. Die Klagen über zu Unrecht erhobene Forderungen und Wirtschaften in die eigene Tasche füllen ganze Bücher. Dennoch waren die Vögte unverzichtbar, um dem Konvent und der klösterlichen *familia* Schutz zu gewähren und den Besitz gegen Angreifer zu verteidigen.

Die Abteien waren eingebunden in ein ganzes Netz von Beziehungen zu befreundeten Klöstern, benachbarten Adligen, ihrem Vogt, dem zuständigen Bischof, insbesondere aber zu ihrem Eigenkirchenherrn. Die Klöster waren nämlich nicht völlig selbstständig, sondern waren Eigentum entweder des Königs (Reichs oder Königskloster), eines Bischofs (Bischofskloster) oder eines weltlichen Adligen, der das Kloster einst gestiftet und mit Grundbesitz ausgestattet hat. Die Gebete und frommen Taten der Mönche fielen dabei auf den Klosterherrn zurück und dienten der Fürsprache für seine unsterbliche Seele im Jenseits. Das Eigenkirchenrecht ermöglichte ihm daneben auch ganz irdische Dinge: Er konnte Einfluss auf die Abtwahl nehmen und Abgaben einfordern. Viele adlige Eigenkirchenherren übten als Vögte die Gerichtsbarkeit über ihre Klöster aus.

Seit der Mitte des 9. Jahrhunderts jedoch war in vielen Klöstern nicht nur ein fortschreitender Verfall der klösterlichen Sitten zu beobachten, auch der Einfluss der Eigenkirchenherren begann überhand zu nehmen. In so mancher Abtei hielten Verweltlichung und Luxus Einzug, einige Mönche verfügten über zum Teil beträchtlichen Privatbesitz und wohnten in eigenen Häusern. Nicht jedes Kloster hatte mehr einen Abt, der zum Priester geweiht und die Mönchsgelübde abgelegt hatte. Mancherorts hatte der Eigenkirchenherr die Leitung seines Klosters als Laienabt selbst übernommen. Die verheerenden Raubzüge der Normannen und Ungarn, von denen besonders die Klöster heimgesucht wurden, beschleunigten den Verfall der Zucht hinter den Klostermauern noch. Bald sehnte man sich nach jenen Tagen des Benedikt von Aniane, der das wahre monastische Leben propagiert hatte. Abermals machte man sich daran, zurück zu Benedikt von Nursia zu finden.

Zurück zu Benedikt!
Die gorzisch-lothringische Klosterreform

Wieder aufgegriffen wurde die anianische Lebensform unter anderem im Jahr 933 im lothringischen Kloster Gorze, das vom Metzer Bischof Adalbero I. einer Gruppe von Klerikern überlassen wurde, die dort eine monastische Lebensgemeinschaft ganz nach den Vorschriften der Benediktregel verwirklichen wollte. Schon bald übernahmen andere Klöster in Lothringen die Lebensweise der Mönche von Gorze, das sich sehr schnell zu einem weit ausstrahlenden Reformzentrum entwickelte. Die Idee eines erneuerten Mönchtums auf der Basis der Benediktregel und der Reformstatuten des Benedikt von Aniane wirkte besonders stark auf das ostfränkisch-deutsche Reich, wo sich mit St. Maximin in Trier ein wirkmächtiger Mittelpunkt der gorzisch-lothringischen Reform herausbilden sollte. Wie ein Dominoeffekt verbreiteten sich die Gorzer Gewohnheiten, der *ordo gorziensis*, von dort über das ganze Reich. Über 200 Abteien sollen im 10. und 11. Jahrhundert der Reform gefolgt sein. Nicht nur viele Bischöfe des Reiches wie Brun von Köln, sondern auch das Reichsoberhaupt Kaiser Heinrich II. (1004–1024) setzten sich für ihre Ausbreitung ein und besetzten Abteien gezielt mit Äbten aus bereits gorzisch reformierten Klöstern. Neben dem Bischofskloster St. Emmeram in Regensburg gehörten vor allem die Reichsabteien Siegburg, Lorsch, Reichenau, Fulda, Hersfeld, Corvey, Niederalteich und Tegernsee zu den bedeutendsten Klöstern, die nach den neuen Gewohnheiten lebten.

Obwohl sich die Reform beinahe wie ein Netz über das ostfränkisch-deutsche Reich legte, bildete sich kein organisierter Klosterverband heraus. Die Mönche folgten zwar denselben Gewohnheiten und waren auch in ihrem Habit als gorzisch-lothringisch erkennbar. In der Frage des Fastens, der erlaubten und verbotenen Speisen und des Tagesablaufs richteten sie sich weitgehend nach den Bestimmungen Benedikts von Aniane. Die Konvente fühlten sich geistig eng verbunden und gedachten einander im Gebet. Darüber hinaus jedoch blieben alle Klöster unabhängig.

Während die Mönche zu strengerer Disziplin zurückkehrten, blieb das schon seit Jahrhunderten etablierte Phänomen des Eigenkirchenwesens und der Einflussnahme weltlicher Klosterherren auf die Klöster unangetastet; lediglich Laienäbte waren nun nicht mehr denkbar. Dankbar empfingen die Abteien weiterhin Ländereien und Zuwendungen aus der Hand der Klosterherren und anderer frommer Geber. Dass gerade Kaiser Heinrich II. sich in besonderem Maß für die Ausbreitung der gorzisch-lothringischen Reform im Reich einsetzte, hing nicht allein mit seiner großen Verehrung für Benedikt von Nursia zusammen, dessen Erbe er in den Reformklöstern bewahrt sah. „Am Ende der Zeiten" sah er es als notwendig an, das Wohl der ganzen Christenheit dem Gebet der Mönche anzuvertrauen. Darüber hinaus profitierte er auch materiell von den Reichsabteien. Schon seit den Tagen Kaiser Ludwigs des Frommen waren diese zum Königsdienst (*servitium regis*) verpflichtet: Sie hatten Natural- und Geldabgaben zu leisten, aber auch Aufgebote für Kriegszüge zu stellen. Der *indiculus loricatorum*, ein Verzeichnis eines ergänzenden Heeresaufgebots für den Italienfeldzug Ottos II. im Jahr 981, verrät, dass Reichsklöster und Bistümer zusammen gut zwei Drittel aller dort aufgeführten Panzerreiter stellten.

Die ottonischen Herrscher hatten zudem damit begonnen, Bischöfe und Reichsklöster verstärkt in ihre Herrschaft einzubeziehen. Auf ihren Reisen durchs Reich zogen die Könige nicht mehr nur von Königspfalz zu Königspfalz, sondern bezogen auch Bischofssitze und Reichsklöster in ihre Reiseroute ein. Die Aussicht, den Königshof mit seinem gewaltigen Tross für nur drei Tage unterbringen und verpflegen zu müssen, mag manchem Abt mitsamt seinem Cellerar und Kämmerer die Schweißperlen auf die Stirn getrieben haben. Doch konnten die Abteien im Gegenzug mit großzügigen Schenkungen und königlichen Privilegien wie Zoll- und Jagdrechten rechnen. Einige Äbte wurden zu wichtigen Beratern des Herrschers und besaßen großen Einfluss am Hof. Überdies wertete der Besuch des Königs ein Kloster in ungeahnter Weise auf. In die Herrschaft eines von Gott eingesetzten Königs, der als Stellvertreter Christi auf Erden (*vicarius Christi*) verehrt wurde, eingebunden zu werden, ließ die Mönche, so sahen es die Zeitgenossen, am göttlichen Heilsplan mitwirken.

In der Tat erreichte das enge Verhältnis zwischen Mönch und Herrscher unter Heinrich II. seinen Höhepunkt. Die Brüder in den großen Reichsabteien wie Tegernsee oder Reichenau sparten nicht mit Lobesgedichten auf den Herrscher und erfreuten sich im Gegenzug seiner Gunst. In ihren Skriptorien schufen sie in unendlich mühevoller Arbeit kostbare Herrscherminiaturen, die die unsichtbare, göttliche Dimension der Königswürde hervorhoben.

Im Laufe des 11. Jahrhunderts aber verlor die gorzisch-lothringische Klosterreform an Kraft. Im Kräftemessen mit dem Papst im „Investiturstreit" war der Kaiser exkommuniziert und damit vom Gipfel der unnahbaren Gott-unmittelbarkeit herabgestoßen worden. Das geistige Band zwischen Mönch und Herrscher war zerrissen, einzig das materielle sollte weiter Bestand haben.

Die Impulse, die zum Erstarken des Reformpapsttums und damit letztlich zum „Investiturstreit" geführt hatten, gingen jedoch von einem Kloster und seiner Reformbewegung aus, die wie keine andere nicht nur die hochmittelalterliche Welt des Mönchtums beeinflusste, sondern sogar die Grundfesten des Abendlandes ins Wanken brachte.

Freiheit der Kirche
Die cluniazensische Reform

Im Jahr 910, gut zwanzig Jahre bevor die Klosterreform von Gorze ihren Anfang nahm, gründete Herzog Wilhelm von Aquitanien ein Kloster im burgundischen Cluny. Erster Abt der Neugründung wurde Berno von Baume, der sich zunächst eng an den Reformstatuten Benedikts von Aniane orientierte und in Cluny den absoluten Rückzug aus der Welt, die Rückbesinnung auf alte mönchische Tugenden und die vollkommene Hinwendung zu Gott durch das Gebet verwirklichen wollte. Cluny sollte freilich bald in fast allem mit dem Erbe Benedikts von Aniane und Benedikts von Nursia brechen.

Schon die Gründung des Klosters verlief für das 10. Jahrhundert ganz und gar ungewöhnlich. Was Wilhelm von Aquitanien und Abt Berno an den Klöstern ihrer Zeit missfiel, war der große Einfluss, den weltliche und geistliche Klosterherren auf ihre Abteien ausübten. Nicht nur dass diese Einfluss auf Abtwahlen nahmen, Abgaben einforderten und Klöster nach Gutdünken verkaufen konnten. Viele Konvente stöhnten zudem unter dem Zugriff ihrer Diözesanbischöfe, denen sie kirchenrechtlich zugeordnet waren.

All dies hatte nach Vorstellung Wilhelms von Aquitanien nichts mit wahrem Mönchtum zu tun, das der Welt entfliehen und nicht von ihr abhängig sein sollte. Gleich nach der Gründung entzog er das Kloster Cluny deshalb der Jurisdiktion des Ortsbischofs (*Exemtion*) und unterstellte es in geistlichen Belangen ausschließlich der Aufsicht des Papstes. Er selbst verzichtete auf alle Rechte, die ihm als Eigenkirchenherrn zugestanden hätten: Weder zog er wirtschaftlichen Nutzen aus seinem Kloster noch übte er einen Einfluss auf seine inneren Strukturen aus. Nachdem der Papst den ersten Abt, Berno, eingesetzt hatte, gewährte er dem Konvent von Cluny das freie Abtwahlrecht.

Ein Kloster bewusst von allen weltlichen Einflüssen zu befreien war ebenso neuartig wie radikal und unterschied sich fundamental von der Lebensweise, wie sie in den gorzisch-lothringisch reformierten Klöstern praktiziert wurde. Während man dort kirchenrechtlich in den Einflussbereich des Ortsbischofs eingebunden blieb und weiterhin König, Bischof oder einen Adligen seinen Klosterherrn nannte, war Cluny ganz auf sich allein gestellt. Doch bereits unter Abt Berno und seinem Nachfolger Odo (927–942) wurde begonnen, um das Zentrum Cluny einen Klosterverband zu errichten, der unter den Äbten Maiolus (954–993), Odilo (993–1048) und Hugo (1049–1109) seine größte Ausdehnung erfahren sollte. Cluny gründete entweder eigene Priorate oder gliederte, oft auf Bitten adliger Klosterherren, die bereit waren, auch ihrerseits auf ihre Eigenkirchenrechte zu verzichten, bereits bestehende Klöster als Priorate in den Klosterverband von Cluny ein. Der Name verrät, dass Priorate keinen eigenen Abt besaßen, sondern direkt dem Abt von Cluny unterstellt waren, der durch einen Prior vor Ort vertreten wurde. Klöster mit einem eigenen Abt konnten dem Verband aber auch dadurch eingegliedert werden, dass dieser dem Großabt von Cluny ein Treuegelöbnis ablegte. Zur Zeit seiner größten Ausdehnung am Ende des 11. Jahrhunderts zählten allein im heutigen Frankreich über 1200 Klöster mit über 20.000 Mönchen zum cluniazensischen Klosterverband. Cluny war ein Imperium. Abt Hugo sah in seinem Kloster das Haupt der wiederbelebten Urkirche, das Impulse zur Veränderung in ihre Glieder aussandte. Doch nicht allein die Dimensionen des Klosterverbandes und auch nicht nur die imposante Klosterkirche von Cluny, die nach ihrer zweiten baulichen Erweiterung um 1100 als größte Kirche des Abendlandes in den Himmel ragte, ließ die Zeitgenossen erstaunen (Tafel 3 unten).

Alles in Cluny war anders, auch der Habit der Mönche. Die Brüder hüllten sich geradezu in Stoffberge und trugen weite, ausladende Gewänder mit überlangen, weiten Ärmeln. Zudem setzten die Cluniazenser als einzige Mönche überhaupt auf einheitliches, feierliches Schwarz. Kritiker warfen den Mönchen freilich vor, dass die Menge an Stoff und der Faltenreichtum des Gewands alles andere als ein Ausdruck von Demut, sondern vielmehr von Stolz und Hochmut seien. Zudem war die Kleidung äußerst unpraktisch: Allein die überweiten Ärmel ließen ein Arbeiten mit den Händen kaum zu. In der Tat verrät der cluniazensische Habit viel über die spirituelle Ausrichtung der Mönche. Vor allen Dingen legten sie Wert auf eine reiche, feierliche Liturgie, die das Leben in Cluny völlig dominierte. Über 200 Psalmen betete ein Cluniazenser täglich, dazu kamen das Gebetsgedenken für unzählige Verstorbene sowie Messen für fromme Stifter. In Cluny würden die Toten die Lebenden beherrschen, tuschelten einige kritische Zeitgenossen und missbilligten insbesondere die völlige Vernachlässigung der Handarbeit, die für Benedikt von Nursia doch ebenso wichtig gewesen war.

Viele Menschen aber waren vom Gebet der Mönche, das in Cluny niemals verstummte, tief beeindruckt. In einer Zeit, die von großer religiöser Verunsicherung, Kriegen, Fehden und Hungersnöten geprägt war, in der das Ende der Welt eine ständige Bedrohung war, gab Cluny Orientierung und Sicherheit. Das Wort des Großabtes von Cluny besaß auch außerhalb des Klosterverbandes größtes Gewicht und sein Kloster war Quelle einer weit reichenden Erneuerungsbewegung der gesamten Kirche. Das Schlagwort der *libertas ecclesiae*, das treffend Clunys Befreiung von allen weltlichen Einflüssen beschrieb, wurde seit dem 11. Jahrhundert in die Welt hinaus getragen und schließlich auch vom Papsttum aufgegriffen. Die angestrebte Freiheit der Kirche sollte durch ein Verbot des Ämterkaufes (Simonie) und der Vergabe kirchlicher Ämter durch Laien (Laieninvestitur) sowie ein Verbot der Priesterehe (Nikolaitismus) erreicht werden. Cluny hatte direkt dazu beigetragen, dass zur Mitte des 11. Jahrhunderts erstmals auch die Gottunmittelbarkeit des Kaisers, aus der er seine direkte Verfügungsgewalt über das Papsttum und die Reichskirche ableitete, grundlegend in Frage gestellt wurde. Obwohl oder gerade weil Kaiser Heinrich III. und seine Gemahlin Agnes beide überzeugte Förderer Clunys und der Kirchenreform gewesen waren, mussten sie zusehen, wie sich die Reformer nun vor allem gegen sie wandten. Unter Papst Gregor VII. kulminierte die Forderung nach der *libertas ecclesiae* in einem Machtstreit zwischen Kaiser und Papst. Das Erdbeben, das Zeitgenossen zufolge die Welt aus den Angeln hob, als Gregor 1076 den Bannfluch gegen König Heinrich IV. schleuderte, hatte seinen Ausgang im burgundischen Cluny genommen.

Als „Wunder des Abendlandes" oder „Licht der Welt" wurden die Großabtei und die Reform, die sie in Bewegung setzte, bisweilen bezeichnet. Doch noch bevor der „Investiturstreit" an der Schwelle des 12. Jahrhunderts beigelegt war, begann Clunys Einfluss zu schwinden. Immer lauter wurde die Kritik neuer Reformbewegungen am immensen Reichtum der Abtei und der Großzügigkeit, mit der dort die Benediktregel interpretiert wurde. In Cluny, so war immer öfter zu vernehmen, würden die Ideale benediktinischen Mönchtums verraten. Die Idee von der *libertas ecclesiae* aber verstummte nicht mehr. Aus der cluniazensischen Reform entwickelte sich seit dem Ende des 11. Jahrhunderts eine neue monastische Bewegung, die sich vom Schwarzwaldkloster Hirsau aus wie ein Flächenbrand über das Reich ausbreiten sollte.

Die Klöster des frühmittelalterlichen Irland waren geistige und wirtschaftliche Zentren und Mittelpunkte von Pfarrgemeinden. Hier die Ruinen von Glendalough bei Dublin.

Das Inselkloster Reichenau am Bodensee zählte im Früh- und Hochmittelalter zu den bedeutendsten Abteien des römisch-deutschen Reichs.

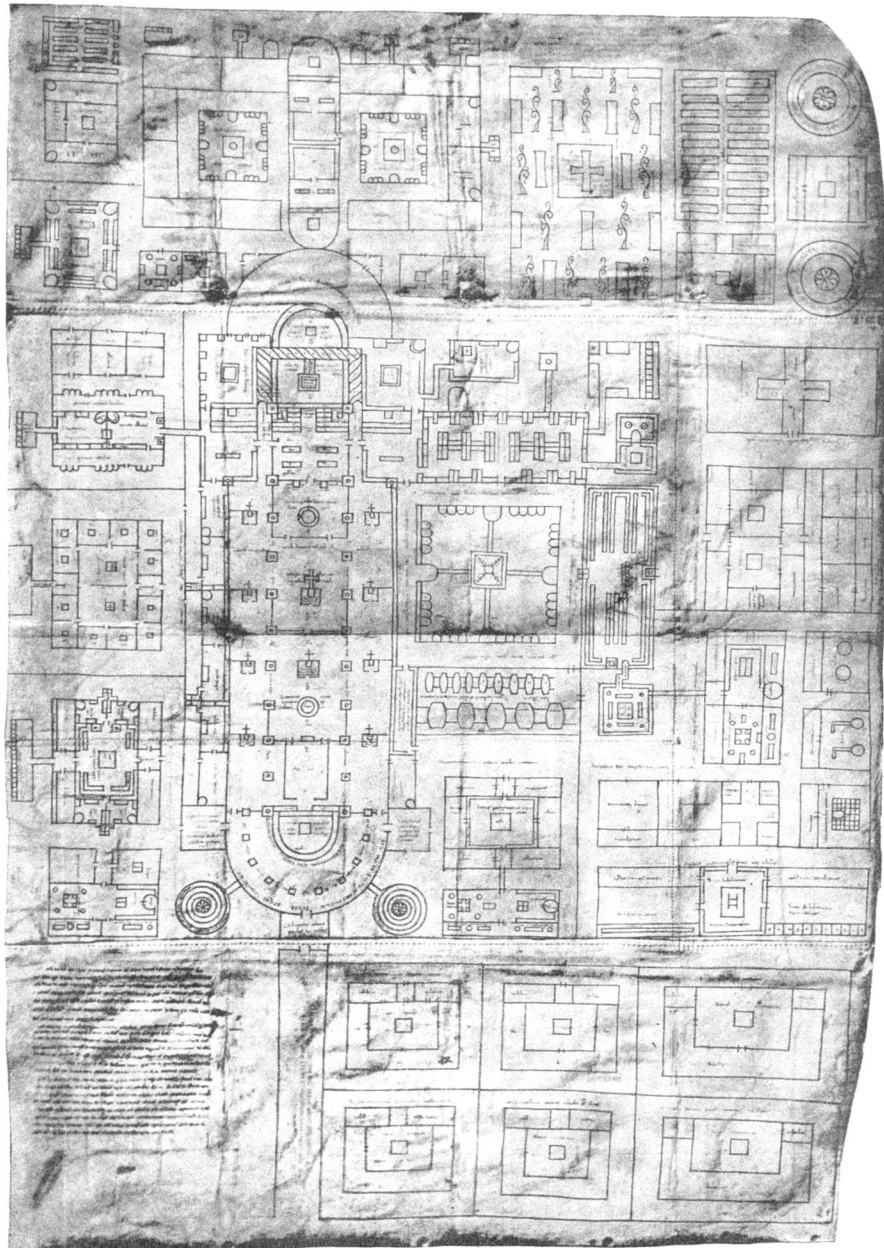

Der „St. Galler Klosterplan" entstand um 820 im Inselkloster Reichenau. Die architektonische Zeichnung stellt die Idealanlage eines Benediktinerklosters dar und sollte dem Abt von St. Gallen als Richtschnur für den Ausbau seiner Abtei dienen.

Ein Zisterzienser bei der Getreideernte. Der Habit der Zisterzienser besteht aus einer groben, grauen Tunika, darüber eine Arbeitsschürze (Skapulier) aus zwei Stoffbahnen. Zum Chorgebet tragen die Zisterzienser ein weißes Gewand. Zisterzienser der Gegenwart sind an ihrer weißen Tunika und dem schwarzen Skapulier zu erkennen.

Rekonstruktion der Abteikirche von Cluny (III). Nach ihrer Erweiterung um 1100 war sie die größte Kirche des Abendlandes. Unter Napoleon wurden große Teile der Klosteranlage gesprengt und als Steinbruch benutzt.

Die Kirchen der Zisterzienser verzichten auf jeglichen Schmuck und weisen eine strenge, sehr schlichte Architektur auf, die den Blick des Gläubigen ganz auf Gott richten soll. Hier die Abteikirche von Fontenay in Burgund.

RÜCKKEHR UND AUFBRUCH

Neue monastische Bewegungen
im 12. Jahrhundert

Kaum eine Epoche des Mittelalters war religiös so bewegt wie die ausgehende Salierzeit um 1100, in der der „Investiturstreit" das Reich bis in seine Grundfesten erschütterte. Die Forderungen des Reformpapsttums nach einer inneren Erneuerung von Mönchtum und Kanonikern und nach einer radikalen Rückkehr zu den Werten der Urkirche zwangen zum Überdenken etablierter Strukturen. Noch hundertfünfzig Jahre zuvor hatte man in den gorzisch-lothringischen Reformklöstern und insbesondere in Cluny die Verwirklichung wahren mönchischen Lebens gesehen. Den Antichrist vor Augen, hatte man die greise Welt und die sündigen Seelen der Menschen den Gebeten der Brüder in Cluny, Gorze, Reichenau oder St. Emmeram in Regensburg anvertraut. Die Klöster waren der Zeit der religiösen Verunsicherung mit großer Energie begegnet, hatten in unüberschaubarer Zahl neue Kirchen errichtet und in den Himmel wachsen lassen. „Es war, als wollte die Welt ihr Alter abschütteln, um sich mit dem leuchtenden Gewand von Kirchen zu bekleiden", notierte ein französischer Mönch im frühen 11. Jahrhundert beeindruckt.[5]

Das Weltenende war ausgeblieben, doch die Kirche ging gestärkt und mit neuem Selbstbewusstsein ins 11. Jahrhundert. Immer stärker lehnte sie sich selbst gegen den Kaiser auf und versuchte, sich von jeglicher Einflussnahme durch Laien zu befreien. Die große Kirchenreform erschütterte im „Investiturstreit" nicht allein die von Gott gegebene Ordnung, sie wirkte auch auf die Klöster zurück. In einer Zeit der Konflikte zwischen Reich und Kirche waren die einstigen Ideale in den Reformabteien allmählich verblasst und aufgeweicht, zum Teil sogar schon völlig verraten worden. Viele Mönche hatten es sich bequem gemacht in Abteien, in denen die Benediktregel nur mehr lax eingehalten wurde. Es gab jedoch Brüder, die sich nicht mit Mittelmaß und Kompromissen zufrieden geben wollten und zu einem neuen Aufbruch drängten.

Eifer der Erneuerung
Apostolisches Leben in Hirsau

Einer von ihnen war Abt Wilhelm von Hirsau. Er war im berühmten Kloster St. Emmeram in Regensburg erzogen und von dort 1069 als Abt ins Schwarzwaldkloster Hirsau berufen worden. Wilhelm war ein gelehrter Mann; er beschäftigte sich mit Astronomie, Arithmetik, der Osterfestberechnung (*Komputistik*) und Musik und las mit großem Interesse die Werke der lateinischen Klassik. Besonders trieb ihn aber der Gedanke um, ein erneuertes Mönchtum zu schaffen. In Hirsau wollte er einen Rechtszustand erreichen, der die ungeschmälerte, „vollkommene Freiheit" (*integra libertas*) des Klosters garantierte. Nach zähem Ringen gelang es ihm, Hirsau aus der Herrschaft seines Eigenkirchenherrn, des Grafen von Calw, herauszulösen und unter päpstlichen Schutz zu stellen. Eine in ihrer Echtheit nicht unumstrittene Urkunde König Heinrichs IV., das Hirsauer Formular, bestätigte den außergewöhnlichen Rechtsstatus Hirsaus: Der Graf von Calw behielt zwar die Vogtei, verzichtete aber auf all seine laikalen Rechte an dem Kloster und unterstellte es königlichem Schutz. Die Abtei stand also unter dem Schutz des Papstes und des Königs gleichermaßen. Die Mönche wählten ihren Abt selbst, der schon bald nicht mehr vom Ortsbischof mit den geistigen Insignien seines Amtes ausgestattet wurde, sondern diese in einem Akt der Selbstinvestitur aus eigener Vollmacht ergriff. Ein merkwürdiges Konstrukt, das dem Kloster einerseits größtmögliche Freiheit, andererseits aber doch ausreichenden weltlichen Schutz garantierte.

Die Unterstellung Hirsaus unter den Papst und die Forderung nach *integra libertas* verrät, dass Wilhelm die wichtigsten Impulse für seine mönchische Erneuerung aus Cluny erhalten hatte. Mit Ulrich von Zell, der wie er aus St. Emmeram stammte und 1061 Mönch in Cluny geworden war, verband ihn eine tiefe Freundschaft. So hatte ihn Wilhelm gebeten, ihm eine Abschrift der cluniazensischen Lebensgewohnheiten (*Consuetudines*) zu schicken. Diese regelten in Erweiterung und Präzisierung der Benediktregel das gesamte Alltagsleben der Mönche, von der Kleidung, Körperpflege und dem Speisezettel bis hin zur Disziplin beim Chorgesang. Eifrig machte sich Wilhelm nun daran, eigene

Lebensgewohnheiten für Hirsau auf der Basis derer von Cluny zu verfassen. Zunächst übernahm er den typischen Habit der Cluniazenser und kleidete seine Mönche nun auch in die tief schwarzen, überweiten, faltenreichen Gewänder. Damit war bereits äußerlich zu erkennen, dass sich die Hirsauer Erneuerung aus dem Geist von Cluny speiste. Penibler jedoch als alle cluniazensischen Äbte es je vermocht hatten, fixierte er jedes Detail, jede noch so kleine Verrichtung der Mönche und maß ihr somit religiöse Bedeutung bei. So war den Mönchen vorgeschrieben, wie sie sich nach dem Stuhlgang zu reinigen hatten, an welchem Handtuch sie sich die Hände trocknen durften und wie das Rasieren genau vonstatten gehen musste. Beim Teig kneten durften sie nicht singen, damit kein Speichel hineingerate, und ihre Wäsche mussten sie abends von der Leine nehmen.

Wilhelm nannte seine Gewohnheiten ‚Constitutiones' (Festsetzungen) und verlieh ihnen allein schon durch diesen Namen den Charakter von Gesetzen. Auch die historische Forschung bedachte den Abt angesichts seines akribischen Vorschriftenkatalogs immer wieder mit den Attributen eines reglementierungssüchtigen Pedanten und beinahe schon eines Tyrannen. Wilhelm selbst schrieb, dass sich die Mönche in Hirsau immer beobachtet und zu keiner Zeit und an keinem Ort sicher fühlen sollten. Streng wachte er über die Einhaltung der Regeln und bestrafte selbst kleinste Übertretungen. Nur gesunde Mönche konnten in seinen Augen gute Mönche sein. Heimliche asketische Bestrebungen der Brüder, die ihren Körper vernachlässigten, unterband er deshalb durch detaillierte Vorschriften zur Hygiene und Ernährung. Neben dem faden Einerlei aus Gemüse und Bohnen kamen in Hirsau auch das eigentlich verbotene Fleisch von vierfüßigen Tieren und Kuchen auf den Tisch. Schließlich sollten die Mönche kein vermindertes, sondern ein gesteigertes Leben führen. Dazu gehörte auch, in der Klosterkirche nicht frieren zu müssen, sondern sich bei Bedarf in wärmere Kleider hüllen zu können. Zweifellos war Wilhelm ein Eiferer und duldete keine Laxheit, keine Gleichgültigkeit, kein Mittelmaß. Für ihn gab es eine Verbindung zwischen äußerer Erscheinung und innerer Gesinnung. Ein Sich-gehen-lassen und ein ungepflegtes Äußeres waren nur ein Zeichen innerer Disziplinlosigkeit. Beides war nicht vereinbar mit einem engel- und apostelgleichen Leben, wie Wilhelm es zu führen bestrebt war.

Im großen Konflikt zwischen Kirche und Reich, zwischen geistlicher und weltlicher Gewalt, trafen die Hirsauer den Nerv der Zeit. Die Zeitgenossen waren aufgewühlt durch die Ereignisse um Papst Gregor VII. und König Heinrich IV., wussten nicht mehr, woran sie glauben sollten und waren ratlos, wohin

Reich und Kirche steuern würden. Die Menschheit, so sahen es die Hirsauer, hatte Schiffbruch erlitten. Hilflos wurde sie in der Welt, einem stürmischen Meer des Bösen, umher geworfen. Hirsau aber war ein sicherer und ruhiger Hafen, in dem all jene Zuflucht fanden, die Rettung vor dem Schiffbruch in einer der Sünde verfallenen Welt suchten. Diese Selbstdeutung fiel auf fruchtbaren Boden. In Scharen strömten die Menschen dem Kloster zu und ersuchten um Aufnahme. Insbesondere Laien fühlten sich von der Spiritualität und der Dynamik des Hirsauer Reformmönchtums angesprochen. Wilhelm machte sie als Laienbrüder (Konversen) zu Mitgliedern des Klosters, erlegte ihnen aber eine abgemilderte Form der Askese und der Klosterregeln auf. Von den ‚älteren‘ Benediktinern wurden sie häufig wegen dem für sie typischen Vollbart als ‚Ziegenbärte‘ verlacht. Während die Vollmönche vor allem den Chordienst verrichteten und im Skriptorium tätig waren, leisteten die Laienbrüder durch körperliche Arbeit ihren Anteil am Gemeinschaftsleben.

Hirsau war Teil einer Reformrichtung, die von der Forschung als ‚jungcluniazensisch‘ bezeichnet wird, da sie direkt von Cluny beeinflusst wurde. In St. Blasien im Schwarzwald, in Siegburg bei Köln und im oberitalienischen Fruttuaria ließen sich ähnliche Reformrichtungen beobachten; am erfolgreichsten und wirkmächtigsten waren jedoch die Mönche von Hirsau. Dort entwickelte sich aus dem Versuch einer Erneuerung des klösterlichen Lebens bald eine Reformbewegung. Hirsau entsandte Mönche in andere Abteien, die dort die neuen Lebensgewohnheiten einführen sollten. Insbesondere im Südwesten des Reiches sowie im Raum des heutigen Bayern und Österreich breitete sich die Reform wie ein Flächenbrand aus und erfasste bald Hunderte von Klöstern. Zwiefalten, Prüfening und Admont sind nur drei ihrer bedeutendsten Zentren.

Folgte Wilhelm von Hirsau in vielen Dingen dem Vorbild Clunys, verzichtete er hingegen darauf, einen zentralistischen Klosterverband aufzubauen. In der Regel blieben die Klöster in ihrer Eigenständigkeit bestehen. Wo Bischöfe oder weltliche Adlige nicht ihre bereits bestehenden Eigenklöster begeistert der Reformbewegung anschlossen, wurden sie zu Gründern neuer Abteien hirsauischer Prägung. Dadurch leisteten sie selbst einen Anteil am segensbringenden Tun der Reformmönche, möglichst vielen Schiffbrüchigen Ruhe und Hafen zu sein. Viele fromme Stifter waren bereit zu freigebigen Schenkungen an die neuen Mönche, hielt man ihr Gebet doch für kraftvoller und heilbringender als das der ‚alten‘ Benediktiner. Trotz des Konkurrenzdrucks aber reagierten viele Konvente nicht glücklich, als die Hirsauer an ihre Tür klopften. Neben den nicht zu vermeidenden Anpassungen, die die Mönche in der Kleidung, den Umgangsformen, aber auch den Handzeichen, die in den Zeiten des

Schweigens Worte ersetzen mussten, zu leisten hatten, griff jede Reform tief in oft jahrhundertealte soziale und wirtschaftliche Strukturen eines Klosters ein. Zudem war den Hirsauern ihr Ruf als Eiferer, die Bewährtes umstürzen und Neumodisches einführen wollten, oft schon vorausgeeilt. Vielerorts waren sie einfach unbeliebt. Trotzdem hatten sie Erfolg, denn sie hatten im Papst eine wichtige Stütze gefunden und ergriffen im Gegenzug während des „Investiturstreits" für ihn Partei. In den Zentren der Hirsauer Reform wetterte man an seiner Seite gegen den Kaiser, die Laieninvestitur und den Ämterkauf. So erreichte die Bewegung mit dem Ringen um einen Frieden zwischen Kirche und Reich auch ihren Höhepunkt. 1122 wurde das Wormser Konkordat geschlossen, die Wogen begannen sich allmählich zu glätten. Bis zur Mitte des Jahrhunderts hatte die Hirsauer Reform ihre Kraft verloren.

Zu diesem Zeitpunkt befand sich eine andere neue monastische Bewegung gerade auf dem Aufstieg. Wie die Hirsauer erhielt auch sie entscheidende Impulse aus Cluny, diesmal jedoch nicht im positiven Sinne.

Reformbenediktiner im grauen Gewand
Die Zisterzienser

Robert von Molesme fühlte sich von Cluny geradezu abgestoßen. All der materielle Reichtum, die zur Bedeutungslosigkeit erstarrten Gebetsformeln und die protzigen Prozessionen liefen seinen Vorstellungen von einem mönchischen Leben in Demut und Askese völlig zuwider. Im burgundischen Molesme gründete er ein Kloster, in dem er mit Gleichgesinnten ein Leben in rigoroser Befolgung der Benediktregel umsetzen wollte. Seiner Gründung war Erfolg beschieden und sie wuchs in kurzer Zeit zu beachtlicher Größe und Besitzstand heran und konnte ihren Einfluss auf andere Konvente ausdehnen. Noch vor der Jahrhundertwende herrschte Molesme bereits über mehr als 30 Priorate. Entgegen seinem Mönchsideal sah sich Abt Robert gezwungen, immer mehr Kompromisse einzugehen, mit denen er sich jedoch auf Dauer nicht anfreunden konnte. Im Jahr 1098 zog er die Konsequenzen und gründete mit 11 Gefährten eine kleine Zelle in Cîteaux (lat. Cistercium), die sie schlicht „novum monasterium" („Neukloster") nannten. Am 21. März, dem Festtag des hl. Benedikt, nahmen sie dort das mönchische Leben auf. Name und Datum waren Programm für eine Christusnachfolge in völliger Abgeschiedenheit, Abkehr vom Reichtum und der mangelnden Demut Clunys. Roberts Weggang aus Molesme hatte allerdings einen Skandal heraufbeschworen. Auf Betreiben des

Konvents und auf Befehl Papst Urbans II. musste Robert bereits im Sommer 1099 als Abt dorthin zurückkehren, wo er 1111 starb.

In Cîteaux aber hatte er fähige Männer hinterlassen, die das junge Kloster nach seinen Vorstellungen lenkten. Alberich, sein Nachfolger auf dem Abtstuhl, konnte sehr schnell den päpstlichen Schutz für Cîteaux erlangen und begann, die Prinzipien des dort verwirklichten monastischen Lebens zu verschriftlichen. Unter Stephan Harding († 1134), einem gebürtigen Engländer, dem dritten Abt von Cîteaux, wurden erste Tochterklöster, die Primarabteien in La Ferté, Pontigny, Clairvaux und Morimond gegründet. Noch immer hallten ihm die Vorwürfe aus Molesme in den Ohren, sie seien Abtrünnige und ihr Auszug aus dem Kloster sei ein Rechtsbruch gewesen. Umso dringlicher war es nun, die rechtlichen und spirituellen Grundlagen der neuen Gemeinschaft schriftlich zu fixieren. So schuf er die wichtigsten Grundlagen für die Organisation der Zisterzienser, wie sie nach ihrem Gründungsort Cîteaux bald genannt wurden. In dem Wunsch, ein erneuertes Mönchtum auf der Grundlage der Benediktregel zu schaffen, gaben sie sich als erster Orden des Mittelalters eine eigene Verfassung. „Charta caritatis", „Urkunde der Liebe", nannte Stephan Harding das Werk, das alle Zisterzienserklöster verpflichtete, sich in der Regel und den Gewohnheiten nach Cîteaux als dem Normkloster auszurichten. Die oberste Gewalt im Orden lag indes beim jährlich stattfindenden Generalkapitel unter dem Vorsitz des Abtes von Cîteaux, an dem alle Zisterzienserklöster durch ihre Äbte vertreten waren. Dort wurden die Regelauslegungen, die Gewohnheiten, geprüft und diskutiert, die für alle Klöster Gültigkeit haben sollten. Beschlüssen des Generalkapitels musste sich auch der Abt von Cîteaux beugen. Um zu kontrollieren, wie die einzelnen Klöster diese umsetzten, ob es zu Missverständnissen oder gar Alleingängen kam, schrieb die Ordensverfassung Visitationen vor. Das hieß, dass jedes an sich selbstständige Kloster einmal jährlich vom Abt seines Mutterklosters besucht werden musste. Der Visitator konnte zwar keine Anweisungen geben, doch war es an ihm, Abt und Konvent zu ermuntern, sich unablässig selbst zu überprüfen und keine Abweichungen zu dulden. Cîteaux, das selbst kein Mutterkloster hatte, entzog sich diesem Prinzip nicht, sondern wurde von den Äbten jener vier Primarabteien visitiert, die die ersten Tochtergründungen Cîteaux' waren.

Die *Charta Caritatis* wurde im Lauf der rasanten Ausbreitung des Zisterzienserordens mehrfach überarbeitet und ist in mehreren Fassungen überliefert, die aber alle das Visitationssystem und das Generalkapitel als entscheidende Charakteristika des Ordens enthalten. Mit ihrer Ordensverfassung bewegten sich die Zisterzienser auf einem geschickten Mittelweg zwischen dem rigorosen Zentralismus des clunianzensischen Klosterverbandes, der den einzelnen Prioraten keine Entscheidungsfreiheit ließ, und der vollständigen Autonomie anderer ‚alter‘ Benediktinerklöster. Visitation und Generalkapitel schufen eine Einheit und knüpften ein festes organisatorisches Band zwischen den einzelnen Zisterzienserabteien. So sollte eine Abkehr vom Ordensideal und ein schleichendes Aufweichen der Regel verhindert werden, was schon vielen Reformbewegungen zum Verhängnis geworden war.

Die Leitmotive der Zisterzienser lassen sich relativ simpel formulieren: radikale Rückkehr zu den Wurzeln benediktinischen Mönchtums bei strikter Befolgung der Benediktregel (Tafel 3 oben).

Dies hieß für die Brüder zunächst, sich ein schlichtes, der Regel entsprechendes Ordenskleid zu wählen. Eine schlichte graue *Tunika*, darüber eine Arbeitsschürze (*Skapulier*) sollte die Demut des Mönches gegenüber Gott und der Regel ausdrücken. Nur für das Chorgebet streiften die Zisterzienser ein weißes Gewand, die *Kukulle*, über. Streng achteten sie darauf, die Fastengebote einzuhalten, auf Fleisch und unverdünnten Wein zu verzichten und sich in allem in größter Enthaltsamkeit zu üben. Vor allem waren sie bestrebt, der Handarbeit wieder größere Geltung zu verschaffen, die in vielen Klöstern der ‚alten‘ Benediktiner vernachlässigt wurde. „Müßiggang ist der Seele Feind. Deshalb sollen die Brüder zu bestimmten Zeiten mit Handarbeit, zu bestimmten Stunden mit heiliger Lesung beschäftigt sein“, lehrt die Benediktregel.[6] Doch pflegten im 12. Jahrhundert viele Abteien, insbesondere diejenigen cluniazensischer Prägung, eine strikte Arbeitsteilung. Während die Vollmönche den Chordienst verrichteten, Messen feierten und in den Skriptorien über Büchern saßen, schwitzten die Laienbrüder in den klösterlichen Ställen, Werkstätten und auf den Feldern. Dass dies mit der Benediktregel so eigentlich nicht zu vereinbaren war, wussten auch die Cluniazenser. Sie zogen deshalb einmal jährlich unter Gebet auf die Felder und verbrachten den Tag bei leichter Arbeit, um der Regel wenigstens symbolisch Genüge zu tun. Von vorneherein war es den Zisterziensern wichtig, wieder selbst Hand anzulegen. Mit Feuereifer rodeten sie Wälder, legten Sümpfe trocken und bereiteten den Grund, auf dem sie in Eigenarbeit ihre Klöster errichteten. Doch gerade im Punkt der Handarbeit brachen die Zisterzienser bald ganz massiv mit ihren ursprünglichen Idealen. Die wachsende Zahl von Schenkungen und Seelheilstiftungen verpflichtete die Brüder zu immer umfangreicher werdendem Chordienst. So überließen auch sie die Handarbeit zunehmend den Laienbrüdern. Dass sie es damit den Cluniazensern gleichtaten, nahmen sie stillschweigend hin. Die zisterziensischen Laienbrüder, die meist aus niederen Schichten stammten, waren zwar durch ein Gelübde zeitlebens an das Kloster gebunden, konnten aber nicht zum Vollmönch aufsteigen. Sie waren getrennt vom Konvent untergebracht und durften weder lesen noch Bücher besitzen. Sie sollten sich einzig der Handarbeit widmen. Der Einsatz der Konversen als unbezahlte Arbeitskräfte ermöglichte den Aufbau eines Wirtschaftssystems, das den einzelnen Klöstern und dem Orden zu großem Wohlstand verhalf. Auf ihrem Grundbesitz errichteten sie riesige Gutskomplexe, Grangien, die von den hoch motivierten und in der Regel sehr kompetenten Laienbrüdern geleitet und mit Hilfe von Klostergesinde und Lohnarbeitern bewirtschaftet wurden. Die Laienbrüder waren in ihrer Arbeit gegenüber dem Abt und dem *Cellerar* ihres Klosters zu voller Rechenschaft verpflichtet. Die Ländereien waren den Abteien entweder geschenkt oder von ihnen gekauft worden. Um geschlossenen Grundbesitz zu erlangen, vertrieben die Zisterzienser nicht selten Bauern aus ihren Dörfern und fügten deren Äcker, Felder, Wiesen und Wälder ihren eigenen Ländereien hinzu. Auf diese Weise entstanden Grangien, die eine Ausdehnung von bis zu 400 Hektar aufweisen konnten. Den Überschuss, den die Klöster erwirtschafteten, wandelten sie auf Märkten in bare Münze um, die sie zumeist in den Erwerb neuer Güter steckten. Dem immensen Reichtum des Ordens und der Abteien zum Trotz lebten die Zisterziensermönche in persönlicher Besitzlosigkeit und Askese. Ihre Kirchen strahlten in Architektur und Ausstattung Einfachheit und Demut aus und sollten den Blick des Betrachters nicht auf eitle Ornamente, sondern direkt zu Gott lenken (Tafel 4).

Begeistert strömten die Menschen im frühen 12. Jahrhundert den Zisterziensern zu. Ab 1120 begann sich der Orden geradezu explosionsartig auszubreiten. Bald gab es nicht nur in Frankreich Abteien in großer Zahl, sondern auch im römisch-deutschen Reich, den Niederlanden, in Italien, Spanien, England, Schottland, Wales, Skandinavien, Polen, Pommern, Böhmen und Mähren sowie in Ungarn. Auch etliche Frauenklöster richteten sich nach den Gewohnheiten der Zisterzienser, sie sollten dem Orden aber erst im 13. Jahrhundert inkorporiert werden.

Dass der Orden eine solch große Anziehungskraft ausübte, verdankte er auch seinem charismatischen Vordenker Bernhard von Clairvaux. Manche Publikation hat schon fälschlicherweise ihn und nicht Robert von Molesme, Alberich von Cîteaux und Stephan Harding als Gründer des Zisterzienserordens bezeichnet. Dies mag daran liegen, dass er bis heute sein wohl berühmtestes Mitglied ist und Bekanntheit erlangte, als der Orden noch in den Kinderschuhen steckte. Als Bernhard 1112 bei Abt Stephan Harding um Aufnahme in das Kloster Cîteaux bat, hatte er bereits ein Gefolge von über 30 jungen Männern bei sich, die fasziniert waren von der Glut seines Glaubens und der Kompromisslosigkeit, mit der er ihn lebte. Zwei Jahre später wurde er der erste Abt des neu gegründeten Klosters Clairvaux in der Champagne, ein Amt, das er bis zu seinem Tod 1153 innehatte. Durch seine Predigten und Schriften jedoch erlangte er bald überregionale Bekanntheit und wurde als Berater Papst Eugens III. († 1153), eines Zisterziensers auf dem Stuhl Petri, einer der gefragtesten und meistgereisten Kirchenpolitiker seiner Zeit. Während er mystische Werke der Marienverehrung und über die Liebe Gottes verfasste, war er zugleich einer der Verfechter des Kreuzzugsgedankens und ereiferte sich in unzähligen Predigten für eine gewaltsame Bekehrung der Muslime. Besondere Energie verwandte er darauf, mit nimmermüden Worten die Dekadenz des Mönchtums seiner Zeit zu geißeln. Sein Blick richtete sich dabei konkret auf das Kloster Cluny und seine Priorate, wo er den größten Verfall und die gravierendste Abkehr von der Benediktregel konstatierte. Dort verlachte man ihn zwar, sparte nicht an Spott gegenüber manch seltsam anmutendem zisterziensischen Brauch und entgegnete seinen Vorwürfen mit großem Selbstbewusstsein. Insgeheim wusste Cluniazenserabt Petrus Venerabilis jedoch, dass es auch in seiner Abtei einer Rückkehr zu den alten Werten bedurfte. Sein Versuch, die cluniazensischen Gewohnheiten zu überarbeiten, war wenig fruchtbringend und verlief im Sand. Der große Erfolg der neuen monastischen Bewegungen machte die vormals reformerischen Cluniazenser nun selbst zum ‚alten Eisen' und rückständigen Mönchen, die die Zeichen der Zeit nicht erkannt hatten. Zudem mussten sie erleben, dass die Menschen ihr Heil nicht mehr nur den Gebeten der Mönche anvertrauten, sondern sich auch den Prämonstratensern und Regularkanonikern zuwandten, die wie die jungcluniazensische Bewegung im Zuge der großen Kirchenreform entstanden waren.

Regularkanoniker und Prämonstratenser

Schon lange vor dem 9. Jahrhundert gab es zwei Arten, ein geistliches Leben zu führen: Entweder man legte die Gelübde ab und ging als Mönch in ein Kloster. Daneben gab es den Stand der Weltkleriker. Einige von ihnen lebten als Kanoniker (Chorherren) in Gemeinschaften und verrichteten zumeist an einer Bischofskirche liturgischen Dienst. Noch bevor Ludwig der Fromme alle Klöster der Benediktregel unterstellte, unternahm er 816 eine grundlegende Reform der gemeinschaftlichen Lebensweise der Weltkleriker. An einigen Bischofskirchen wirkten Kanoniker und Mönche zusammen nach nicht immer klar ersichtlichen Regeln. Damit machte Ludwig nun Schluss. Er ordnete zunächst eine Trennung zwischen Mönchen und Kanonikern an und verwies die Mönche hinter die Klostermauern. Anschließend formulierte er für die Kanoniker einige grundlegende Regeln des Zusammenlebens. Sie sollten einmal täglich gemeinsam Gottesdienst feiern und sich zum Stundengebet versammeln. Obgleich sie in einem Stift in einer klosterähnlichen Gemeinschaft lebten, hatten sie sich nicht wie die Mönche hinter Mauern zurückgezogen, sondern wirkten draußen in der Welt. Sie beteiligten sich intensiv an den liturgischen und seelsorgerischen Verpflichtungen in ihrer Diözese. Als mit der Kirchenreform des 11. Jahrhunderts auch Forderungen nach untadeligen Priestern laut wurden, erhoffte man sich, durch eine Reformierung der Kanonikerstifte nach klösterlichem Vorbild eine vertiefte Religiosität und eine größere Verchristlichung der Gesellschaft zu erreichen.

Auf der Lateransynode von 1059 wetterte Archidiakon Hildebrandt, später Papst Gregor VII., gegen den Luxus, der in den Stiften herrsche, und monierte, dass die Kanoniker über Privatbesitz und sogar eigene Wohnungen verfügten. Als grundlegende Neuerung forderte er den absoluten Eigentumsverzicht der Kanoniker. Sie sollten ein asketisches Leben führen, einen streng geregelten Tagesablauf mit Stundengebet sowie das für Mönche übliche Schweigegebot einhalten. Die Kleriker, deren Stifte sich diesen päpstlichen Forderungen anpassten oder in großer Zahl neu gegründet wurden, nannte man deshalb Regularkanoniker oder ‚regulierte Chorherren‘. Ihre Stifte waren Klöstern nicht unähnlich, nur dass sie nicht von einem Abt, sondern einem Propst geleitet wurden. Die meisten der in den Mönchsklöstern bekannten Ämter, etwa das des Cellerars, gab es indes auch bei den Regularkanonikern.

Diese waren überzeugt, in der turbulenten Zeit des „Investiturstreits", die von vielen als Endzeit empfunden wurde, das wahre apostolische Leben zu führen. Ein Leben in Armut und Gemeinschaft (*vita communis*) wie in der Urkirche zu verwirklichen und doch das Wort Gottes durch Predigt und Seelsorge nach außen zu tragen, war für sie die ideale Form der Christusnachfolge. Zusammen mit den Hirsauern glaubten sie, die sich *pauperes Christi* (die Armen Christi) nannten, die einzigen Garanten der Rettung in einer Welt zu sein, die der Sünde und dem Unglauben verfallen war. Lange Zeit hatte man die Kanoniker nur als ‚Nicht-Mönche‘ und notwendige Glaubensdiener in den Wirren der Welt betrachtet, die eine Annäherung an das mönchische Lebensideal versuchten. Doch nun gelang es ihnen, das Selbstverständnis eines eigenen Standes neben den Mönchen auszubilden. Während für Bischof Otto von Freising († 1158), selbst ein Mitglied des Zisterzienserordens, die Mönche im göttlichen Heilsplan den ersten Rang vor Klerikern und Laien einnahmen, stellte sein Zeitgenosse Gerhoch, Propst des bedeutenden Stiftes Reichersberg, die *vita communis* der Regularkanoniker über alle anderen monastischen Lebensformen, da diese doch direkt dem Vorbild der Apostel folgte.

Wie die Hirsauer Mönchsreform war auch die Kanonikerreform hochpolitisch. Das Leben im römisch-deutschen Reich um 1100 war geprägt durch das verzweifelte Ringen um eine Wiederherstellung der Eintracht zwischen Kirche und Reich. Diese scheiterte an den verhärteten Fronten beim Papst und beim König sowie an der Rechtsfrage, welche Rolle der König bei der Einsetzung von Bischöfen in ihre Ämter spielen sollte. Besonders eine Gruppe junger Fürsten sah das Ziehen und Zerren um einen möglichen Frieden mit großer Sorge. Heinrich IV., so wähnten sie, würde mit seiner Politik alle ins Verderben stürzen. Sie unterstützten deshalb seinen Sohn Heinrich V., der seinen Vater absetzte und selbst den Thron des römisch-deutschen Reiches bestieg. Anders als sein Vater näherte er sich der Reformkirche an, der Frieden schien greifbar nahe. Begeistert wandten sich daher auch die Fürsten der Kirchenreform und besonders den neuen religiösen Bewegungen zu. In großer Zahl tätigten sie Stiftungen an Hirsauer Klöster und Regularkanoniker, wurden selbst zu Gründern von Abteien und Stiften oder traten bisweilen selbst in eine Gemeinschaft ein. So verbreitete sich die Kanonikerreform durch die Förderung religiös engagierter Laien bald im ganzen Reich. Daneben waren aber auch Kirchenfürsten wie beispielsweise der Erzbischof von Salzburg Förderer der Kanonikerreform. Oft waren es auch reformwillige Chorherren, die selbst neue Gemeinschaften ins Leben riefen.

Bei aller Beschwörung von Eintracht und brüderlichen Liebe, die die Kanoniker wie einst die Apostel und Mitglieder der Urkirche füreinander empfanden, strebten sie in ihrer inneren Entwicklung doch auseinander. Schon im 11. Jahrhundert hatten sich Kanonikergemeinschaften zu einem Leben nach der Regel des hl. Augustinus bekannt. Diese Regel des großen Kirchenvaters lag in verschiedenen Überlieferungen vor. Zu Beginn des 12. Jahrhunderts begannen erste Regularkanoniker, die drei Gelübde der Armut, Keuschheit und des Gehorsams auf die Augustinusregel abzulegen. Während die einen jedoch einer Form dieser Regel (*praeceptum*) folgten, die sich mit gemäßigter Askese zufrieden gab, lebten andere nach einer weit strengeren Form, dem *Ordo monasticus*. Schon der Name verrät, dass diese Form der Augustinusregel eine noch stärkere Angleichung an das Mönchtum forderte. Strenge Askese, völlige Armut, Fasten und Schweigen sowie Nachtwachen sollten demnach das Leben dieser Regularkanoniker bestimmen. Zu einer Einigung, welche der beiden

Regeln für die Kanoniker verbindlich sein sollte, kam es nicht und die Bewegung spaltete sich ab 1120 in zwei Gruppen auf. Fortan lebte der *Ordo antiquus* nach der gemäßigten Regel, so in Marbach im Elsaß, Rottenbuch in Bayern und vermutlich auch in den Stiften in den Diözesen Freising und Passau. Der *Ordo novus* mit der strengeren Regel wurde in Springiersbach in der Eifel befolgt und von dort in die Reformzentren Salzburg und Hadmersleben weitergegeben.

Insgesamt entstanden bis zur Mitte des 12. Jahrhunderts im römisch-deutschen Reich über 150 Regularkanonikerstifte. Die Kanonikerreform korrespondierte mit der gleichzeitig ablaufenden Klosterreform der Hirsauer. Im Schatten dieser und auch der kometenhaft aufsteigenden Zisterzienser wurden die ‚alten' Benediktinerabteien zunehmend in die Defensive gedrängt und muteten im Vergleich zu den dynamischen neuen Bewegungen rückwärts gewandt und wie erstarrte Monumente aus längst vergangenen Tagen an. Die Schlagwörter der Zeit waren Armut und ein Leben nach dem Evangelium.

Nach diesem Ideal strebte auch Norbert von Xanten († 1134). Als Sproß einer Adelsfamilie absolvierte er zunächst eine Ausbildung zum Weltgeistlichen und trat in die Hofkapelle König Heinrichs V. ein. Seine aussichtsreiche Karriere wurde jäh unterbrochen, als eines Tages im Jahr 1115, so die Legende, ein Blitz direkt vor ihm einschlug. In einem Akt der Bekehrung riss er sich die feinen Kleider vom Leib und legte ein härenes Gewand an. Er begab sich zunächst ins jungcluniazensisch geprägte Reformkloster Siegburg bei Köln und anschließend ins Regularkanonikerstift Klosterrath in der Diözese Lüttich. Er wollte sich nicht als Mönch hinter Klostermauern der Selbstheiligung hingeben, sondern die mönchischen Ideale mit denen eines Seelsorgers verbinden. Sein Wunsch war es, eine Gemeinschaft von Frauen und Männern zu schaffen, in der wie in der Urkirche alles allen gemeinsam war und alle nach dem christlichen Ideal der Nächstenliebe „ein Herz und eine Seele" seien. In diesem Bestreben war er einer von vielen, die sich mitreißen ließen von der Welle der Begeisterung, von der die Kanonikerreform getragen wurde. Barfuß und im Büßergewand zog Norbert predigend durch Nord- und Westfrankreich. Durch seine charismatische Erscheinung und sein außerordentliches Predigttalent erregte er allerorten große Bewunderung. Den Bischöfen aber war er bald ein Dorn im Auge. Auf Anordnung Papst Calixts II. bot der Bischof von Laon ihm die Möglichkeit, für sich und seine wachsende Schar von Anhängern eine Gemeinschaft zu gründen. Norbert sträubte sich zunächst und wählte dann nach langem hin und her unter den Orten, die der Bischof ihm vorschlug, Prémontré. Er unterstellte seine Gemeinschaft, die er dort errichtete, dem *Ordo mo-*

nasticus, der strengen Form der Augustinusregel. Er selbst machte sich jedoch wieder auf den Weg, zog weiter predigend durch die Lande und gründete für seine Anhänger neue Niederlassungen. Als Papst Honorius II. im Jahr 1126 die „Chorherren des hl. Augustinus nach den Gebräuchen von Prémontré" bestätigte, waren in der Urkunde bereits acht weitere Stifte aufgeführt, darunter Cappenberg als erstes Prämonstratenserstift im römisch-deutschen Reich.

Es wurde den „Norbertinern", wie sich seine Anhänger nannten, beinahe zum Verhängnis, dass ihnen ihr Gründervater außer der Augustinusregel keine schriftlich fixierten Gewohnheiten an die Hand gab. Seine Lebensweise sollte für sie alle beispielhaft sein, und in allem sollten sie sich nur ihn zum Vorbild nehmen. Als er jedoch 1128 zum Erzbischof von Magdeburg gewählt wurde, stürzte er seine Gemeinschaften, die er doch überregional nach dem Vorbild der Urkirche hatte zusammenfügen wollen, in eine tiefe Krise. Ihrer eindeutigen Richtschnur und einigenden Klammer beraubt, blieben sie verunsichert und ratlos zurück. Zornig blickten sie auf Magdeburg, wo Norbert ein neues Stift ‚Unser lieben Frauen' einrichtete, das er zur Keimzelle des Prämonstratenserordens in Mittel-, Nord- und Ostdeutschland machte. Selbstbewusst traten die Magdeburger Brüder nun sogar als einzig wahre ‚Norbertiner' auf und verkündeten, Prémontré und alle anderen Stifte hätten keinerlei Bedeutung für sie.

Unter Abt Hugo, einem Schüler Norberts, suchten die ‚Altnorbertiner' in Prémontré nun nach Wegen, ihrer Ordensgemeinschaft Statuten und eine übergreifende Organisation zu geben. Zunächst wurden Gewohnheiten niedergeschrieben, die einheitliche Vorschriften zu Nahrung und Kleidung machten und sicherstellen sollten, dass die Regel nur in einer Weise ausgelegt wurde. Jedes Stift erhielt nun einen eigenen Vorsteher, und für alle Tochterstifte nahm der Abt des Mutterklosters die Rolle des Vaterabtes ein. Nach dem Vorbild der Zisterzienser richteten sie zum einen ein jährliches Generalkapitel ein, dem allein das Korrektions- und Kontrollrecht innerhalb des Ordens zustand. Zum anderen übernahmen sie auch das Visitationssystem, bei dem jede Tochtergründung einmal jährlich von Vertretern des Mutterklosters aufgesucht wurde.

In Magdeburg ignorierte man die Verfassung und die Gewohnheiten des Ordens, die die Vorrangstellung Prémontrés betonten, geflissentlich. Beharrlich weigerten sich die östlichen Norbertiner, sich in den Ordensverband einzugliedern und am Generalkapitel teilzunehmen. In der Folge bemühte sich Prémontré unter Hugo von Fosses um eine immer striktere Ausrichtung auf das Gründungszentrum hin. Vor allem versuchte er den Einfluss der Bischöfe zu schwächen. Das Vorgehen Norberts, sich für jedes neu gegründete Stift die Eigentumsrechte übertragen zu lassen und es so weit wie möglich der bischöflichen Kontrollgewalt zu entziehen (*Exemtion*), hatte sich nach seinem Tod nirgendwo aufrecht erhalten lassen. Überall versuchten die Bischöfe, Einfluss auf die Prämonstratenserstifte zu gewinnen. Im Gegenzug verfolgte man in Prémontré einen ganz neuen Plan, nämlich den Orden in *Zirkarien*, in diözesanübergreifende Ordensprovinzen zu gliedern und jedes Stift einer Provinz einmal jährlich der Visitation zweier ‚Zirkatoren' zu unterziehen. Die konkrete Umsetzung dieses Vorhabens konnte jedoch erst um 1200 verwirklicht werden. Zu diesem Zeitpunkt war es ruhiger geworden um den Prämonstratenserorden, seine Verfassung war nun endlich abgeschlossen. Die Magdeburger ‚Norbertiner' ließen sich freilich nie recht in den Orden integrieren und sollten das ganze Mittelalter über eine Sonderrolle für sich beanspruchen.

Einsam und doch nicht allein
Die Kartäuser

Auf seinen Predigtwanderungen wird Norbert von Xanten auch manch einem begegnet sein, der wie er zu einem Leben in Armut, Buße und Umkehr aufrief. Der Ruf nach freiwilliger Armut war im 12. Jahrhundert überall zu hören und sollte so schnell nicht mehr verstummen. Zisterzienser, Regularkanoniker und Prämonstratenser, die sich selbst als *pauperes Christi* bezeichneten und ein weit strengeres Armutsideal verfolgten als die altetablierten Benediktinermönche, gaben vielen eine Heimat, die sich nach einem solchen Dasein sehnten. Daneben hatten sich aber bereits im 11. Jahrhundert weitere Ordensbewegungen herausgebildet, die koinobitisches Mönchtum, radikale Besitzlosigkeit und Askese mit Elementen des Eremitentums verbanden. Eine dieser Gemeinschaften ging auf den Einsiedler Romuald von Camaldoli zurück. Er hatte als erster die Elemente des Einsiedlertums und monastischer Gemeinschaft miteinander verknüpft. Aus ihr entstand der Kamaldulenserorden. Noch bekannter aber sollte der Orden der Kartäuser werden. Er wurde gegründet von Bruno von Köln († 1101), der nach einer Ausbildung an den Domschulen von Köln und Reims, deren Leitung er anschließend übernahm, zunächst nach Molesme zog. Er verließ das Kloster aber wieder, um als Eremit zu leben. Doch scharten sich schnell etliche Anhänger um den frommen Mann. Bischof Hugo von Grenoble stellte ihm Ländereien im Chartreuse-Gebirge zur Verfügung. Zusammen mit sechs Gefährten errichtete Bruno dort ein Kloster, die Grande Chartreuse (Große Kartause).

Hinter einer Mauer war das Kloster so angelegt, dass um einen Kreuzgang und eine Kirche eine Reihe von schlichten Holzhäuschen gruppiert war. Darin verbrachten die Brüder die meiste Zeit allein bei stillem Gebet, Meditation, dem Studium und der Abschrift heiliger Schriften, aber auch bei einfacher Handarbeit (Tafel 6 oben). In ihren Zellen nahmen sie auch, außer am Sonntag, allein ihre kargen Mahlzeiten ein. Diese bestanden aus hartem Brot, Wurzeln, Kräutern und oft ungekochtem Gemüse. Nur zum gemeinsamen Chorgebet kamen die Brüder in der Kirche zusammen. Die ganze Woche über herrschte ein strenges Schweigegebot. Den Mönchen sollte es zur Gewohnheit werden, in der Stille ihres Herzens der Stimme Gottes zu lauschen. Nur am Sonntag trafen sich die Mönche zu einem gemeinsamen Spaziergang, bei dem auch gesprochen werden durfte. Die Kartäuser wählten sich einen schlichten, weißen Habit, der aus einem gegürteten Obergewand (Tunika) und einer Arbeitsschürze (Skapulier) bestand.

Ihr ganzes Leben war auf Gott und den vollständigen Rückzug aus der Welt ausgerichtet. Dennoch kehrte Abt Bruno im Jahr 1090 noch einmal der Stille und Einsamkeit seines Klosters den Rücken und folgte einer Einladung Papst Urbans II. (1088–1099), der sein Schüler an der Domschule zu Reims gewesen war, nach Rom. Urbans Angebot, Bischof von Reggio di Calabria zu werden, lehnte Bruno ab. Stattdessen gründete er in Kalabrien die beiden Kartausen Santa Maria dell' Eremo und Santo Stefano del Bosco. Bruno von Köln starb 1101 in Santa Maria und wurde dort begraben.

Auch nach seinem Tod behielt man in der Grande Chartreuse und den kalabrischen Kartausen das Lebensideal ihres Gründers bei. Aber auch Bruno hatte darauf verzichtet, Gewohnheiten zu verfassen. Um 1125, als die Grande Chartreuse bereits einige Priorate gegründet hatte, wurden die ersten Lebensregeln niedergeschrieben und in der Folgezeit erweitert. Die Gewohnheiten orientierten sich, gerade was die Ordnung für die Gottesdienste und das Stundengebet betrifft, eng an der Benediktregel. Für die eremitischen Elemente des kartäusischen Lebensmodells diente das Vorbild der großen Wüstenväter der Spätantike. Um die Einheit des Ordens zu bewahren, bedienten sich auch die Kartäuser der Institution des Generalkapitels, das im Jahr 1155 erstmals einberufen wurde. 1176 schließlich wurden die Ordensstatuten vom Papst anerkannt. Trotz aller Entbehrungen, die die Mitglieder dieses streng kontemplativen Ordens auf sich nehmen mussten, fand er großen Zulauf. Bis zum Ende des 12. Jahrhunderts waren 37 Kartausen entstanden, darunter auch zwei Frauengemeinschaften.

NACHFOLGE CHRISTI IM ZEICHEN DER ARMUT

Die Bettelorden

Das 12. Jahrhundert hatte die Welt der Orden und Klöster nachhaltig verändert. Aus dem Ringen um eine grundlegend reformierte Kirche waren neue kraftvolle benediktinische Zweige wie die Hirsauer erwachsen, hatten aber auch Regularkanoniker neben den Mönchen zu einem eigenen Selbstverständnis gefunden. Auch die Zisterzienser als Reformbenediktiner par excellence waren eine Herausforderung für die alten Klöster, die den politisch-religiösen, aber auch sozialen Veränderungen des 12. Jahrhunderts nicht mehr gewachsen schienen. Während sich die Konvente in den altehrwürdigen Benediktiner-abteien vornehmlich aus Adligen zusammensetzten, boten Hirsauer und Regularkanoniker auch eine Heimat für Angehörige der aufstrebenden, ursprünglich unfreien Ministerialenfamilien und des neu entstandenen städtischen Bürgertums. Die großen Scharen der Laien, die als Konversen in den neuen Orden wirkten, zeigten, dass Glaube und Religion nicht mehr allein Sache der Priester war. Vor allem in den Städten nahm die theologische Bildung der Laien stetig zu und machte sie sensibel für das, was in den Klöstern und Stiften zu verbessern war. Es wuchs aber auch die Zahl der Einwohner in Stadt und Land und mit ihnen die Armut. Armut wurde zum großen Thema nicht nur in der Gesellschaft, sondern auch in den Orden.

Abteien und Bischofskirchen nahmen ihren Auftrag der Nächstenliebe (*caritas*) sehr ernst. Bedürftige Menschen aufzunehmen und zu speisen, gehörte zu den wichtigsten Pflichten der Mönche und wurde schon in der Benediktregel besonders hervorgehoben. Erst der umfangreiche Grundbesitz der Klöster

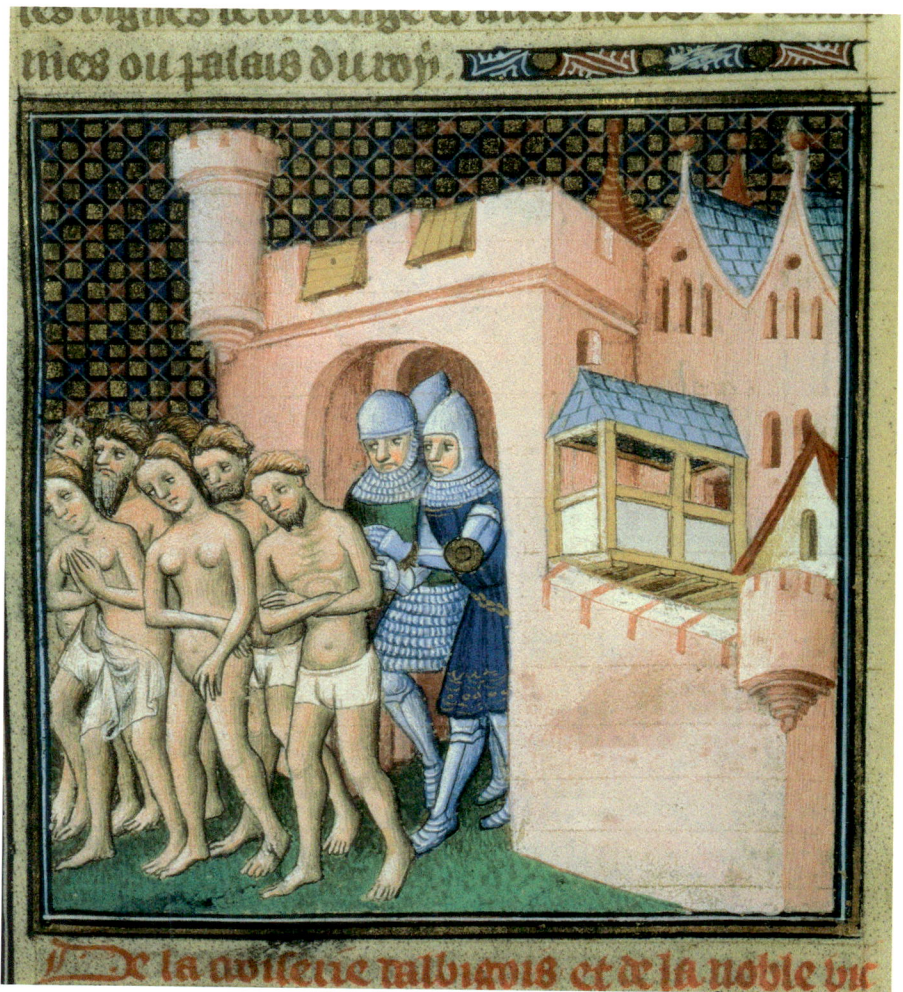

Zwischen 1208 und 1244 fanden drei Kreuzzüge gegen die als Häretiker verfolgten Albigenser (Katharer) statt. 1209 wurde eine Gruppe von ihnen aus der belagerten Stadt Carcassonne vertrieben.

Leben in der Grande Chartreuse, dem Mutterkloster der Kartäuser. Für eine Film-dokumentation gewährten die Mönche 2005 erstmals Einblick in ihr streng kon-templatives Leben.

In San Damiano gründete Klara von Assisi († 1253) das Mutterkloster der in strenger Klausur lebenden Klarissen, den weiblichen Zweig der Minderbrüder. Hier der Schlafraum (Dormitorium) der Nonnen aus dem 13. Jahrhundert.

Franziskus von Assisi († 1226) gilt bis heute als einer der bekanntesten und charismatischsten Heiligen des Mittelalters. Er gründete den Bettelorden der Minderbrüder, aus denen die Orden der Franziskaner, Kapuziner und Minoriten hervorgingen.

*Der hl. Dominikus († 1221) ist der Gründervater des streng auf Bildung und Wissenschaft aus-
gerichteten Bettelordens der Dominikaner. Sie tragen einen schwarzen Mantel über einem weißen Ordenskleid.*

machte es überhaupt möglich, die große Schar der unfreiwillig Armen zu versorgen. Tausende hungernde und frierende Menschen wurden täglich an den Klosterpforten und in Gästehäusern verköstigt und bekleidet. In Hungersnöten musste manche Abtei dafür sogar ihren gesamten Viehbestand zur Schlachtbank führen und ihren Kirchenschatz verpfänden. Auch die Bischofskirchen leisteten ihren Beitrag. Ein Viertel der Einkünfte eines Bistums, so galt seit alters her, gehörte den Armen. Diese Norm wurde indes nicht überall gleichermaßen beachtet. Mit der zunehmenden Armut im 12. Jahrhundert wurde schnell ein Ungleichgewicht offensichtlich. Das Elend der Bevölkerung einerseits und der materielle Reichtum mancher Abteien andererseits ließ die Mönche an Glaubwürdigkeit verlieren und weckte den Unmut der Zeitgenossen. Wie konnte Hinwendung zu Gott in Askese gelebt werden, wenn der einzelne Mönch zwar besitzlos, die Gemeinschaft selbst aber wohlhabend war und stets für einen gedeckten Tisch sorgte? Neue Orden wie Kamaldulenser, Kartäuser, aber auch die Zisterzienser und strengeren Regularkanoniker und Prämonstratenser versuchten, ein Leben in Askese zu führen. Doch auch ihre Klöster und Stifte hatten Besitz, der ihnen das Lebensnotwendige bereitstellte.

Viele wollten sich mit einer bloßen symbolischen Armut nicht mehr zufrieden geben. Sie waren der Auffassung, dass Leben in der Nachfolge Christi nur in völliger Besitzlosigkeit und Askese zu verwirklichen war, die sich der unfreiwilligen Armut so weit wie möglich annäherte.

Der Wunsch der Menschen, in freiwilliger wirklicher Armut den Spuren Christi zu folgen, wurde zunächst nur außerhalb der Strukturen der Kirche in die Tat umgesetzt. Die wachsende Not in der Bevölkerung, das Elend in den Städten, aber auch die religiöse Mobilisierung und Bildung der Laien hatte zu Unmut gegenüber der Kirche und der Autorität des Papstes geführt. Insbesondere die geistliche Lehrautorität der Kirche wurde immer mehr in Frage gestellt. So wie Norbert von Xanten predigend durch die Lande zog, machten sich nun auch gebildete Laien auf und mahnten die Menschen zu Umkehr und Buße.

Armutsbewegungen abseits der Kirche
Waldenser und Katharer

Ein solcher Wanderprediger war der reiche Kaufmann Petrus Waldes († vor 1218) aus Lyon. Theologisch hoch gebildet, soll er in den 1170er Jahren einen Priester mit der Übersetzung der Bibel aus dem Lateinischen ins Französische beauftragt haben. Was ihn schließlich dazu bewog, sein bisheriges bürgerliches Leben aufzugeben, ist unklar. Nach einer Legende soll das Lied eines Spielmanns über den heiligen Eremiten Alexius ihn veranlasst haben, seine Frau zu verlassen und seine Töchter ins Kloster zu geben. Erstmals von sich Reden machte er, als er während einer verheerenden Hungersnot Armenspeisungen organisierte und begann, öffentlich zu predigen. Viele Anhänger folgten seinem Beispiel eines Lebens in Armut und zogen mit ihm durch die Diözese von Lyon. Christi Auftrag, das Wort Gottes in die Welt hinauszutragen, so sah es Petrus Waldes, richtete sich nicht allein an die Priester, sondern genauso an ihn und jeden anderen Gläubigen. Die Kirche sah dies anders und behielt das Predigtrecht allein dem Klerus vor. Besorgt wandte sich Petrus Waldes nach Rom und ersuchte um die Erlaubnis, selbst predigen zu dürfen. Auf einer Sitzung des dritten Laterankonzils im Jahr 1179 wurde seiner Bitte stattgegeben und ihm die freie Predigt zugestanden, mit der Einschränkung allerdings, dass er sich vorher die Zustimmung der zuständigen Diözesanbischöfe einholen müsse. Der Kompromiss scheiterte an einer Auseinandersetzung mit dem Bischof von Lyon. Die „Armen von Lyon", wie sich Petrus' Bewegung nannte, wurden 1184 von Papst Lucius III. als Häretiker, Irrgläubige, eingestuft und mit dauernder Exkommunikation belegt, obwohl Petrus Waldes bewusst nie mit der kirchlichen Lehrmeinung gebrochen hatte. Schuld daran war eine radikalere waldensische Strömung, die sich in Norditalien ausgebreitet hatte. Diese „Armen der Lombardei" spalteten sich 1205 von den „Armen von Lyon" ab. Petrus Waldes hatte die Übersicht und Kontrolle über die verschiedenen Strömungen verloren und starb 1207, ohne dass er seiner Armutsbewegung ihr einheitliches Gepräge hatte zurückgeben können. Je intensiver die Auseinandersetzungen mit den kirchlichen Institutionen wurden, desto mehr wichen die Waldenser von der orthodoxen Lehre ab. Unter anderem lehnten sie das Fegefeuer ab und weigerten sich, Heilige zu verehren. Obgleich sich seit den 1240er Jahren die päpstliche Inquisition gegen sie richtete, existieren in Italien einige waldensisch inspirierte Gruppierungen noch heute.

In einer Zeit, in der nach Auffassung des Petrus Waldes die Kirche in der Unterweisung der Gläubigen versagte, sah er es als seine Aufgabe an, seine Stimme laut gegen die Häretiker zu erheben, die einem seiner Meinung nach irrigen Glauben an eine sündige Welt und einen guten Himmel anhingen. Seine Kritik war gegen die Bewegung der Katharer gerichtet, die im 11. Jahrhundert in Südfrankreich entstanden war. Auch die Katharer, wegen ihrer Hochburg im provenzalischen Albi später auch Albigenser genannt, wollten ein Leben in evangelischer Armut in der Nachfolge Christi führen. Sie selbst nannten sich zumeist „Gute Christen". Sie verdanken keinem charismatischen Gründer wie Petrus Waldes ihre Entstehung, sondern spalteten sich möglicherweise von den Bogomilen ab, die in Südosteuropa verbreitet waren. Wie diese vertraten die Katharer ein dualistisches Weltbild, das die Welt nur als schlecht, den Himmel hingegen als gut betrachtete. Alles Irdische war das Werk eines bösen Schöpfers, dem Gegenspieler des guten geistigen Gottes. In der sterblichen Hülle der Menschen waren die Seelen von Engeln gefangen und konnten nur nach einer Zeit der Reinigung wieder in den Himmel zurückkehren. Eine solche Reinigung erfolgte durch ein rein geistiges, alles Materielle verschmähendes Leben. Sie lehnten vor allem das Alte Testament rigoros ab, genauso wie alle kirchlichen Sakramente und Riten. Jegliche Fortpflanzung galt ihnen als ein Werk des Teufels, deshalb nahmen sie niemals Nahrungsmittel wie Fleisch und Milchprodukte zu sich, da diese daraus entstanden waren.

Die Katharer organisierten ihre Gemeinschaft wie eine hierarchisch aufgebaute Gegenkirche. Wie die rechtgläubige Kirche bildeten sie Diözesen aus, die von einem Laienbischof und seinen Stellvertretern geleitet wurden. Diakone leisteten die eigentliche Seelsorge und waren befugt, die „Geisttaufe" (*consolamentum*) zu spenden. Erst nach Empfang des *consolamentum* gehörte man zu den „Reinen", den *perfecti*, die in einem Zustand der Sündenlosigkeit und strengster körperlicher Askese in Gebet und Predigt lebten. Auch Frauen konnten in diesen Rang aufsteigen. Die *Initiierten* (Eingeführten) wiederum lebten bereits nach den katharischen Grundsätzen, hatten die Geisttaufe aber noch nicht erhalten. Getragen wurde die Bewegung von der Masse der *credentes* (Gläubigen), die ihre Nähe zu den Katharern durch einen rituellen Akt bezeugten. Auch wenn sie nicht nach den strengen religiösen Vorschriften lebten, versorgten sie die *Initiierten* und *perfecti* mit Nahrungsmitteln und gewährten ihnen, als sie von der Inquisition verfolgt wurden, Obdach und Unterschlupf.

Erste Katharergruppen machten schon im frühen 12. Jahrhundert von sich reden, doch erfolgte die massive Ausbreitung der Bewegung erst ab den 1170er Jahren. Vor allem in Südfrankreich und Italien fand ihre Lehre großen Zuspruch. Angesichts der gravierenden Widersprüche zwischen der katharischen und katholischen Glaubenslehre waren alle unternommenen Vermittlungs- und Bekehrungsversuche zum Scheitern verurteilt. 1184 wurden die Katharer von Papst Lucius III. als Häretiker verurteilt. Mit Unterstützung des französischen Königs initiierten die Päpste zwischen 1208 und 1244 drei Albigenserkreuzzüge und konnten einen Großteil der Gemeinden ausmerzen (Tafel 5). Die letzten Katharer wurden 1320 von der Inquisition aufgespürt.

Armutsbewegung im Schoß der Kirche
Die Minderbrüder des Franziskus von Assisi

Mit den Waldensern, Katharern und anderen als häretisch eingestuften Bewegungen, denen sich die Kirche mit aller geistlichen Autorität und mit weltlichen Waffen entgegenstellte, geriet zugleich die Idee der radikalen freiwilligen Armut in Verdacht. Im Allgemeinen brachte die hochmittelalterliche Gesellschaft den Armen große Wertschätzung entgegen. Wer einem Bedürftigen ein Almosen gab, konnte sicher sein, vom Beschenkten als Lohn für seine Mildtätigkeit Gebete und Fürbitten zurückzuerhalten. Doch viele Menschen interpretierten Armut als eine Strafe Gottes für Unmoral oder gar Verbrechen. Dass Angehörige höheren Standes auf prunkvolle Kleidung und Lebensweise verzichteten und sich in freiwillige Armut begaben, sich gar mit den unfreiwillig Armen zu identifizieren versuchten, stieß an die Grenzen dessen, was die Gesellschaft zu tolerieren bereit war. So waren die, die sich ganz dem apostolischen Leben (*vita apostolica*) und der Nachfolge Christi (*imitatio Christi*) hingeben wollten, dem Argwohn der kirchlichen Autorität wie der Standesgenossen ausgesetzt. Zugleich aber wurde ihnen von den Menschen niederen Standes ob ihres Verzichts große Anerkennung und Bewunderung entgegengebracht.

Über die Frage der Armut wird sich Giovanni Bernardone, genannt Franziskus, zunächst wenig Gedanken gemacht haben. 1181 als Sohn eines reichen Kaufmanns in Assisi geboren, verlebte er dort eine unbeschwerte Jugend in Wohlstand und Sorglosigkeit: „Mehr als alle seine Altersgenossen machte er üble Fortschritte in nichtigem Treiben und war ein gar übereifriger Anstifter zu bösen Streichen und Eiferer für die Torheit. Alle bewunderten ihn, und allen strebte er zuvorzukommen in Prunk und eitler Ruhmgier, in Scherzen, Späßen und Schnurren, in Wortgetändel und Liedern, in weichlichen und wallenden Kleidern, weil er sehr reich war", berichtet sein Biograph Thomas von Celano über die jungen Jahre des Franziskus.[7] Verschwenderisch sei er gewesen, ein Prasser, aber im Herzen doch ein freundlicher Mensch. Seine Bekehrung erfolgte auf dem Rückweg von einer Handelsreise, als er vor Assisi von der Stimme Gottes gerufen wurde, sein, Gottes, Haus wieder aufzubauen. Franziskus bezog dies auf die halb verfallene Kirche von San Damiano und schenkte sogleich allen Gewinn, den er gemacht hatte, dem Priester des kleinen Gotteshauses. Weder seine Familie noch seine Freunde konnten den Wandel verstehen und gutheißen, den Franziskus nun vollzog. Als er seine reichen Kleider ablegte und sich eine einfache Kutte überzog, die er nur mit einer

Schnur gürtete, provozierte er die heftige Kritik seiner Standesgenossen. Seine einstigen Weggefährten sahen seine Verwandlung vom reichen Jüngling zum Bettler mit Unglauben und Ärger und machten ihm bittere Vorwürfe. „Sie hießen ihn einen Verrückten und Wahnsinnigen und bewarfen ihn mit Straßenkot und Steinen, sie sahen, wie sein früheres Benehmen sich verändert hatte, wie er durch Kasteiung des Fleisches ganz abgezehrt war, und schrieben deshalb sein ganzes Treiben der Erschöpfung und dem Wahnsinn zu."[8] Sein Vater war so wütend, dass er ihn in Fesseln legen und einsperren ließ. Franziskus erfuhr darin die ganze Härte der Normen seines Standes. Ein reicher Kaufmann musste sich kleiden und benehmen wie ein reicher Kaufmann. Tat er es nicht, brachte er Schande über seine Familie und seine Standesgenossen. Ein Abstieg Franziskus' in die freiwillige Armut war nicht zu dulden und musste den fatalen Ausschluss aus der Familie, seinem Stand und allen sozialen Bindungen nach sich ziehen. Sein Vater tat dies, indem er Franziskus vor den Bischof der Stadt zerrte, um ihn zum öffentlichen Verzicht auf seine Habe und den väterlichen Besitz zu nötigen. Franziskus legte alle seine Kleider ab und gab sie dem Vater zurück. Ohne Stand und soziale Bindungen war er tatsächlich mittellos und frei, um seiner Berufung zu folgen (Tafel 7).

Nun war er der *poverello*, der kleine Arme, ein *idiota*, ein Unbedeutender ohne gesellschaftliche Relevanz, der Gott zur Verkündigung seiner Botschaft auserwählt hatte. Franziskus lebte und schrieb seinen Brüdern, die sich bald um ihn scharten, die radikalste Besitzlosigkeit aller Strömungen der Armutsbewegung vor. Nichts durften sie besitzen, rein gar nichts. Kein Huhn, das sie mit Federn und Eiern versorgt, keine Kuh oder Ziege, die ihnen Milch gegeben hätte. Keinen Gemüsegarten und keinen Apfelbaum wollte Franziskus sein Eigentum nennen. Schenkungen frommer Almosengeber, die über das Lebensnotwendige hinausgingen, nahm er nicht an. Trotz oder gerade wegen dieses strengen Armutsgebots flogen Franziskus die Herzen der Menschen zu. Er war kein Tyrann, der dogmatische Lehren verbreitete, sondern überzeugte durch sein stets heiteres Gemüt, seine unermüdliche Hingabe bei der Pflege von Kranken und seine Predigten, die von einer fast kindlichen Freude an der Schöpfung geprägt waren. „Gelobt seist Du, Herr, durch Bruder Wind und Luft und Wolke und Wetter, die sanft oder streng, nach Deinem Willen, die Wesen leiten, die durch Dich sind. [...] Gelobt seist Du, Herr, durch unsere Schwester, die Mutter Erde, die gütig und stark uns trägt und mancherlei Frucht uns bietet mit farbigen Blumen und Kräutern," dichtete er in seinem berühmten „Sonnengesang".[9] Je mehr Anhänger seine „Büßer von Assisi" bekamen, desto dringlicher erschien es Franziskus, beim Papst um Erlaubnis für seine Bruderschaft und seine Predigttätigkeit nachzusuchen. Im Jahr 1209 reiste er deshalb mit elf Gefährten nach Rom, um ihm sein Anliegen vorzutragen und eine erste Regel vorzulegen. Mündlich gewährte ihm Papst Innozenz III. die Anerkennung (Approbation). Nach ihrer Rückkehr ließen sich die Brüder in Portiunkula bei Assisi nieder und bauten sich bescheidene Hütten. Die Gemeinschaft der „Minderbrüder", wie sie sich nannten, wuchs so stark an, dass Franziskus bald den Überblick über ihre Namen und Gesichter verlor. Er begann, eine neue Lebensregel zu schreiben. Keine Vorschriften, welche Speisen gegessen werden durften und welche Kleidung den Minderbrüdern gestattet war. Ihm ging es darum, das Gebot der vollkommenen Armut in keiner Weise verletzt zu sehen und konzentrierte sein Regelwerk darauf. Doch seine Arbeit stieß auf die Kritik vieler seiner Brüder, war ihnen zu spirituell und zu wenig praktisch. Da diese Fassung vom Papst zwar anerkannt wurde, aber nicht das päpstliche Siegel (*Bulle*) trägt, nennt man diese die „nicht-bullierte Regel". Franziskus erkannte, dass ihm die Führung seiner Gemeinschaft aus den Händen geglitten war. Frustriert legte er 1220 die Leitung des Minderbrüderordens nieder und übergab sie zunächst an Petrus Catanii, dann an Elias von Assisi. Er selbst zog sich in immer stärkere Askese zurück suchte die mystische Verschmelzung mit Jesus Christus. Im Jahr 1224 empfing er an Händen und Füßen die Wundmale Christi (*Stigmata*). Sein ausgezehrter Körper wurde immer schwächer, Franziskus war fast blind und litt an weiteren immer beeinträchtigenderen Beschwerden. Zeitgenössische Legenden berichten, dass Franziskus schon gegen Ende seines Lebens so vom Ruf der Heiligkeit umgeben war, dass er im Schlaf bewacht wurde, damit nicht übereifrige Gläubige versuchten, in den Besitz von Reliquien des noch gar nicht Verstorbenen zu gelangen. Am 3. Oktober 1226 starb Franziskus von Assisi und wurde in seiner kleinen Kapelle Portiunkula bestattet und wenige Jahre später in eine neu errichtete Basilika in Assisi überführt. Bereits im Jahr 1228 wurde er von Papst Honorius III. heilig gesprochen.

Diesem Papst hatten die Minderbrüder fünf Jahre zuvor, als Franziskus sich schon zurückgezogen hatte, eine überarbeitete und stark gekürzte Fassung der „nicht-bullierten Regel" vorgelegt und um ihre Anerkennung gebeten. Der Papst bestätigte die Regel durch sein Siegel („bullierte Regel") und aus der Bruderschaft des hl. Franziskus war der „Orden der Minderbrüder" geworden, aus denen Jahrhunderte später der Franziskanerorden erwachsen sollte.

Noch zu Franziskus' Lebzeiten verbreiteten sich die Minderbrüder nach Frankreich, ins römisch-deutsche Reich sowie nach Spanien, und die Gemeinschaft wuchs rasant weiter. Um die Schar der Brüder zu organisieren, bildete der Orden eine hierarchische Struktur aus. An ihrer Spitze stand der General-minister oder Ordensgeneral. Er vertrat den gesamten Minderbrüderorden nach außen. Gleichzeitig wurden territoriale Einheiten, Ordensprovinzen, festgelegt. Alle Brüder einer Ordensprovinz sollten sich einmal im Jahr zum Provinzkapitel treffen. Der Oberste jeder Provinz war der Provinialzminister, und diese versammelten sich jedes Jahr zu Pfingsten in Portiunkula zum Generalkapitel. Die zum Teil recht großen Ordensprovinzen wurden in Teilgebiete, *Custodien*, untergliedert, an deren Spitze ein *Custos* stand. Zusammen mit den Provinzialministern wählten die *Custoden* den Ordensgeneral. Am unteren Ende der Hierarchie standen die einzelnen Konventshäuser, die keinen Abt, dafür aber einen *Guardian* hatten. Wer in ein Amt gewählt wurde, behielt dies nicht automatisch bis ans Lebensende bei, sondern konnte gegebenenfalls abgewählt werden.

Damit brachen die Minderbrüder in jeder Hinsicht mit dem alten benediktinischen Mönchtum. Sie nahmen Kleriker und Laien unterschiedslos und ohne Ansehen des Standes auf. Handarbeit und Bettel sicherten den Lebensunterhalt der Brüder, die sich darüber hinaus intensiv der Krankenpflege und der Predigt widmeten. Ihrem Ordensheiligen Franziskus folgend kleideten sie sich in schlichte, graubraune Wollgewänder, die sie mit einem Strick gürteten. Die drei Knoten in diesem Strick symbolisierten die drei Ordensgelübde der Armut, Keuschheit und des Gehorsams. Die Brüder gingen meistens barfuß oder trugen schlichte Sandalen. Deswegen waren sie im deutschsprachigen Raum im Spätmittelalter häufig nur als „Barfüßer" bekannt. Vor allem hinsichtlich der Ortsgebundenheit schlugen die Minderbrüder eine neue Richtung ein. Benediktinermönche waren durch das Gelübde der *stabilitas loci* fest an ein Kloster gebunden. Die Minderbrüder jedoch, die in der Welt wirken, Seelsorge betreiben und das Wort Gottes verkünden wollten, verpflichteten sich der Regel, dem Ordensgeneral und dem Provinzialminister, der gewöhnlich auch über Neuaufnahmen entschied. Der Wirkungskreis der Minderbrüder waren die Städte, in denen sie viele Zuhörer für ihre Predigten und dankbare Empfänger für ihr karitatives Werk fanden. Dass sie in der Predigttätigkeit in Konkurrenz zu den Ortsgeistlichen traten, sorgte gerade in der Anfangszeit immer wieder für heftige Konflikte.

Die umstürzende Botschaft des Franziskus von Assisi erreichte nicht nur Männer. Vor allem Frauen, die sich von den alten Orden religiös benachteiligt sahen, fühlten sich von einem Leben in radikaler Armut und der Spiritualität der Minderbrüder angezogen. Auch sie wollten alles Irdische zurücklassen und wie der „Poverello" nackt dem nackten Christus folgen. Ein öffentliches Wirken wie ihren Glaubensbrüdern sollte ihnen jedoch nicht gestattet werden.

An Franziskus' Seite
Die Klarissen

Franziskus selbst hatte durch seine Lebensweise viele Frauen zur Umkehr und zur Aufnahme eines geistlichen Lebens ermutigt. Die benediktinischen Zweige, insbesondere die Hirsauer, hatten zeitweise Doppelklöster gekannt, in denen Mönche und Nonnen zwar unter dem Dach derselben klösterlichen Institution, nicht aber in denselben Gebäuden untergebracht waren. Doch das war für Franziskus nicht denkbar, zumal er nicht einmal die beständige geistliche Betreuung von Frauengemeinschaften durch seine Brüder duldete. Dennoch gehörte zu seinen treuesten Gefährten eine Frau, Klara von Assisi, die 1193 als Tochter eines Adligen geboren worden war.

Als Kind schon hatte sie erstmals von Franziskus und seinen Brüdern gehört und war ihm in der Folgezeit mehrmals persönlich begegnet. Zwischen beiden entwickelte sich eine intensive geistige Beziehung und Freundschaft. Klara war tief angerührt von der Botschaft und der Größe des kleinen Mannes. In ihr wuchs das brennende Verlangen, ihr bisheriges Leben hinter sich zu lassen und sich Franziskus anzuschließen. Im Jahr 1211 setzte sie ihren Wunsch in die Tat um, verließ heimlich des Nachts ihr Elternhaus und begab sich nach Portiunkula. Franziskus und die Brüder erwarteten sie bereits. Nach ihrem Gelöbnis schnitt er ihr die Haare ab und weihte sie Gott. Es war für Franziskus jedoch nicht denkbar, Klara im Kreis der Brüder wohnen zu lassen. Er brachte sie ins Benediktinerinnenkloster San Paolo. Doch das Leben in dieser Gemeinschaft entsprach nicht ihren Vorstellungen von der Nachfolge Christi. Auch bei den benachbarten Nonnen von Sant' Angelo wurde Klara nicht glücklich. Sie wollte leben wie Franziskus. Allein ging sie nach San Damiano, um ein Dasein als Einsiedlerin zu führen. Der Ruf der frommen Klara verbreitete sich schnell, und aus der Einsiedelei wurde alsbald eine ansehnliche Frauengemeinschaft. Wie die Minderbrüder lebten die Frauen in radikaler Armut und erbettelten oder erarbeiteten sich das Lebensnotwendige. Was sie zuviel hatten, traten sie bereitwillig den Brüdern in Portiunkula ab, denn sie wollten ihnen, den Männern Gottes, helfen wo immer es ging. Klara trat mit der Bitte an Franziskus heran, er möge doch eine Regel für die Frauengemeinschaft von San Damiano verfassen. 1216 erhielt sie die päpstliche Bestätigung für ihren Konvent (Tafel 6 unten).

Klara lebte in strengster Askese, betete und meditierte nächtelang und schlief auf der harten Erde. Ihre kompromisslose religiöse Hingabe beeindruckte selbst Franziskus, der sie zu größerer Schonung ermahnen musste. Zwischen seinem Konvent in Portiunkula und der Schwesterngemeinschaft in

San Damiano hatte sich eine enge Freundschaft entwickelt. Obwohl die Minderbrüder Frauenkonvente nur ungern seelsorgerisch betreuten und sich von dieser ihnen unangenehmen Pflicht 1258 sogar vom Papst befreien ließen, nahmen sie die Seelsorge und das Spenden der Sakramente in San Damiano gerne auf sich.

Klara jedoch fürchtete für ihre Schwesterngemeinschaft regelnde Eingriffe von außen. Vielen Frauengemeinschaften, die in Armut leben wollten, untersagte die römische Kirche ein freies Umherziehen und Wirken in der Welt, wie es die Minderbrüder pflegten, und erlegte ihnen die Benediktregel auf, die sie fest hinter Klostermauern bannte. Klara schrieb deshalb eine eigene Regel und kämpfte bis an ihr Lebensende um deren Anerkennung durch den Papst. Sie konnte nicht verhindern, dass auch ihrer Gemeinschaft eine strenge Klausur vorgeschrieben wurde, die den Nonnen die tätige Nächstenliebe in den Städten, wo die Not am größten war, versagte. Sie hatte aber vom Papst das besondere Privileg erhalten, die Regel um das Prinzip der radikalen Armut zu erweitern. Reichlich machte Klara davon Gebrauch und setzte auch in Fragen der Organisation des Konvents einige entscheidende Änderungen durch. Sie legte Wert darauf, dass die Äbtissin, die bei Verfehlungen abgewählt werden konnte, keine absoluten Rechte besaß, sondern beispielsweise die wichtigen Klosterämter vom Konvent vergeben wurden. Wichtige Entscheidungen traf die Äbtissin nicht allein, denn der Konvent besaß ein Mitspracherecht. Um tatsächlich in radikaler Armut zu leben, durften die Schwestern nur Gemüse anbauen, davon aber nur so viel, dass der eigene geringe Bedarf gedeckt war. Ihr Leben war von einem strengen Schweigegebot, von Buße, Gebet und Handarbeit bestimmt. Die Klausur durften sie kaum jemals verlassen und nur zu seltenen Gelegenheiten durch ein Sprechgitter mit Besuchern kommunizieren. Die Klarissen, wie sie sich nach ihrer Gründerin nennen, wurden zum Zweiten Orden, zum weiblichen Zweig des Minderbrüderordens.

Mit der Waffe des Geistes
Die Dominikaner

Zu den neuen Ordensgemeinschaften des 13. Jahrhunderts, die ein Leben in apostolischer Armut anstrebten, gehören auch die Dominikaner.

Wie die Franziskaner gehen sie auf einen charismatischen Gründer und Namensgeber zurück, auf Domíngo de Guzmán, genannt Dominikus. Um 1170 wurde er als Sohn eines kastilischen Gutsherrn geboren und schlug eine viel

versprechende Laufbahn als Weltgeistlicher ein. Eine Reise durch Südfrankreich, die er mit dem Bischof von Burgos unternahm, hinterließ tiefe Eindrücke in ihm. Denn dort lernte er die Bewegungen der Waldenser und Katharer
kennen. Sie beeindruckten ihn in vielerlei Hinsicht: Zum einen faszinierte Dominikus ihre schlichte, ganz der Armut verschriebene Lebensweise. Ihre Lehren hingegen konnte er nicht gutheißen, genauso wenig aber die gewaltsamen
Bekehrungsversuche der Vertreter der alten Orden, namentlich der Zisterzienser. In ihm wuchs die Überzeugung, dass die Ketzer weder durch Gewalt noch
durch pompöses Auftreten, sondern nur durch die Kraft des Wortes zur Aufgabe ihres Irrglaubens bewegt werden konnten. Der Gedanke, ein Leben in apostolischer Armut mit der Predigt zu verbinden, ließ Dominikus fortan nicht
mehr los. Erste Versuche als Wanderprediger im Languedoc brachten ihm aber
lediglich Beleidigungen und den Hohn und Spott der Bevölkerung ein. Er vertiefte sich in Studien, um die besten Argumente gegen die Katharer zu finden
und setzte sich in theologischen Disputen mit ihnen auseinander. In Toulouse
stellte ihm der Bischof ein Haus zur Verfügung, das Dominikus und seine Gefährten zum Zentrum ihrer Glaubensgemeinschaft machten. Im Dezember
1216 wurde der Orden der Dominikaner schließlich von höchster Stelle bestätigt und unter päpstlichen Schutz genommen. Ihr Auftrag war durch den Papst
klar definiert: Sie sollten ein Predigerorden sein, dessen Aufgabe zuvorderst
die Rückgewinnung von Ketzern und die Ausbreitung der katholischen Glaubenslehre war. Für Dominikus konnte ein solch bedeutsamer Auftrag nur auf
der Basis einer vertieften theologischen Ausbildung verwirklicht werden. Die
ersten Ordenshäuser gründete er deshalb in den wissenschaftlichen Zentren
des 13. Jahrhunderts, in Paris, Bologna und Oxford. Seine Brüder sollten
sprachlich und didaktisch in der Lage sein, sich dem Niveau ihrer Zuhörer-
schaft genau anzupassen, und vor einfachen Laien genauso bestehen können
wie in einem wissenschaftlichen Disput (Tafel 8).

Die Augustinusregel erwies sich für Dominikus als ideale Grundlage, die
Idee der Armut, das Stundengebet und ausreichend Zeit für ein intensives Studium in den Konventen miteinander zu verknüpfen. Regelungen, die darüber
hinaus notwendig schienen, sollten dem Generalkapitel überlassen bleiben
und den örtlichen Verhältnissen angepasst werden. Der Orden selbst war ähnlich hierarchisch organisiert wie der der Minderbrüder. Die kleinsten Einheiten waren die Konvente, die aus mindestens sechs Brüdern bestehen mussten.
Aus ihren Reihen wurde für drei Jahre ein Prior gewählt, der vom Vorsteher
der Ordensprovinz, dem Provinzial, bestätigt wurde. Zu einer Ordensprovinz
wurden mindestens drei Konvente zusammengefasst. Die Prioren und weitere

Delegierte versammelten sich alle vier Jahre zum Provinzkapitel und wählten den Provinzial, der vom Ordensobersten bestätigt wurde. Dieser wiederum wurde auf dem Generalkapitel von den versammelten Provinzialen und Delegierten aus den Provinzen für neun Jahre gewählt. Wegen dieser Binnengliederung gilt die dominikanische als die ‚demokratischste‘ aller Ordensverfassungen. Die Brüder werden einzeln in die Verantwortung genommen und haben auf allen Ebenen Mitspracherecht. Zudem werden alle Ämter nur auf Zeit besetzt.

Dominikus legte Wert darauf, dass das Stundengebet kurz gehalten wurde, um den Brüdern möglichst viel Zeit zum Studium zu lassen. Den Begabtesten unter ihnen sollten exzellente Arbeitsmöglichkeiten, wenn möglich in einer eigenen Zelle, zur Verfügung gestellt werden. In der Frage der Armut war Dominikus weit weniger radikal als Franziskus. Er akzeptierte bescheidenen Besitz sowie Kirchen und Konvente, die ja der theologischen Ausbildung dienten, nicht aber Grundbesitz des Einzelnen oder regelmäßige Einkünfte.

Die Ziele des Ordens, allen voran die Glaubensvermittlung durch Predigt, waren so wichtig, dass sie durch nichts beeinträchtigt werden durften. Die Ordensstatuten wurden deshalb flexibel gehandhabt und konnten in besonderen Fällen, in denen Predigt oder Studium vernachlässigt zu werden drohten, ausgesetzt werden.

Im Jahr 1221 starb Dominikus in Bologna, 1227 wurde er heilig gesprochen. Sein Orden breitete sich schnell über ganz Europa aus und fasste besonders in den Hochburgen der Häretiker schnell Fuß. Er wurde zur Kaderschmiede einiger der bedeutendsten Theologen des Spätmittelalters, unter ihnen der Kirchenlehrer Thomas von Aquin und der Mystiker Meister Eckhart. Bald lehrten Dominikaner an allen Universitäten und geistigen Zentren des Abendlandes, in Paris, Bologna, Rom sowie in Oxford.

Obwohl die Dominikaner das Armutsideal des Dominikus zugunsten des Studiums, der Predigt und der Glaubensverbreitung bald noch stärker lockerten, zählen sie zu den Bettelorden; sie waren sogar die erste Gemeinschaft dieser Ausrichtung, die die päpstliche Anerkennung erhielt. Während sich die Minderbrüder bald in internen Streitigkeiten verloren und ihre Einheit nicht erhalten konnten, gingen die Dominikaner als einer der stärksten und geschlossensten Orden aus dem Mittelalter hervor. Dazu trug sicherlich auch die Klausel in den Statuten des Ordens bei, dass alle Ordensoberen die Vollmacht besaßen, Brüder von Vorschriften zu entbinden, wenn sich diese als hinderlich zur Erlangung der Ordensziele erwiesen. Dies verschaffte im Einzelfall den nötigen Spielraum und verhinderte lähmende Grundsatzdiskussionen und Zer-

reißproben. Wie bei den Minderbrüdern schlossen sich auch bei den Dominikanern Frauen zu einem zweiten Orden zusammen, den Dominikanerinnen.
Lange bevor Dominikus überhaupt die Bestätigung des Papstes für seine Män-
nergemeinschaft einholte, hatte er 1205 im französischen Prouille ein Frauenkloster gegründet, dem schnell weitere im ganzen Abendland folgen sollten.
Er war der erste, der die religiöse Bildung von Frauen ernst nahm, und trug
den Nonnen auf, die Mädchen und Frauen der Region im rechten Glauben zu
unterweisen. Äußere Umstände zwangen die Dominikanerinnen, nach Dominikus' Tod den Unterricht aufzugeben und sich wieder in Klausur und Kon-
templation zurückzuziehen. Dennoch wurden im Spätmittelalter zahlreiche
Dominikanerinnenklöster gegründet.

Die „Hunde des Herrn"
Die Dominikaner und die Inquisition

Das erklärte Ziel der Dominikaner, mit den Mitteln der Predigt gegen die Ketzer im Abendland vorzugehen, machte die hoch gebildeten Theologen bald zu
wertvollen Helfern der päpstlichen Inquisition. Die Ursprünge des Inquisiti-
onsverfahrens reichen zurück ins späte 12. Jahrhundert. Kirchenrechtlich verankert wurde es auf dem 4. Laterankonzil im Jahr 1215. Zunächst richtete sich
die Inquisition (lat. *inquisitio* = Befragung, Untersuchung) nicht gegen Ketzer,
sondern gegen Abweichler in den eigenen Reihen. Mit ihrer Hilfe sollten reni-
tente und abtrünnige Bischöfe und Priester überführt und aus Amt und Würden entfernt werden. Mitte des 13. Jahrhunderts wendete Papst Innozenz IV.
das Inquisitionsverfahren erstmals auch gegen Ketzer an. Sein Vorgänger Gregor IX. hatte bereits die Untersuchung den Bischöfen und Erzbischöfen entzogen und alleine den Dominikanern übertragen, da sie zum einen mit der Lebensweise der Ketzer am besten vertraut seien und zum anderen rhetorisch
und theologisch so glänzend ausgebildet waren, dass es schwer war, sich argu-
mentativ gegen sie zu behaupten.

Grundlage des Inquisitionsprozesses war die Anklage, gegen die sich der
Beschuldigte verteidigen musste. War er geständig oder wurde er von zwei
Zeugen überführt, galt er als schuldig. Andernfalls musste er freigelassen werden. Gegen Schuldige wurden zunächst recht milde Urteile gefällt und in der
Mehrheit Bußen wie Wallfahrten, die Teilnahme an Kreuzzügen oder die Verpflichtung zu Stiftungen verhängt. Um aber Hochverdächtige nicht unverrich-
teter Dinge wieder auf freien Fuß setzen zu müssen, wurde bereits in der Mit-

te des 13. Jahrhunderts in schwer wiegenden Fällen das Instrument der Folter in den Inquisitionsprozess eingeführt. Dies hatte zur Folge, dass die Verteidigungsmöglichkeiten der Angeklagten immer mehr eingeschränkt wurden. Nun erst konnte die Inquisition wirksam gegen Ketzer eingesetzt werden und begann, Angst und Schrecken zu verbreiten. Die Dominikaner mit ihrem weißen Gewand unter dem schwarzen Mantel (*Kappa*) trugen sich bald in Anspielung auf ihren Namen den Ruf ein, die *Domini canes*, die „Hunde des Herrn", zu sein.

Das helle Licht, mit dem dominikanische Bildung und Wissenschaft bis in die Gegenwart leuchten, wird verdüstert durch die Tätigkeit vieler Ordensangehöriger für die päpstliche Inquisition, deren Wirken im 14. und 15. Jahrhundert einen Höhepunkt erreichte. Selbst wenn neuere Untersuchungen belegen, dass die Inquisition häufig deutlich milder urteilte als ein weltliches Gericht, und obwohl ein Prozess nicht automatisch gleichbedeutend mit Folter oder brennenden Scheiterhaufen war, sondern oftmals hauptsächlich Verhöre und Aktennotizen beinhaltete, löste vielerorts allein der Name der Inquisition Angst und Schrecken aus. Einen finsteren Schatten in die Neuzeit warf das Wirken des Elsässer Dominikaners und Inquisitors Heinrich Kramer († um 1505), der sich mit lateinischem Namen Henricus Institor nannte. Sein Misstrauen galt nicht allein den Ketzern und zahllosen neuen religiösen Gruppierungen, sondern besonders dem dämonischen Treiben von Hexen und Zauberern. Nachdem er mehreren Hexenprozessen beigewohnt hatte, entwarf er die sogenannte „Hexenbulle", in der Papst Innozenz VIII. 1484 die Existenz von Hexen offiziell bestätigte. Er ermächtigte Institor, gegen Zauberer und Hexen gerichtlich vorzugehen. Bereits ein Jahr vorher hatte der Dominikaner den „Hexenhammer" (*Malleus Maleficarum*) publiziert, der das Aufspüren und Überführen von Hexen erleichtern sollte. Sein Ordensbruder Jakob Sprenger, der von Institor genannte Co-Autor des Werkes, war indes nicht an der Abfassung des Buches beteiligt, doch sollte sein Name als angesehener Gelehrter auch dem „Hexenhammer" zu größerer Bekanntheit verhelfen. Die theoretische Fixierung und wissenschaftliche Verbrämung dessen, was über Jahrhunderte nur Volksglaube gewesen war, machten das Werk zu einem der unheilvollsten Bücher, die je geschrieben wurden. Es lieferte die theoretischen Grundlagen für die Verfolgung und Hinrichtung angeblicher Hexen und Zauberer in der frühen Neuzeit, der bis zum 18. Jahrhundert in Europa etwa 50.000 Frauen und Männer zum Opfer fielen.

Auch die Beteiligung von Dominikanerbrüdern an der Spanischen Inquisition lastet bis heute schwer auf dem Orden. In Spanien lag die Behörde der Inquisition nicht in den Händen der römischen Kirche, sondern der Krone. Nach dem Ende der Reconquista, der Rückeroberung der von Muslimen besetzten Gebiete durch die Christen, wandte sich das Königspaar Ferdinand II. und Isabella vor allem gegen konvertierte Juden und Muslime. Sie warfen ihnen vor, auch nach ihrem Übertritt zum Christentum noch ihrem alten Glauben anzugehören. Zu Tausenden wurden sie vor die Inquisitionsgerichte gezerrt, viele von ihnen endeten auf dem Scheiterhaufen. Die Mehrheit freilich kam auch nach einem Schuldspruch mit dem Leben davon und wurde zumeist enteignet. Andere wurden, falls sie fliehen konnten, nur symbolisch (*in effigie*) verbrannt. Unter anderem ist dem Dominikaner Tomaso de Torquemada († 1498) dieser Missbrauch der Inquisition gegen die Konvertiten anzulasten. Die spanische Inquisition wurde erst im 19. Jahrhundert abgeschafft.

Die Bettelorden als Retter der Kirche

Die Entstehung der Bettelorden im 13. Jahrhundert gilt zu Recht als große Zäsur in der Ordensgeschichte des Christentums. Über Jahrhunderte war mönchisches Leben fast ausschließlich von der Benediktregel bestimmt und von Mönchen dominiert worden, die ihr nach verschiedenen Auslegungen folgten. In Abgrenzung zu den neuen Gemeinschaften kann man sie ab dem 13. Jahrhundert vereinheitlichend als Benediktiner bezeichnen, obwohl sie sich erst im ausgehenden 19. Jahrhundert eine föderalistische Ordensverfassung gaben und lange nicht in dem Bewusstsein lebten, einem eigenen Orden anzugehören. Dominikaner und Minderbrüder aber, die beiden bekanntesten Vertreter der Bettelorden, brachen mit fast allen althergebrachten Gewohnheiten der Benediktiner. Hatten sich die früheren kontemplativen Orden in die Einsamkeit zurückgezogen, suchten die neuen Gemeinschaften die Städte, wo die soziale Not am größten war und wo die meisten Menschen ihren Predigten lauschen konnten. Sahen sich die Benediktiner dem Gebot der Ortsgebundenheit und einer lebenslangen Zugehörigkeit zu einem bestimmten Kloster verpflichtet, leisteten die Mönche der Bettelorden ihre Gelübde einzig dem Orden und dessen obersten Repräsentanten. Erst dieser Bruch mit der *stabilitas loci* ermöglichte ihnen Predigt, Seelsorge und fromme Tat inmitten der Gesellschaft. Klosteranlagen mit ausgedehnten Grundherrschaften waren ihnen fremd. Ihre Ordenshäuser dienten zunächst nur als Unterkunft für wandernde Ordensangehörige und erreichten auch später nie die Dimensionen benediktinischer oder zisterziensischer Abteien. Schließlich strebten Bettelmönche nicht nach Selbstheiligung hinter Klostermauern, sondern nach Christusnachfolge und aktiver Nächstenliebe in der Welt. Nicht nur für die mittelalterliche Gesellschaft und die Vielfalt der christlichen Orden waren die Bettelorden eine wichtige Bereicherung, sondern auch für die Gesamtkirche. Denn sie gaben der Armutsbewegung um 1200 eine neue Richtung und Orientierung. Bis dahin waren fast alle Gruppierungen, die ein Leben in apostolischer Armut forderten, mit der Kirche in Konflikt geraten und als Häresien verurteilt worden. Dennoch hatten sie den Nerv der Zeit getroffen und die Menschen in Massen angezogen. Aber zugleich hatten sie die Kritik an der Amtskirche und ihrer Lehrautorität verschärft. Die Frage der freiwilligen Armut hatte die Kirche um 1200 gefährlich ins Wanken gebracht. Im Wesentlichen unterschieden sich die Bruderschaften des Franziskus und Dominikus wenig von der des Petrus Waldes oder anderen häretischen Strömungen. Doch ließen beide nie Zweifel daran, dass ihre Gemeinschaften auf dem Fundament der katholischen Lehre ruhten, und ersuchten frühzeitig um die päpstliche Approbation. Auch Papst Innozenz III. wird erkannt haben, dass eine ‚offizielle‘ Armutsbewegung viele verlorene Schäfchen wieder in den Schoß der Kirche zurückführen konnte. Einer Legende zufolge sei ihm Franziskus im Traum erschienen und habe die Laterankirche, die tiefe Risse aufgewiesen habe, nur mit der Kraft seiner Arme gestützt und so vor dem Einsturz bewahrt. Das mächtige Bild sollte sich bewahrheiten: Vielen Menschen auf der Suche nach religiöser Orientierung und wahrer Christusnachfolge bot insbesondere der Orden der Minderbrüder eine Heimat. Zwar blieben Ressentiments gegen die freiwillige Besitzlosigkeit bestehen – die ersten „Barfüßer" im römisch-deutschen Reich mussten sich Hohn und Spott gefallen lassen –, doch wurde die Armutsbewegung innerhalb der Kirche und Gesellschaft allmählich auf gesicherten Boden gestellt. So war es schließlich möglich, dass selbst Kaiser Friedrich II. (1215–1250) für einen Tag den Herrscherornat mit dem Lumpengewand tauschen konnte.

Christusnachfolge in weltlicher Hand
Die Laienfrömmigkeit

In vorher nie gekannter Weise fühlten sich nun auch Laien selbst der höheren Stände angesprochen, ein Leben in Armut und Nächstenliebe zu führen, ohne sich einer geistlichen Gemeinschaft anzuschließen. Landgräfin Elisabeth von Thüringen († 1231) sollte dafür mit allen Normen brechen, die ihr Stand ihr auferlegte.

1207 war sie als Tochter des ungarischen Königs Andreas II. geboren worden und 1221, im Alter von vierzehn Jahren, mit dem Landgrafen Ludwig IV. von Thüringen verlobt worden. Mit zwanzig war sie bereits dreifache Mutter und Witwe: Ihr Gemahl Ludwig starb auf dem vierten Kreuzzug. Schon als 1224/25 erstmals Minderbrüder nach Eisenach kamen, war Elisabeth fasziniert von ihrer Lebensweise und der Botschaft des Franziskus. Sie ermöglichte ihnen die Einrichtung einer Kapelle und die Ansiedlung in Eisenach. Bislang hatte sie ein Leben ganz nach den Regeln des Hochadels geführt, sich standesgemäß gekleidet und ernährt. Almosen an Arme und Bettler und für wohltätige Werke zu geben, gehörte für Angehörige ihres Standes zu den obersten Christenpflichten. Ein Abstieg in freiwillige Armut jedoch, eine innere wie äußere Identifizierung mit den unfreiwillig Armen, brachte Schande über den ganzen Stand. Dennoch trug Elisabeth immer öfter das härene Büßerhemd nicht mehr nur unter ihren prachtvollen höfischen Kleidern, sondern ganz offen und für jeden sichtbar. An der Tafel verweigerte sie Speisen, die aus Abgaben von Hörigen des Landgrafenhofes stammten. Almosen ließ sie nicht durch Knechte und Mägde an die Notleidenden verteilen, sondern machte sich selbst mit ihren Gaben auf in die schmutzigen Gassen Eisenachs. Ihre Verwandten und Standesgenossen konnten ihr Verhalten nicht länger hinnehmen und verjagten sie aufgrund ihres frommen Lebenswandels brutal von der Wartburg. Nun war sie den Armen und Elenden gleich. Um ihren Ausschluss aus Stand und Familie endgültig zu machen, legte Elisabeth 1228 ein Gelübde auf die Besitzlosigkeit ab und sagte sich von ihren Verwandten, ihren Kindern und sogar ihrem eigenen Willen los. Mit ihrem Witwengut eröffnete sie in Marburg ein Spital, in dem sie unermüdlich im Dienst der Kranken und Sterbenden tätig war. Da sie selbst in größter freiwilliger Armut und Selbstkasteiung lebte, versagte ihr Körper ihr im Alter von nur 24 Jahren den Dienst: 1231 starb sie, vermutlich an Auszehrung und Entkräftung.

Elisabeths barmherziges und wundertätiges Wirken in Eisenach und Marburg hatte sie schon zu Lebzeiten berühmt gemacht, so dass ihr Leichnam von den Gläubigen im Wunsch nach einer Reliquie fast in Stücke gerissen worden wäre, hätte man ihn nicht streng bewachen lassen. Schnell verbreitete sich die Kunde von Wundern am Grab der frommen Frau, die vom Volk bereits als Heilige verehrt wurde. Gesammelt und dem Papst zur Einleitung eines Heiligsprechungsverfahrens vorgelegt wurden diese Berichte vom Priester Konrad von Marburg, Elisabeths langjährigem Beichtvater. Konrad war der erste im römisch-deutschen Reich nachweisbare Inquisitor und hatte sich am thüringischen Hof eine Vertrauensstellung erarbeitet. Noch zu Lebzeiten ihres Mannes

*In einem Goldschrein werden im Dom zu Marburg die Reliquien der hl. Elisabeth († 1231)
bewahrt. Als Hochadlige hatte sie mit allen Standesnormen gebrochen, um sich in christlicher Nächstenliebe zu üben.*

*Flagellanten (Geißlerzüge), die während der Zeit der Großen Pest (um 1350) verstärkt
auftraten, stehen symbolisch für eine große religiöse Verunsicherung und kirchliche und
gesellschaftliche Krisen im 14. Jahrhundert.*

Quedlinburg zählte zu den bedeutendsten Kanonissenstiften des römisch-deutschen Reiches. Die adligen Stiftsdamen verfolgten Messe und Chorgebet von der Galerie im Westen der Kirche aus.

Melk an der Donau ist bis heute eine der bekanntesten Benediktinerabteien. Im 15. Jahrhundert nahm dort eine Klosterreformbewegung ihren Ausgang, die sich auf viele Abteien im Süden des römisch-deutschen Reichs auswirkte.

Während benediktinische Mönche sich seit dem 13. Jahrhundert in den tief-schwarzen Habit kleiden, den zunächst die Cluniazenser eingeführt hatten, be-vorzugen Minderbrüder ein einfaches graubraunes Gewand. Charakteristisch ist das Seil mit den drei Knoten, die die Gelübde Armut, Keuschheit und Gehorsam symbolisieren.

Der ehemalige Offizier Ignatius von Loyola († 1553) gründete mit der Gesellschaft Jesu den ersten Orden, dessen Angehörige keinen einheitlichen Habit trugen und kein gemeinsames Stundengebet absolvierten. Die Jesuiten waren dafür gegenüber dem Papst zum Gehorsam verpflichtet.

hatte Elisabeth ihm absoluten Gehorsam geschworen. Nur mit seiner Hilfe war es ihr gelungen, von ihren Verwandten das ihr zustehende Witwengut zu erhalten, bevor sie ihm nach Marburg folgte und – wiederum mit seiner Hilfe – ihr Spital einrichtete. Als ihr Beichtvater übte er eine brutale Herrschaft über sie aus, bestrafte sie hart wegen kleinster Vergehen, peitschte sie aus und trieb sie zu immer härteren Bußübungen. Nach ihrem Tod setzte er alles daran, eine schnelle Heiligsprechung Elisabeths zu erreichen und verfasste dazu eine kurze Lebensbeschreibung. Die Früchte seines Bemühens konnte er freilich nicht mehr ernten. Nachdem er einen von Elisabeths Verwandten zu Unrecht der Ketzerei beschuldigt hatte, wurde er im Jahr 1233 von dessen Gefolgsleuten erschlagen. Zwei Jahre später wurde Elisabeth von Thüringen heilig gesprochen (Tafel 9 oben).

Die große Verehrung für die Heilige zeigt die ganze Dynamik, mit der die neuen religiösen Bewegungen auf die mittelalterliche Gesellschaft einwirkten. Die freiwillige apostolische Armut und die tätige Nächstenliebe wurden allmählich auch für höhere Stände akzeptabel und sprachen besonders Frauen an, die nach Möglichkeiten religiöser Selbstbestimmung suchten.

Eine Alternative zum Rückzug ins Kloster eröffnete sich vielen Frauen seit dem ausgehenden 12. Jahrhundert in einem Leben als Begine.

Unter Beginen versteht man Jungfrauen und Witwen, die sich zu einem gemeinsamen Leben in christlicher Nächstenliebe und zur gegenseitigen Versorgung in klosterähnlichen Gemeinschaften zusammenfanden. Sie legten keine Gelübde ab und konnten die Gruppe wieder verlassen, etwa um zu heiraten. Ihren Ursprung haben die Beginenhöfe vermutlich in den Niederlanden, doch fanden sich Beginen und ihr männliches Pendant, die Begarden, auch in Belgien, Frankreich und im römisch-deutschen Reich. Das Beginentum war kein Orden, für den es eine einheitliche Regel gegeben hätte. So lebten einige Beginen in Armut und Keuschheit im Kreis ihrer Familie, während andere in einer kleinen Gruppe ein Haus bewohnten. Größere Gemeinschaften, die in Beginenhöfen lebten, wie sie in Belgien als Weltkulturerbe der Unesco noch heute zu sehen sind, standen unter der Leitung einer *Magistra* und widmeten sich gemeinsam der Handarbeit, der Krankenpflege sowie dem Mädchenunterricht.

Auch die Bettelorden gaben Laien die Möglichkeit, ein religiöses Leben zu führen. Schon im frühen 13. Jahrhundert begannen sich Ordensfamilien auszubilden: Neben dem Ersten und dem Zweiten Orden, dem der Männer und dem der Frauen – im Fall der Minderbrüder der Klarissen –, gab es einen Dritten Orden für die Laien, die sogenannten Tertiaren (lat. *tertius* = der dritte). Wer wegen einer Ehe oder anderen Gründen am Klostereintritt gehindert war, konnte sich als Tertiar einem Dritten Orden anschließen. Durch ein Gelübde verpflichtete er sich auf Lebenszeit, sich am Ordensideal zu orientieren. Ähnlich den Beginen schlossen sich einige Tertiaren aber auch unter einer vereinfachten Form der Ordensregel zu regulierten Dritten Orden zusammen. Beispiele dafür sind bei den Minderbrüdern die Elisabethinen oder die Franziskanerbrüder vom Dritten Kreuz.

Die Armutsbewegung zeigt unter anderem, dass auch Frauen einen großen Anteil an der Frömmigkeit und am Ordensleben ihrer Zeit hatten. Grund genug, einen Blick hinter die Mauern ihrer Klöster und Stifte zu werfen.

NONNEN, STIFTSDAMEN, MYSTIKERINNEN

Frauen hinter Klostermauern

Dem Ruf der Nachfolge Christi folgten seit jeher Männer und Frauen. Bereits Pachomius gründete einige Frauenkonvente, ebenso wohl der hl. Augustinus (354–430). Obgleich in Irland die frühesten Abteien von Männern dominiert waren, gab es dort auch Frauenklöster. Die hl. Brigida († 523), eine Zeitgenössin des hl. Patrick, erwies sich schon in den frühesten Jahren der Christianisierung Irlands nicht nur als eine leidenschaftliche Missionarin. Um das Jahr 470 gründete sie in Kildare ein Doppelkloster, in dem Mönche und Nonnen streng voneinander getrennt lebten. Zusammen mit Patrick ist Brigida bis heute Patronin Irlands. Die Frauen, die in der Spätantike ins Kloster strebten, waren mehrheitlich Angehörige vornehmer römischer Familien. Im Fall Irlands stammten sie meist aus Familien der Könige. Bis ins 13. Jahrhundert war das Leben in religiöser Gemeinschaft vornehmlich adligen Frauen vorbehalten. In der Lebensform gab es allerdings einen Unterschied. Eine Frau konnte entweder als Nonne oder als Stiftsdame (Kanonisse) ein klösterliches Leben führen.

Damenstift und Nonnenkloster im Früh- und Hochmittelalter

Viele hochadlige Familien des Früh- und Hochmittelalters gaben ihre Töchter in ein Damenstift. Dort führten sie unter der Leitung einer Äbtissin ein Leben in religiöser Gemeinschaft (*vita communis*), folgten einem geregelten Tagesablauf mit Chorgebet und gemeinsamen Mahlzeiten und schliefen in einem ge-

meinsamen Schlafsaal. Im Unterschied zu den Nonnen legten sie aber kein Gelübde ab, das sie bis an ihr Lebensende ans klösterliche Leben band. Es stand
ihnen frei, das Damenstift zu verlassen, wenn sie verheiratet wurden. Seit den
Tagen Ludwigs des Frommen sollte auch für die Frauenkonvente die Benediktregel als Grundlage für das gemeinsame Leben gelten. Im Zuge der großen Reformgesetzgebung von 816 bis 819 wurde daneben mit der *Institutio Sanctimonialium* eine Regel für Frauenkonvente erarbeitet, die sich nicht zur
Benediktregel bekennen wollten und die den Frauen größere Freiheiten ließ.
Diese wurde schnell zur vorherrschenden Regel in vielen Damenstiften, gestattete sie den Kanonissen doch, sich von Zeit zu Zeit aus der Klausur in eigene Gemächer zurückzuziehen und über Eigenbesitz zu verfügen. Bei den meisten frühmittelalterlichen Klöstern und Stiften ist eine sichere Zuschreibung zu
einer monastischen Regel jedoch kaum möglich. Zudem bezeichneten sich weder die Nonnen eindeutig als *nonnae* oder *monachae*, noch die Stiftsdamen
oder Kanonissen als *canonissae*. Beide Gruppen nannten sich schlicht *sancti-
moniales* („Dienerinnen des Heiligen“). Noch schwieriger wird eine Unterscheidung der beiden Lebensformen in Konventen, in denen Nonnen und
Stiftsdamen gemeinsam lebten.

Bis ins 12. Jahrhundert waren Gründungen für Frauen im Vergleich zur
hohen Anzahl von Männerkonventen selten. Nach der Eingliederung des
sächsischen Stammesgebiets in das fränkische Reich wurden dort besonders
viele Damenstifte gegründet, von denen einige überregionale Bedeutung er-
langten. Der regionale Adel wollte mit diesen Gründungen einen Beitrag zur
Christianisierung Sachsens leisten. Unter den Stiften ragen im 10. Jahrhundert Quedlinburg, Gandersheim, Gernrode und Essen besonders heraus.
Quedlinburg und Gandersheim waren von hochrangigen Mitgliedern des ottonischen Königshauses gegründet worden. Als Hausstifte dienten sie der Familie nicht nur als Grablege und damit als Stätte, wo ihre *Memoria*, das fromme Angedenken, intensiv und für alle Zeit gepflegt wurde. Die weiblichen
Mitglieder der Familie erhielten dort ihre standesgemäße Ausbildung und
hatten die wichtigsten Ämter inne. Alle Äbtissinnen Quedlinburgs und Gan-
dersheims entstammten bis ins frühe 11. Jahrhundert dem Königshaus, so
auch Mathilde, die Tochter Ottos I., die im Jahr 955 mit elf Jahren zur ersten
Äbtissin von Quedlinburg geweiht wurde. Zu ihrer Nachfolgerin wurde 999
Adelheid, die Schwester Kaiser Ottos III., gewählt. Sie übernahm auch die
Leitungen der Stifte Gandersheim, Gernrode und Frose. Ottos älteste Schwester Sophie war ab 1002 Äbtissin des Stifts Gandersheim und ab 1012 zusätzlich des Stiftes Essen (Tafel 10).

Die Familienstifte waren wichtige Stationen auf der Reiseroute des umherziehenden Königshofes. Sie wurden nicht nur mit umfangreichen Schenkungen und Privilegien bedacht. Auf dort gefeierten Hoftagen inszenierte sich die gesamte Herrscherfamilie. Die Äbtissinnen waren nicht hinter Klostermauern abgeschoben, sondern nahmen weiterhin regen Anteil an der Welt. Zwischen den Großen des Reiches und dem Herrscher wirkten sie als Fürsprecherinnen bei der Vergabe von Privilegien. Bevor Otto III. im Jahr 998 nach Italien zog, setzte er seine Tante, Äbtissin Mathilde von Quedlinburg, sogar als seine Stellvertreterin für das Herzogtum Sachsen ein und verlieh ihr in Anlehnung an die römische Würde des Patricius den Ehrentitel einer „Matricia".

Die sächsischen Damenstifte waren zentrale Stützpfeiler der ottonischen Herrschaft. Die gebildeten Kanonissen schrieben die Taten „ihrer" Herrscher auf und bewahrten sie für die Nachwelt. Hrotsvith, Stiftsdame in Gandersheim und eine der ersten Dichterinnen des Mittelalters, verfasste mit den *„Gesta Oddonis"* einen Bericht über die frühen Jahre der Herrschaft Ottos I. In Quedlinburg schuf eine unbekannte Verfasserin mit den „Quedlinburger Annalen" eine der wichtigsten Quellen für die Erforschung der spätottonischen Geschichte. Die Könige vertrauten sich und das Reich dem Gebet der Stiftsdamen an und demonstrierten nach außen, dass ihre von Gott gegebene Herrschaft geistig fest verankert war. Indem einige Stifte in den Rang von Reichsstiften erhoben wurden, profitierte der König auch wirtschaftlich von den Abgaben und dem Königsdienst (*servitium regis*), den sie zu leisten hatten.

Die enge religiöse Verzahnung zwischen Damenstiften und Königshaus löste sich erst nach dem „Investiturstreit", in dessen Verlauf der König seinen Rang als ‚Stellvertreter Christi auf Erden' (*vicarius Christi*) eingebüßt hatte. Doch blieb die Bedeutung der Damenstifte als Stätten der Erziehung, Ausbildung und standesgemäßer Unterbringung adliger Töchter über Jahrhunderte bestehen, egal ob diese zurück gingen in die Welt oder dauerhaft in der religiösen Gemeinschaft verblieben.

Während Damenstifte sich weitgehend an der *Institutio Sanctimonialium* orientierten, galt für Nonnenklöster wie für die Mönchsgemeinschaften die Benediktregel. Einzelne Abteien wie Frauenchiemsee ragten bereits in der Karolingerzeit heraus, doch gaben erst die monastischen Erneuerungsbewegungen seit dem 11. Jahrhundert der Welt der Frauenklöster neue Impulse. Es wurden nun in größerer Zahl Gemeinschaften für Frauen gegründet und an Männerklöster angeschlossen. So konnten die Nonnen nicht nur von der Seelsorge, sondern auch von der größeren wirtschaftlichen Absicherung durch die Männerkonvente profitieren. Neugründungen waren häufig von vorneherein als Doppelklöster angelegt. Die Idee der gemeinsamen Unterbringung eines Männer- und Frauenkonvents unter einem Dach wurde von Hirsauern, Regularkanonikern und Prämonstratensern zunächst noch begeistert aufgenommen, da sie ja in ihren Konventen versuchten, die Urkirche wieder zum Leben zu erwecken, die aus Männern und Frauen gleichermaßen bestanden hatte. Dass man nach anfänglicher Euphorie aus Sorge um die Askese und Sittenreinheit davon sehr schnell wieder abkam und Konvente errichtete, die nicht selten mehrere Kilometer voneinander entfernt lagen, tat dem harmonischen Bild nach außen keinen Abbruch. Auch Robert von Molesme hatte in Cîteaux ursprünglich wohl einen Doppelkonvent geplant. Doch nachdem er Cîteaux verlassen hatte, verblasste die Erinnerung an zweigeschlechtliche Anfänge sehr schnell, so dass die Zisterzienser von Anfang an als ein reiner Männerorden galten. Das Doppelkloster Fontevraud im französischen Anjou schlug den umgekehrten Weg ein. 1101 war die Abtei von dem asketischen Wanderprediger Robert von Abrissel gegründet worden. Er übertrug die Leitung über Männer- und Frauenkonvent ganz den Nonnen und berief eine Äbtissin. Sich den Frauen unterordnen zu müssen missfiel einigen Brüdern, die murrend das Kloster verließen. Während die Nonnen von Fontevraud sich in strengster Klausur zu Gebet und Meditation zurückzogen, verrichtete der Männerkonvent die notwendige Handarbeit. Nach dem Vorbild Clunys gründete Fontevraud bis zum Ende des Jahrhunderts über 100 Priorate, denen insgesamt über 4000 Nonnen angehörten. Die Mutterabtei entwickelte sich zur größten Klosteranlage Frankreichs, die auf einer riesigen Fläche von über vierzehn Hektar neben der Klosterkirche auch die Konventsgebäude der Chorschwestern, der Laienschwestern und, etwas abseits, der Mönche und Kleriker samt einer großen Anzahl von Wirtschaftsgebäuden umfasste.

Aus einem Doppelkloster entstand im 12. Jahrhundert auch das Nonnenkloster auf dem Rupertsberg bei Bingen, das von der berühmten Äbtissin Hildegard von Bingen († 1179) geleitet wurde. Als Kind schon war sie von ihrer adligen Familie für ein Leben als Nonne bestimmt und einer dem Mönchskloster auf dem Disibodenberg angeschlossenen Frauengemeinschaft übergeben worden. Unter ihrer Leitung begann diese Gemeinschaft zu wachsen und ließ in Hildegard den Plan reifen, ein eigenes unabhängiges Frauenkloster zu gründen. Abt Hugo vom Disibodenberg jedoch wollte sie nicht ziehen lassen, sondern vielmehr seine Kontrolle über die Nonnen verstärken. Seiner Meinung nach vernachlässigten Hildegard und die Schwestern die mönchische Askese, indem sie zu reichlich äßen und zu wenig beteten. Um ihren Führungsanspruch über den Frauenkonvent zu unterstreichen und öffentliche Unterstützung in ihrem Anliegen zu erhalten, begann Hildegard die Visionen aufschreiben zu lassen, die sie schon seit ihrer Kindheit hatte. Während der einflussreiche Zisterzienserabt Bernhard von Clairvaux ihr die Unterstützung versagte und sie zu größerer Demut ermahnte, gestattete ihr Papst Eugen III. im Jahr 1147, ihre Visionen zu veröffentlichen. Um 1150 bereits eine berühmte Frau, gelang es ihr mit ihren Nonnen den Disibodenberg zu verlassen und ein Kloster auf dem Rupertsberg bei Bingen zu gründen. Hildegard ging nicht nur selbst auf Reisen, sondern nahm in Briefen an geistliche und weltliche Würdenträger, darunter auch Kaiser Friedrich Barbarossa, offen Stellung zu theologischen und politischen Fragen der Zeit. In ihrer Lehrmeinung berief sie sich dabei stets auf die Autorität ihrer Visionen. Doch erntete sie im Zuge der großen religiösen und gesellschaftlichen Veränderungen auch ganz unerwartet Kritik.

Bedeutende Förderer der Bewegungen der Hirsauer, Regularkanoniker und Prämonstratenser waren nicht nur Adlige, sondern auch viele unfreie Ministerialen und Angehörige des städtischen Bürgertums, die seit dem frühen 12. Jahrhundert zu großer gesellschaftlicher Bedeutung aufstiegen und sich als Gründer von Klöstern und Stiften betätigten. Entsprechend fanden in ihren Gründungen auch Söhne und Töchter aus Ministerialen- und stadtbürgerlichen Familien Aufnahme. In Norbert von Xantens Gründung Prémontré, so ist zu lesen, durften sogar Frauen aus armen und bäuerlichen Verhältnissen eintreten; sie lebten dort einträchtig mit hochadligen und vermögenden Frauen zusammen. Die konservative Nonne Hildegard von Bingen rümpfte die Nase ob solcher Veränderungen. Auch die immer dynamischer werdende Armutsbewegung sah sie mit größtem Missfallen. Auf die erstaunte Frage der Leiterin des von Ministerialen gegründeten Stiftes Andernach, ob es denn stimme, dass sie in ihrem Kloster nur Hochadlige aufnehme und Angehörige niedrigerer Stände abweise, konterte sie, man sperre ja auch nicht Schafe, Ziegen und Böcke zusammen in einen Stall. Eine Vermischung der Stände sei gegen die gottgewollte Ordnung. Während man in vielen Klöstern zu strenger Askese und strikter Befolgung der Benediktregel zurückkehrte, musste Hildegard von Bingen sich den Vorwurf gefallen lassen, ihre Nonnen würden an Festtagen mit offenen Haaren, Goldkronen und bodenlangen Seidengewändern bekleidet prachtvolle Prozessionen abhalten. Die Äbtissin erklärte selbstbewusst, ihre Schwestern gestatteten sich damit einen kleinen Vorgeschmack auf das Paradies. Nach ihrem Tod erschienen solche Äußerungen in Hildegards Briefen und Aufzeichnungen selbst ihren größten Bewunderern wohl so problematisch, dass sie sie bei der zusammenfassenden Abschrift zu entschärfen suchten. Denn die Zeiten hatten sich geändert, die alten Standesgrenzen waren auch in den Frauenkonventen mit den neuen Bewegungen unwiderruflich ins Wanken geraten.

Die Moderne blickt häufig verständnislos auf die Praxis des Mittelalters, junge adlige Frauen hinter die Mauern eines Stifts oder Nonnenklosters zu stecken. Von fehlender Selbstbestimmung und sogar Freiheitsberaubung ist bisweilen die Rede. Genau wie viele Männer auch werden nicht alle Frauen glücklich gewesen sein, von ihren Familien für ein Leben hinter Klostermauern bestimmt worden zu sein. Doch bei allen Entbehrungen und Einschränkungen durch Gelübde und Klausur eröffneten sich für viele Frauen gerade im Rahmen monastischer Lebensgemeinschaften Möglichkeiten der Selbstverwirklichung. Zunächst boten Klöster und Stifte eine vergleichsweise gesicherte Existenz, einen regelmäßig gedeckten Tisch, Kleidung sowie Schutz vor Krieg und äußeren Feinden.

Nonnen und Stiftsdamen gehörten zur Elite der mittelalterlichen Gesellschaft und genossen höchste Anerkennung und Bewunderung. Als „Bräute Christi" war ihr Ansehen bisweilen sogar größer als das der Männer. Dem Gebet einer Gott geweihten Jungfrau schrieb man besondere Kraft zu. Eine Frau im Kloster, noch dazu in einer leitenden Stellung, warf ein positives Licht auf ihre ganze Familie. Viele sahen es denn auch gar nicht als schmerzlichen Verzicht, nicht verheiratet zu werden und Kinder zu gebären. Schwangerschaft und Geburt waren die größten Gefahren für Leib und Leben, denen die Frauen des Mittelalters ausgesetzt waren. Unzählige verstarben in jungen Jahren bei der Entbindung oder im Kindbett. Eine Verheiratung bedeutete zudem, dass Frauen ganz unter die Befehlsgewalt (*Munt*) des Mannes gestellt wurden. Außerhalb des heimischen Guts oder Haushalts boten sich ihnen wenig Entfaltungsmöglichkeiten. Hinter den Klostermauern aber hatten Frauen die Chance auf eine Karriere innerhalb der klösterlichen Hierarchie. Wie Männerklöster herrschten selbstständige Frauenkonvente als Grundherren über Land und Leute. In der Verwaltung der Güter und im Wirtschaften mussten sie sich als genauso geschickt erweisen wie die Mönche. Die Äbtissinnen verfügten wie ihre männlichen Amtskollegen über die weltliche Gewalt der niederen Rechtsprechung, waren Lehensherrinnen der klösterlichen Ministerialen und Leibherrinnen unfreier Höriger. Leiteten sie ein Reichsstift oder -kloster, so unterstanden sie direkt dem König, gehörten zu den Fürsten des Reiches und reisten mit bewaffnetem Gefolge zu Hoftagen, Bischofskirchen und Fürstenhöfen. Als äußeres Zeichen ihrer Würde trugen viele von ihnen wie ihre Amtsbrüder den Hirtenstab und ein Brustkreuz, in späterer Zeit bisweilen sogar eine Mitra. In Kloster wie Stift legte man Wert auf eine fundierte Ausbildung, so dass dort nicht nur mit großer Kunstfertigkeit gestickt und gewebt, sondern in den Skriptorien auch fleißig geschrieben und gelesen wurde. Viele Nonnen und Stiftsdamen waren hoch gebildet. Doch war ihre geistige und wissenschaftliche Betätigung ganz auf das Kloster beschränkt, denn die neu gegründeten und aufstrebenden Universitäten blieben ihnen verschlossen.

Die universitäre Bildung war nicht die einzige Sphäre, zu der sie bis auf wenige Ausnahmen keinen Zugang hatten. Ihnen war auch das Priesteramt verwehrt. Mochten sie in allen anderen Bereichen des klösterlichen Lebens den Mönchen gleichgestellt sein, so durften sie als Frauen nicht predigen, nicht die Messe lesen und keine Sakramente spenden. Die Seelsorge in den Frauenklöstern oblag daher Klerikern und geweihten Mönchen. Der Grat zwischen einer den Äbtissinnen verbotenen öffentlichen Predigt und einer erlaubten spirituellen Unterweisung der Mitschwestern war dabei sehr schmal, und die Bischöfe und Seelsorger waren stets darauf bedacht, dass sie sich keine priesterlichen Rechte anmaßten.

Die Abhängigkeit der Frauenkonvente in Fragen der Seelsorge war ein großes Problem. Niemand konnte eine religiöse Frauengemeinschaft gründen, ohne die Frage der priesterlichen Betreuung geklärt zu haben. Für die Konvente war es deshalb überlebenswichtig, Mitglied eines Ordens zu sein, dessen geweihte Mönche ihre Seelsorge übernahmen. Das war selbst in den Reformorden nicht einfach.

So sehr die neuen Orden wie die Prämonstratenser anfangs nach einem gemeinsamen Leben im Doppelkloster gestrebt hatten, so schnell verflog die ursprüngliche Begeisterung wieder. Die Frauengemeinschaften, die man zunächst als Edelsteine und Schmuckstücke der religiösen Bewegung betrachtet hatte, schienen schnell ihren Glanz eingebüßt zu haben. Man beeilte sich nicht nur, ihre Konvente so weit wie möglich von den Männern entfernt anzusiedeln und ihnen nach und nach die geistliche Betreuung zu verweigern, sondern versuchte sie sogar aus den Orden ganz auszuschließen. Im Fall der Prämonstratenser rief diese Politik die heftige Kritik von Bischöfen und Papst hervor, die die Ordensleitung schalten, man hätte Güter, die den Stiften zur Versorgung der Frauen zugeeignet worden seien, zweckentfremdet.

Auch bei den Zisterziensern wurden Frauen nicht unbedingt mit offenen Armen empfangen. Doppelklöster waren für die Zisterzienser undenkbar. Die Pflicht, die zahlreichen Frauenkonvente seelsorgerisch zu betreuen, die nach den zisterziensischen Gewohnheiten lebten, bereitete ihnen Kopfzerbrechen. Als diese dem Orden nach langem Hin und Her zu Beginn des 13. Jahrhunderts doch eingegliedert wurden, murrten noch immer viele Äbte. Auf dem

Generalkapitel von 1218 wurde festgelegt, dass zisterziensische Nonnenklöster mindestens sechs Meilen von Männerabteien entfernt liegen mussten. Überdies seien Frauenkonvente nur dann in den Ordensverband zu inkorporieren, wenn die Nonnen sich selbst ernähren konnten und sich streng an die Klausur hielten. Zehn Jahre später weigerte sich das Generalkapitel, weitere Frauenkonvente aufzunehmen, indem sie ihnen die Seelsorge und Visitation verweigerten. Nach zahlreichen Beschwerden des Ordens beim Papst sicherte ihm Innozenz IV. im Jahr 1251 zu, ihn nicht mehr weiter mit Bitten um die Eingliederung von Nonnengemeinschaften zu behelligen.

Diese zunehmende Feindseligkeit hatte Frauen, die sich außerhalb der von den Benediktinern vorgezeichneten Wege den neuen asketischen Bewegungen anschließen wollten, in großer Zahl in die Arme von Ketzerbewegungen wie der Katharer oder Waldenser getrieben. Wenn auch die Bettelorden der Minderbrüder und Dominikaner nicht besonders erpicht darauf waren, die Seelsorge in Dominikanerinnen- oder Klarissenkonventen zu übernehmen, gaben sie vielen Frauen eine neue spirituelle Heimat.

Die große Stunde der Frauen im Spätmittelalter

Obgleich sich Männer- und Frauenklöster insbesondere der Zisterzienser, Minderbrüder bzw. Klarissen und Dominikaner seit dem 13. Jahrhundert in großer Zahl über ganz Europa ausbreiteten, prägten sie das Spätmittelalter in unterschiedlicher Weise. Die Frauen teilten zwar die strengen Armutsgelübde ihrer Glaubensbrüder, hatten aber wenig Anteil an den neuen Impulsen, die Theologie und Wissenschaft in jener Zeit bereicherten. Die Frauen nahmen weder an scholastischen Disputen teil und noch versuchten sie, die Phänomene der Natur zu erklären. Aufgrund ihrer strengen Klausurbestimmungen trugen sie weniger aktiv zur karitativen Versorgung der armen Stadtbevölkerung bei als die unermüdlich in Spitälern und Armenhäusern wirkenden Franziskaner oder Beginen. Dennoch waren besonders die Frauenkonvente der Bettelorden feste und wichtige Bestandteile im Leben der spätmittelalterlichen Städte. Die Rats- und Bürgerfamilien waren darauf bedacht, dass ihre Töchter in die Klöster eintraten, dort kraftvolles Gebet leisteten und möglichst Leitungsfunktionen übernahmen. Die Bedeutung der Familien im städtischen Leben spiegelte sich gleichsam in der Hierarchie und Zusammensetzung der Frauenkonvente. Die Leitung eines Klosters durch ein weibliches Mitglied der Familie wertete deren Ansehen und politischen Einfluss bedeutend auf. Die Familien knüpften ein festes materielles wie religiöses Band zu den Klöstern und bedachten sie mit reichen Stiftungen, die nicht nur den Lebensunterhalt der Nonnen sicherten, sondern die Stifter durch frommes Angedenken und Fürbitten für ihr Seelenheil reich entlohnen sollten. Das Gebet der Nonnen schloss nicht nur ihre Wohltäter, sondern die gesamte Stadtbevölkerung ein und verankerte ihre Gemeinschaften, obgleich sie in strenger Klausur lebten, fest in der städtischen Gesellschaft.

In ihrer Spiritualität öffneten sich viele Nonnen, aber auch die Beginen, der Mystik, der auf Sinneserfahrungen gegründeten Gotterkenntnis, als deren höchstes Ziel die Vereinigung der Seele mit Gott (*unio mystica*) angestrebt wurde. Eine bedeutende Mystikerin des 12. Jahrhunderts war Hildegard von Bingen, die sich in ihren theologischen und philosophischen Ansichten auf ihre Visionen berief. Die Religiosität des prominenten Zisterzienserabtes Bernhard von Clairvaux beinhaltete eine stark sinnliche Zuwendung zur Muttergottes, während Franz von Assisi sich ganz in das Leiden Jesu Christi vertiefte und zuletzt auch die Stigmata empfing. In den Frauenklöstern genauso wie in den Beginenhäusern und Konventen der Tertiarinnen der Bettelorden erreichte die Mystik im Spätmittelalter einen Höhepunkt. Die Gott geweihten Jungfrauen sahen sich als Bräute Christi dem Heiland durch ein persönliches Band verbunden, das durch äußere Zeichen wie ihre nun als Brautschleier interpretierte Kopfbedeckung und, später, auch durch den Ring symbolisiert wurde, den die Nonnen an den Finger gesteckt bekamen. Schon das Ablegen der Gelübde und damit der endgültige Eintritt einer jungen Frau ins Kloster wurde zusammen mit ihrer Familie und dem Konvent in der Regel mit Festlichkeiten begangen, die an eine Hochzeitsfeier erinnern sollten. In Visionen und Ekstasen erlebten viele Nonnen entsprechend eine mystische Vereinigung mit dem Bräutigam Christus, deren Schilderungen viele überraschend erotische Momente enthalten.

Als eine herausragende Vertreterin dieser Braut-Christi-Mystik gilt Mechthild von Magdeburg († 1282). Von adliger Herkunft, hatte sie bereits in ihrer Kindheit erste mystische Erlebnisse. Dreißig Jahre lang wirkte sie als Begine in Magdeburg. Ihr Beichtvater Heinrich von Halle ermunterte sie, ihre Sinnesbegegnungen mit Gott aufzuschreiben. Ihre originalen Aufzeichnungen in mittelniederdeutscher Sprache unter dem Titel „Das fließende Licht der Gottheit" sind zwar nicht erhalten, doch ist das Werk in oberdeutscher Übersetzung aus dem 14. Jahrhundert und in Teilen auch in lateinischer Sprache überliefert. In sieben Büchern hat Mechthild die sinnliche Liebesbeziehung und die Vereinigung ihrer Seele mit Gott *(unio mystica)* sowie ihre Ansichten und Einsichten zur Kirche, zum Menschen und zur Welt in Verse gefasst. In besonderem Maße war sie dabei vom Hohelied, von den Werken Bernhards von Clairvaux und den Evangelien beeinflusst. Auch die Terminologie der *Minne*, des höfischen Liebeswerbens zwischen Ritter und Dame, das in der weltlichen Literatur der Zeit eine große Rolle spielte, floss in ihre Betrachtungen mit ein: „Du gießender Gott in deiner Gabe! Du fließender Gott in deiner Minne! Du brennender Gott in deiner Sehnsucht! Du schmelzender Gott in der Einung mit deinem Leib! Du ruhender Gott an meinen Brüsten! Ohne dich kann ich nicht mehr sein."[10] Nimmt die Seele der Frau die Rolle der Braut ein, die sich nach Gott, ihrem Bräutigam, verzehrt, so ist auch Gott ganz in Liebe zur Seele entflammt: „Du bist mein überaus sanftes Lagerkissen, mein innigstes Minnebett, meine heimlichste Ruhe, meine tiefste Sehnsucht, meine höchste Herrlichkeit. Du bist eine Lust meiner Gottheit, ein Durst meiner Menschheit, ein Bach meiner Hitze."[11]

Mechthilds Werk erregte großes Aufsehen. Ihre plötzliche Berühmtheit war möglicherweise der Grund, warum sie Magdeburg verließ und die letzten Jahre ihres Lebens im Zisterzienserinnenkloster Helfta bei Eisenach verbrachte. Dort war sie nicht die einzige Mystikerin. Sie teilte ihre Erfahrungen mit den Schwestern Gertrud († 1301 oder 1302) und Mechthild von Hackeborn, die ihrerseits ihre Visionen niederschrieben. Für viele Beginen und Nonnen war die Mystik ein willkommenes Mittel der religiösen Selbstdarstellung. Einige Quellen berichten, wie ganze Konvente plötzlich von Visionen gepackt wurden – sehr zum Leidwesen ihrer Beichtväter.

In die Gotteserkenntnisse der mystischen Schauen waren alle Sinne involviert. Gott konnte gesehen, gehört, gerochen, gefühlt und geschmeckt werden. Die sinnliche Erfahrung Gottes war keine Frage angehäuften Wissens und gelehrter Dispute, sondern eine Sache des reinen Herzens und schlichten Gemüts. Ausgeschlossen von der universitären Bildung und den großen theologischen Disputen der Zeit konnten sich viele Frauen als Visionärinnen Geltung verschaffen. „Man findet manchen weisen Meister der Schrift, der vor meinen Augen dennoch ein Tor ist. Und ich sage dir noch mehr: Es ist mir vor ihnen eine große Ehr und stärkt die heilige Kirche gar sehr, daß der ungelehrte Mund die gelehrte Zunge aus meinem Heiligen Geist belehrt," schrieb Mechthild von Magdeburg dazu.[12]

Auch Franziskus von Assisi hatte sich immer wieder als einen Unwissenden, Unbedeutenden, einen *idiota* bezeichnet. Und gerade ihm wurde es zuteil, die Wundmale Christi zu empfangen. Das Versenken in die Passion, das Verlangen, die Leiden des Herrn nachzuempfinden, spielte neben der Braut-

Christi-Mystik seit dem 13. Jahrhundert eine immer bedeutendere Rolle. So schaute Juliana, Priorin des Augustiner-Chorfrauenstifts zu Lüttich, im Jahr 1209 eine von einem schwarzen Fleck teilweise verdunkelte Mondscheibe. Christus habe ihr erklärt, dass der Mond das Kirchenjahr symbolisiere. Der schwarze Fleck deute darauf hin, dass der Kirche ein Fest fehle, das dem Sakrament der Eucharistie gewidmet ist. Sie berichtete davon dem Lütticher Prälaten Jakob Pantaleon, der sich an Bischof Robert von Lüttich wandte. 1247 ordnete Robert für seine Diözese die jährliche Feier des Fronleichnamsfestes (lat. *corpus domini* ; mittelhochdt. *lîchnam* = Leib, *fron* = Herr) an, das einzig der Verehrung des Altarsakraments dient. Jakob Pantaleon bestieg 1251 als Urban IV. den Papststuhl und führte das ihm aus Lüttich bekannte Fest im Jahr 1264 in der gesamten abendländischen Christenheit ein.

Berichte über Blut- und Hostienwunder begannen sich gerade in dieser Zeit zu mehren. Auch das Blutwunder, das sich 1263 im italienischen Bolsena ereignet haben soll, gehört dazu. Auf dem vierten Laterankonzil 1215 war die Transsubstantiation als Dogma festgeschrieben worden. Das bedeutet, dass nach katholischer Lehre Brot und Wein bei der Feier des Abendmahls in den realen Leib und das Blut Christi verwandelt werden. Ein böhmischer Priester namens Peter aber zweifelte daran. Als er auf einer Pilgerreise nach Rom in Bolsena die Messe feierte und die Hostie brach, tropfte aus ihr plötzlich Blut auf die Altarstufen und das Altartuch. In Bolsena verehrt man bis heute das Tuch als Reliquie und sieht in dem Blutwunder den eigentlichen Anlass zur Einführung des Fronleichnamsfestes.

Dass gerade Beginen immer wieder als Mystikerinnen von sich reden machten, weckte alsbald das Misstrauen kirchlicher Autoritäten. Aufgrund ihres frommen, karitativen Wirkens in der Armenfürsorge und Krankenpflege war ihnen viel Anerkennung zuteil geworden. Sie befänden sich auf der obersten Stufe der Tugendleiter zum Himmel, hieß es unter anderem. Doch ihre nichtklausurierte Lebensform, die sie zu Grenzgängern zwischen der Welt der Laien und der des Klosters machte, ihre Spiritualität und vielfache literarische Betätigung, führten zu Argwohn von Seiten kirchlicher Autoritäten. Auf dem Konzil von Lyon im Jahr 1311/12 wurden die Beginen und ihr männliches Pendant, die Begarden, von Papst Clemens V. verboten. Als Gründe wurden Irrlehren und eine Missachtung der Sakramentenlehre angeführt. Weibliche Frömmigkeit brauchte den Anschluss an einen etablierten Orden. Viele Beginen strömten daher nicht nur als Nonnen den Klarissen und Dominikanerinnen zu, sondern auch den dritten Orden der Bettelorden, den Tertiarinnen. Damit blieben sie zwar Laien, legten keine ewigen Gelübde ab und konnten außerhalb der Klausur wirken, übten aber ihre Frömmigkeit unter dem schützenden Dach eines Ordens aus. Daneben waren die regulierten Tertiarinnen häufig in ihrer Lebensweise und ihrer Tracht kaum von ihren Glaubensschwestern im Kloster zu unterscheiden.

Bei den Dominikanertertiarinnen fand 1364/65 auch die sechzehnjährige Katharina Aufnahme. Sie war das 24. Kind einer Pelzfärberfamilie aus Siena und war bereits als junges Mädchen von tiefer Religiosität geprägt gewesen. Häufig zog sie sich in ihre Kammer zu Gebet, Meditation sowie Fasten- und Bußübungen zurück. Immer wieder hatte sie Visionen und verfiel in Trancezustände. Mit zwölf Jahren verweigerte sie sich den Plänen ihrer Eltern, verheiratet zu werden und schnitt sich die Haare ab. Als Tertiarin widmete sie sich nun intensiv der Krankenpflege im Hospital und Leprosenhaus von Siena. Nach einer erneuten Vision begann sie, öffentlich zu predigen und sich zu den brennenden politischen und gesellschaftlichen Fragen der Zeit zu äußern. Dass eine Frau ein solch öffentliches Leben, eine *vita activa*, führte und sich priesterliche Kompetenzen anmaßte, brach mit den Normen der Zeit, und führte Katharina 1374 vor das Generalkapitel des Dominikanerordens, wo ihre Rechtgläubigkeit einer genauen Prüfung unterzogen wurde. Der Orden fand nichts Anstößiges und stellte ihr den bedeutenden Theologen Raimund von Capua als Beichtvater zur Seite, der sie fortan begleiten sollte. Katharina nahm ihre Predigten wieder auf, so dass sich ihr Ruf als Visionärin bald in ganz Europa verbreitete. Verstärkt wurde ihr Ruhm durch die Stigmata, die sie im Jahr 1375 während einer religiösen Ekstase empfing, die jedoch nur für sie selbst sichtbar gewesen sein sollen. Aus aller Herren Länder erhielt sie nun Briefe, in denen sie um ihren weisen Rat gebeten wurde. Einige der Schreiben trugen das päpstliche Siegel. Katharina von Siena war Zeugin jener Epoche des großen Abendländischen Schismas, in der die Papstkirche sich entzweit hatte und ein Papst in Avignon und ein Papst in Rom sich erbittert bekämpften. Katharina wurde zur Beraterin des „römischen" Papstes Urban VI. Von Rom aus kämpfte sie für die Wiederherstellung der Einheit der Kirche. Schwer krank schied sie schließlich im Alter von 33 Jahren in der Ewigen Stadt aus dem Leben. 1461 wurde sie heilig gesprochen, 1939 zur Patronin Italiens und 1999 neben Benedikt von Nursia zur Patronin Europas erhoben.

Der Wunsch Katharinas, nicht in den Ehestand zu treten, sondern ein geistliches Leben zu führen, hatte sich für Birgitta († 1373) im fernen Schweden nicht erfüllt. Auch sie hatte seit frühester Kindheit Visionen, in denen ihr die Jungfrau Maria und Christus erschienen. Ihre hochadligen Eltern jedoch hatten rein diesseitige Pläne mit ihr und verheirateten Birgitta im Alter von dreizehn Jahren mit dem Ritter und Reichsrat Ulf Gudmarsson. Aus der Ehe gingen vier Mädchen und vier Jungen hervor. Auf der Heimreise von einer Pilgerfahrt nach Santiago de Compostela erkrankte Ulf Gudmarsson und starb. Abermals hatte Birgitta eine Vision, die ihr als „Braut und Sprachrohr Gottes" auftrug, im schwedischen Vadstena ein Kloster zu gründen. Möglicherweise schon 1346 richtete sie dort einen Doppelkonvent für Männer und Frauen ein. Bald jedoch zog es sie nach Rom, wo sie als Vorbild frommer Askese und karitativen Handelns wirkte. Auf den Pilgerreisen mit ihrem Mann hatte Birgitta tiefe Einblicke in die politischen Verhältnisse Europas erhalten und erhob nun ihre Stimme nicht nur gegen die Missstände in Kirche und Klerus, sondern versuchte auch im Hundertjährigen Krieg zwischen England und Frankreich zu vermitteln. Unermüdlich rief sie die weltlichen und geistlichen Stände zu Umkehr und Buße auf. Im Jahr 1370 wurde ihr „Orden des Allerheiligsten Erlösers" von Papst Urban V. bestätigt. Drei Jahre später starb sie in Rom und wurde in Vadstena in ihrer schwedischen Heimat bestattet. Um die Mystikerin und Ordensgründerin Birgitta, die ihre Stimme in politisch bewegter Zeit erhoben hatte, entstand bald ein Kult, der durch die Niederschriften ihrer Visionen noch verstärkt wurde. Der Orden spaltete sich in mehrere Zweige auf. Am bekanntesten sind die Birgittinen, die noch heute über einem schwarzen Schleier weiße, gekreuzte Leinenbinden mit fünf roten Punkten tragen. Die auffällige Kopfbedeckung, die in ähnlicher Form unter anderem auch die Dominikanerinnen trugen, symbolisiert die Dornenkrone Christi und verweist abermals auf die Passionsmystik, die in der Spiritualität Birgittas und vieler ihrer Zeitgenossinnen eine so überragende Rolle spielte.

Birgitta von Schweden und der von ihr stark beeinflussten Katharina von Siena war es gelungen, sich zu den Ereignissen der Welt zu äußern und sich Gehör zu verschaffen. Das 14. Jahrhundert bot Anlässe genug. Es war das Jahrhundert der Hungersnöte und der Pest, das Jahrhundert großer kriegerischer Auseinandersetzungen und vor allem das Jahrhundert großer religiöser Verunsicherung, an dessen Anfang der Streit um die rechte Armut stand und dessen Ende von der Spaltung der abendländischen Kirche bestimmt wurde.

ZEIT DER KRISEN

Ordensleben im Spätmittelalter

Als um das Jahr 1200 viele Gläubige auf der Suche nach einem Leben nach dem Evangelium vom Lehrpfad der Kirche abdrifteten und sich häretischen Bewegungen anschlossen, hatte sich der neu gegründete Minderbrüderorden für die Kirche als Retter aus der Krise erwiesen. Doch die Aufbruchstimmung der ersten Jahre war noch vor Franziskus' Tod mancher Enttäuschung gewichen. Am meisten ernüchtert dürfte Franziskus selbst gewesen sein. Seine Botschaft hatte sich nie verändert: Wahres Leben nach dem Evangelium bedeutete für ihn, nichts, gar nichts zu besitzen, sich in Askese und Nächstenliebe zu üben und frohen und reinen Herzens auf Gott zu vertrauen, dass er den Brüdern das Lebensnotwendige nicht versagen würde. Doch eine absolute Besitzlosigkeit war, das musste Franziskus bald erkennen, wohl nur für eine kleine Gruppe Gleichgesinnter zu realisieren, nicht aber für einen gewaltig expandierenden Orden. Hatte Franziskus ursprünglich Ordenshäuser abgelehnt, so brauchte eine in die Zehntausende gehende Gemeinschaft, die in den Städten wirken und Novizen ausbilden wollte, Unterkünfte und Anlaufstellen. Man versuchte den Widerspruch dadurch zu lösen, dass man nur die Nutzungsrechte an den Häusern in Anspruch nahm, das Eigentum aber von sich wies. Als der charismatische Gründervater 1221 die nicht-bullierte Regel vorlegte, die Richtschnur des Lebens für alle Minderbrüder sein sollte, erhielt er neben Lob und Anerkennung auch Kritik. Schon damals zeigte sich, dass nicht alle Brüder bereit waren, Franziskus' radikales Armutsgebot umzusetzen. Die Frage nach der Besitzlosigkeit sollte nach seinem Tod das vorherrschende Thema im

Orden bleiben. An ihr entzündete sich eine Krise, von der um 1300 auch das Papsttum nicht unberührt bleiben sollte.

Wie arm ist arm?
Der Armutsstreit

Eine besondere Autorität im Minderbrüderorden besaßen für einige Jahrzehnte nach Franziskus' Tod noch diejenigen, die sich zu seinen Weggefährten zählen durften. Sie nannten sich Spiritualen und predigten und lebten noch die „reine" Lehre, die sie aus dem Mund des Heiligen direkt vernommen hatten. Über die Frage der Armut des Einzelnen wie des gesamten Ordens bestand für sie nie ein Zweifel: Alles sollte so gemacht werden, wie Franziskus es gelehrt hatte. In Johannes von Parma († 1289), seit 1247 Generalminister des Ordens, hatten die Spiritualen einen einflussreichen Fürsprecher, denn er bemühte sich von Anfang an, dem Armutsgedanken des Franziskus wieder größere Geltung zu verschaffen. Er lehnte die Auslegungen des Papstes zur Franziskusregel ab und ließ einzig das Testament, das der Heilige seinen Brüdern hinterlassen hatte, als verbindlichen Kommentar zur Regel gelten. Damit geriet er jedoch in Opposition zu jenen Minderbrüdern, die *relaxati* (lat. „Gelockerte") oder *Konventualen* genannt wurden und ihrem Namen entsprechend die ein oder andere Erleichterung im Alltagsleben zuließen und einen weitgehenden Bruch mit dem Armutsideal propagierten. Damit trugen sie der Dynamik und den Veränderungen Rechnung, mit denen sich aus einer kleinen Laienbewegung ein großer, klerikal ausgerichteter Orden entwickelt hatte, dessen Mitglieder an den Universitäten lehrten und eingebunden waren in die großen theologischen Dispute der Zeit.

Nach zehn Jahren im Amt wurde Johannes von Parma 1257 vom Papst zur Abdankung gezwungen. Sein Nachfolger Bonaventura († 1279) übernahm eine tief zerstrittene Ordensgemeinschaft. Dabei bedeutet Bonaventura „Gute Fügung". Kein Geringerer als Franziskus selbst soll ihm als Knaben diesen Namen gegeben haben, nachdem er ihn von einer Krankheit geheilt hatte. Auch der neue Ordensgeneral setzte sich für eine Rückkehr zum alten Armutsideal der Minderbrüder ein. Um den auseinanderdriftenden Gruppen innerhalb des Ordens wieder ein bindendes Element zu geben, verfasste er eine Lebensbeschreibung des Franziskus, die zur ‚offiziellen' Biographie des Heiligen bestimmt wurde. Sein Einsatz für den inneren Zusammenhalt der Brüder machte Bonaventura zum „zweiten Stifter" des Ordens und bis heute zu einem seiner bedeutendsten Vertreter. Eine Lösung in der Armutsfrage gelang ihm indes nicht. 1279 ergriff Papst Nikolaus III. Partei für die strengen Spiritualen. In seiner Bulle „*Exiit qui seminat*" stellte der Pontifex fest, dass Christus und die Apostel jeglichen persönlichen wie gemeinschaftlichen Besitz abgelehnt hätten und ein solches Leben die vollkommenste Form der Christusnachfolge sei. Über diese Festlegung verbot er jegliche Auslegung oder Diskussion. Er verpflichtete alle Minderbrüder zur Einhaltung des Armutsideals. Sie hatten keinen Anspruch auf weltliche Güter, sie durften sie nur gebrauchen. Der Papst hatte damit den Streit innerhalb des Ordens beilegen wollen. Doch die Fronten waren verhärtet. Die Spiritualen um den Einsiedler Angelus Clarenus gerieten immer stärker unter den Druck der Konventualen, mussten Kirchenstrafen und bisweilen sogar Kerkerhaft durch die Angehörigen des eigenen Ordens über sich ergehen lassen. Der Geist der franziskanischen Brüderlichkeit wehte nurmehr lau in jenen Tagen. Angeheizt wurde der Streit durch Bewegungen innerhalb des Ordens, die sich nicht nur zum radikalen Armutsideal bekannten, sondern auch von apokalyptischen Prophetien getragen wurden, die durch die Schriften des Abtes Joachim von Fiore († 1202) verbreitet worden waren. Die Grenze zur Häresie war schmal, und die Vermengung einer fanatischen Armut mit Endzeitpredigten, wie dies der südfranzösische Minderbruder Petrus Johannes Olivi tat, brachte viele franziskanische Tertiaren in den Ruf der Ketzerei.

Im Jahr 1294 wurde in einer völlig überraschenden Papstwahl der italienische Einsiedler Peter von Murrone auf den Stuhl Petri berufen. Er gab sich den Namen Coelestin V. und fühlte sich den franziskanischen Spiritualen sehr verbunden. Er gliederte die Einsiedlergruppe um Angelus Clarenus aus dem Minderbrüderorden aus und erlaubte ihr die freie Ausübung ihres Armutsideals. Doch Coelestin, den viele ob seiner Demut und Einfalt als „Engelspapst" bezeichneten, war der Last seiner Aufgaben nicht gewachsen. Er ist bislang der einzige Pontifex der Kirchengeschichte, der von seinem Amt zurücktrat. Bestärkt hatte ihn darin sein Berater, Kardinaldiakon Benedetto Caetani – freilich in der wohlbegründeten Hoffnung, selbst zum Papst gewählt zu werden. Tatsächlich wurde Caetani als Bonifaz VIII. Nachfolger Coelestins V., den er noch über zwei Jahre bis zu dessen Tod gefangen hielt und aus Angst, dieser könne sein Amt zurückhaben wollen, von der Außenwelt isolierte.

Mit Bonifaz hielt ein eisiger Wind in der Kirche Einzug, der den entzweiten Minderbrüdern, insbesondere den Spiritualen, bald heftig ins Gesicht blies. Der Papst widerrief kurzerhand alle Entscheidungen seines unglückseligen Vorgängers und exkommunizierte den Eremiten Angelus Clarenus. Eine

Gruppe von Spiritualen unter ihrem Wortführer Ubertino di Casale warf Bonifaz wütend vor, die Abdankung Coelestins sei nichtig und kein Papst habe das Recht, die Franziskusregel auszulegen. Ubertino gehörte zum Kreis der radikalen Spiritualen um Petrus Johannes Olivi. Unter dem Druck von Papst und Konventualen verließen die Brüder ihre Konvente in Oberitalien und begaben sich nach Sizilien. Dort formten sie die Kerngruppe der Fratizellen, umherziehender franziskanischer Bettelmönche, die bald als Ketzer verfolgt wurden.

Ubertino von Casale erhielt zunächst die Möglichkeit, seinen Standpunkt auf einer Kirchenversammlung darzulegen, die Bonifaz' Nachfolger Clemens V. († 1314) nach Vienne einberufen hatte. Dem Papst war daran gelegen, die streitenden Parteien wieder zu versöhnen und zu einem Kompromiss im Konflikt um die franziskanische Armut zu finden. Doch die Standpunkte blieben unverrückt: Die Konventualen, die in größeren Ordenshäusern lebten und sich der Bildung und Wissenschaft zuwandten, forderten moderaten kollektiven Besitz für den Minderbrüderorden. Die Spiritualen beharrten weiter auf dem Vermächtnis des Franziskus von Assisi und sprachen sich für einen Rückzug der Minderbrüder in Einsiedeleien aus. Clemens V. nahm die Spiritualen unter seinen Schutz und mahnte streng zur Rückkehr zu größerer Armut. Als sich die Spiritualen in Südfrankreich nach seinem Tod erneut den Verfolgungen durch die Konventualen ausgesetzt sahen, griffen sie und ihre weltlichen Unterstützer erstmals zu den Waffen und setzten sich zur Wehr.

Alle Hoffnung, den Minderbrüderorden vor dem Zerbrechen retten zu können, ruhte nun auf Generalminister Michael von Cesena († 1342). Trotz seiner Sympathien für die radikale Armut der Spiritualen bemühte er sich im Sinne seines Amtes um die Wiederherstellung der Einheit des Ordens. Als seine Vermittlungsangebote an die aufständischen Spiritualen scheiterten, wurden sie von Papst Johannes XXII. zusammen mit Ubertino di Casale und Angelus Clarenus vorgeladen. Vier von denen, die sich am Aufstand in Südfrankreich beteiligt hatten und nicht bereit waren, von ihrer Position abzuschwören, wurden 1318 auf dem Scheiterhaufen verbrannt.

Der Streit um die Armut war auch mit diesem Gewaltakt nicht beendet. Er wandte sich nun der Frage zu, inwieweit Jesus und die Apostel tatsächlich nichts besessen hatten, wie dies Nikolaus III. 1279 als Glaubenswahrheit verkündet hatte. Johannes XXII. erklärte die Bulle seines Amtsvorgängers für nichtig. Die Frage der Armut Christi war nämlich im Grunde die Frage, wie arm die gesamte Kirche sein müsse. Das Papsttum hatte seine Universalität zwar mehr und mehr betont und sich zur größten Autorität auf Erden erhoben.

Doch war es politisch immer stärker in die Abhängigkeit des französischen Königs geraten und hatte 1309 seinen Sitz von Rom nach Avignon verlagert, wo die Kurie ein prächtiges Hofleben entfaltete. Eine arme Kirche und damit die Durchsetzung der franziskanischen Position war für ihn undenkbar.

Die Minderbrüder reagierten, indem sie auf ihrem Generalkapitel 1322 zu Perugia einen Brief an die gesamte Christenheit verfassten, in welchem sie nachdrücklich die Auffassung, Christus und die Apostel hätten kein Eigentum besessen, zu einer wahren katholischen Lehre erklärten. Der Papst reagierte im Zorn und versuchte mit allen Mitteln, dem gesamten Orden die Akzeptanz von Eigentum aufzunötigen. In der berühmten Konstitution *„Cum inter nonnullos"* erklärte er im Jahr 1323, die These, der zufolge Christus kein Eigentum besessen habe, sei eine Entstellung der Evangelien. Damit entzog er nicht nur den Spiritualen, sondern dem gesamten Minderbrüderorden die Grundlage. Hatten den Spiritualen nahe stehende Brüder wie Generalminister Michael von Cesena und Bonagratia von Bergamo zunächst noch die Kooperation mit dem Papst gesucht, so wandten sie sich nun von ihm ab. William von Ockham, der bedeutendste franziskanische Gelehrte seiner Zeit, beschuldigte Johannes XXII. gar offen der Häresie.

Dieser Konflikt, der die ganze Kirche aufs schwerste beunruhigte, verknüpfte sich mit einer Auseinandersetzung, die Johannes XXII. mit dem römisch-deutschen Kaiser Ludwig dem Bayern († 1347) führte. Den despektierlich gemeinten Beinamen hatte er dem Wittelsbacher Herzog Ludwig IV. selbst verliehen. Als Kaiser erkannte er ihn nie an. 1314 war Ludwig in einer Doppelwahl zusammen mit dem Habsburger Friedrich dem Schönen zum römisch-deutschen König gewählt worden. Bis der Konflikt gelöst sei, so hatte der Papst verlauten lassen, werde das Reich von ihm selbst regiert. Im Jahr 1322 jedoch konnte sich Ludwig in der Schlacht bei Mühldorf gegen seinen Konkurrenten durchsetzen und trat seither als rechtmäßiger König auf. Papst Johannes jedoch versagte ihm die Anerkennung und warf ihm vor, er maße sich eine Würde an, die ihm nicht zustehe. Er allein habe das Recht, Könige anzuerkennen oder abzulehnen. Ludwig wies nicht nur dieses Recht der Approbation zurück, sondern erklärte den Papst nicht zuletzt aufgrund seiner Haltung im Armutsstreit für häretisch. Wütend verhängte Johannes deshalb am 23. März 1324 den Kirchenbann über König Ludwig und wiederholte, dass die Aussage, Christus hätte kein Eigentum besessen, als Irrlehre zu betrachten sei. Unbeeindruckt sowohl vom Kirchenbann als auch von den Ketzerprozessen, mit denen der Papst ihn überzog, ließ dieser sich 1328 in Rom von Sciarra Colonna, einem städtischen Beamten und Sprecher des römischen Volkes, zum Kaiser krönen. Gleichzeitig erklärte er Johannes XXII. für abgesetzt und erhob einen Gegenpapst.

Auf diesem Italienzug las Ludwig in Pisa eine Gruppe von Minderbrüdern auf. Unter ihnen befanden sich Michael von Cesena, der Generalminister des Ordens, William von Ockham und Bonagratia von Bergamo. Johannes XXII. hatte Michael von Cesena nach Avignon zitiert, ihn dort festgehalten und zusammen mit Bonagratia von Bergamo exkommuniziert. Zusammen mit William von Ockham, der sich schon länger am päpstlichen Hof aufhielt, gelang ihnen die Flucht aus Avignon. Im Gefolge Ludwigs des Bayern befand sich bereits Marsilius von Padua. Der weltliche Gelehrte war seinerseits vom Papst exkommuniziert worden, nachdem er in seiner staatstheoretischen Schrift „*Defensor Pacis*" („Verteidiger des Friedens") jegliche Herrschaftsansprüche des Papstes negiert und die Position des Königtums gestärkt hatte. An Ludwigs Münchner Hof setzten die hochrangigen Minderbrüder und Marsilius von Padua ihren publizistischen Kampf gegen den Papst und um die Armut Christi mit großem wissenschaftlichen Ernst fort. Aber Ludwig dem Bayer gelang es zu Lebzeiten nicht mehr, sich mit dem Papst, jetzt Clemens VI., zu versöhnen. Er starb 1347 im Kirchenbann. Eine Einigung im Armutsstreit wurde ebenfalls nicht erzielt. Denn auch wenn sich der Orden insgesamt der päpstlichen Autorität fügen sollte, gab es neben den gemäßigten Konventualen immer noch etliche Spiritualen, die sich mit der Idee eines kollektiven Besitzes nicht anfreunden konnten.

Kirche in der Krise

Abendländisches Schisma und Reform „an Haupt und Gliedern"

Der Armutsstreit war nur ein Symptom der großen Krise des 14. Jahrhunderts, die die westliche Christenheit religiös sehr verunsicherte. Nach einer Periode warmen Klimas hatte sich um 1300 der Himmel über Europa buchstäblich verfinstert. Ein Sinken der Durchschnittstemperatur und höhere Niederschläge brachten Missernten und Hungersnöte mit sich. Wer dem Hungertod entkam, war durch Mangelernährung oft so geschwächt, dass er ein leichtes Opfer von Seuchen und Krankheiten wurde. Im Jahr 1348 schleppten Seeleute aus dem Schwarzmeerraum die Pest ein, die sich fast explosionsartig über Europa ausbreitete. Das „große Sterben", die „große Pestilenz" raffte bis 1350 fast ein

Drittel der abendländischen Bevölkerung hin. Die Menschen starben unter
großen Qualen oft binnen eines Tages. Die ärztliche Kunst versagte an der
heimtückischen Seuche. Die Furcht der Menschen schlug vielerorts in Gewalt
und Hass gegen die vermeintlichen Verursacher des „Schwarzen Todes" um,
die man vor allem in den Juden gefunden zu haben glaubte. Die unheimliche
Bedrohung führte zudem zu einer gesteigerten Volksfrömmigkeit. Im härenen
Gewand zogen *Flagellanten* sich geißelnd durch Städte und Dörfer und mahnten zu Umkehr und Buße. Rückblickend steht zu vermuten, dass unter anderem auch sie unwissentlich zu einer Ausbreitung der Pest beigetragen haben
(Tafel 9 unten).

Gespeist wurden diese Büßerbewegungen nicht selten aus fanatischen
franziskanischen Splittergruppen, die vom Weltende und dem Antichrist predigend umherzogen und immer häufiger den langen Arm der Inquisition zu
spüren bekamen. Eine Eintracht innerhalb der Minderbrüder hätte helfen können, die neue Art der Volksfrömmigkeit spirituell aufzufangen und zu kanali-
sieren. Aber auch die Papstkirche war nicht in der Lage, den Menschen die
dringend benötigte geistliche Führung zu geben. Die religiöse Krise des 14.
Jahrhunderts erreichte ihren Höhepunkt, als 1378 das Große Abendländische
Schisma ausbrach, das Europa bis 1417 spalten sollte.

Im Jahr 1376 hatte Papst Gregor XI. seinen Amtssitz von Avignon zurück
nach Rom verlegt – der Überlieferung zufolge hatte ihm unter anderem Katharina von Siena eindringlich dazu geraten. Nach seinem Tod 1378 wählten die
Kardinäle mit Urban VI. und Clemens VII. gleich zwei Nachfolger. Während
Urban in Rom blieb, verlegte Clemens seinen Sitz zurück nach Avignon. Bald
war das ganze Abendland in den Konflikt involviert. Während die französische
Krone zu Clemens VII. hielt, sagten der römisch-deutsche Kaiser Karl IV. und
sein Sohn und Nachfolger Wenzel Urban VI. ihre Unterstützung zu. Auf ihnen
ruhte die Hoffnung der Zeitgenossen, sie könnten ein Ende der Kirchenspal-
tung herbeiführen. Doch kein weltlicher Herrscher konnte etwas Konstrukti-
ves zur Lösung des Konflikts beisteuern. 1409 wurde auf dem Konzil zu Pisa
sogar noch ein dritter Papst, Alexander V., gewählt, der mit den anderen um
Anhänger und Anerkennung stritt. Immer lauter wurde der Ruf nach einem
allgemeinen Konzil, das die Einheit der Kirche wieder herstellen sollte. Nach
langem Ringen trat 1414 in Konstanz eine allgemeine Kirchenversammlung
zusammen, auf der die folgenden vier Jahre diskutiert und gezankt wurde.
1417 wurde das Schisma endgültig beigelegt. Alle drei Päpste waren abgesetzt
und mit Martin V. ein neuer Papst gewählt worden, der seinen Amtssitz wieder
in Rom nahm.

So sehr die Gesamtkirche ihre wieder hergestellte Einheit und die Leistung und die Bedeutung des Konzils hervorhob, so wenig hatten die Minderbrüder wieder zueinander gefunden. Zweihundert Jahre nach dem Tod ihres Ordensgründers wurden sie noch immer durch die Frage der Armut getrennt. Im 14. Jahrhundert hatten sich Brüder, die ganz nach dem strengen Armutsgebot des Franziskus leben wollten, zur Bewegung der Observanten zusammengeschlossen. Sie nahmen auch einen Teil der Fratizellen auf, die wieder in den Orden zurückkehren wollten. Während sie die besondere Wichtigkeit von Besitzlosigkeit, Volkspredigt und Seelsorge betonten, verschlossen sie sich nicht wie die älteren Spiritualen der Wissenschaft und Gelehrsamkeit, sondern versuchten, beides miteinander zu verbinden. Papst Martin V. hatte zwar die Bulle „*Cum inter nonnullos*" des Johannes XXII. widerrufen, in der dieser die Armut Christi zur Häresie erklärt hatte. Jedoch war ein Großteil des Ordens nicht bereit, sich den Observanten anzuschließen. 1446 verlieh der Papst dieser Gruppierung die Autonomie, nachdem ihnen wenige Jahre zuvor bereits die Einrichtung von Generalvikariaten gestattet worden war. Nach erneuten heftigen Auseinandersetzungen zwischen den Observanten und den Konventualen wurde der Minderbrüderorden schließlich 1517 endgültig getrennt. Die Konventualen bilden bis heute den Zweig der (Franziskaner-)Minoriten, während aus den Observanten der heute bekannte Franziskanerorden hervorgegangen ist. Aus der Gruppe der Observanten sollten noch weitere Splittergruppen ausbrechen, unter ihnen eine Gemeinschaft von Brüdern, die um 1525 ihr Kloster verließen, um nach dem Vorbild des Franziskus arm durch die Welt zu ziehen. Der Provinzobere versuchte, die Abtrünnigen mit Waffengewalt in ihr Kloster zurückzuholen, doch gelang ihnen die Flucht vor ihren Häschern. Ihr rastloser Einsatz für die Sterbenden während einer Pestwelle brachte ihnen so große Anerkennung und einflussreiche Fürsprecher, dass ihre Gemeinschaft 1528 vom Papst anerkannt wurde. Sie selbst nannten sich „Minderbrüder vom eremitischen Leben", doch brachte ihnen die spitze Kapuze, die sie an ihrer kastanienbraunen Kutte trugen, bald den Namen „Kapuziner" ein. Franziskaner, Kapuziner und Minoriten bilden seither die drei Zweige des Ersten Ordens des heiligen Franziskus.

Als Reaktion auf die gewaltigen Krisen des 14. Jahrhunderts und auf die nicht enden wollende Kritik an der Verweltlichung des Papstes und der Kirche wurde im Zuge des Konstanzer Konzils der Ruf nach einer grundlegenden Kirchenreform „an Haupt und Gliedern" laut. Zum einen wollte man die Pfarrseelsorge entscheidend verbessern, zum anderen aber auch in den spirituell und wirtschaftlich zunehmend desolaten Klöstern tief greifende Reformen durchsetzen. Erstmals nach über zweihundert Jahren machten nun die benediktinischen Mönche wieder von sich reden. Während seit dem 13. Jahrhundert ein neuer Orden nach dem anderen gegründet worden war und Dominikaner, Minderbrüder verschiedenster Orientierung, Beginen und andere Bewegungen das geistliche Leben dominierten, hatte man in den großen, alten Benediktinerabteien nach dem behäbigen Muster vergangener Zeiten weitergelebt. Unweigerlich gerieten einstige Ideale wie die monastische Askese zugunsten irdischen Wohlstands und einer zunehmenden Verweltlichung in den Hintergrund. Entsetzte Visitatoren berichten von Mönchen, die kaum genug Latein beherrschten, um das Chorgebet verrichten zu können, von verödeten Bibliotheken, deren wertvoller Bücherbestand verkauft worden war, von Mönchen und Nonnen, die in Privatunterkünften feudalen Tafelfreuden frönten und nach Lust und Laune Besuch empfingen oder das Kloster verließen. Während so mancher Konvent Unsummen in eine ausschweifende Lebensführung steckte, lag die Verwaltung der klösterlichen Grundherrschaft oft genauso im Argen wie der Zustand vieler Gebäude. Viele vornehme Familien sahen mittlerweile davon ab, ihre Kinder Benediktinerklöstern anzuvertrauen. Hinzu kam, dass die Abteien wegen ihrer kontemplativen Wurzeln fern der Städte lagen, in denen das soziale Leben des Spätmittelalters pulsierte und die Häuser der neuen Orden, die sich dort angesiedelt hatten, hohe Mitgliederzahlen verzeichnen konnten. Die Konvente der alten Klöster schrumpften hingegen zusammen, bis in manch altehrwürdiger Abtei nur noch eine kleine Schar von Mönchen oder Nonnen lebte. Die Erinnerung an die Tage, in denen vielköpfige Gemeinschaften sich der Gunst von Königen und Fürsten erfreuten, die Brüder und Schwestern die geistige Elite des Reiches waren und kostbare Werke der Literatur und der Buchkunst schufen, waren längst verblasst. Einige Klöster des 15. Jahrhunderts beurteilten ihre Lage realistisch und waren willig, ihre Lebensweise einer gründlichen Reform zu unterziehen.

Gegen Ende des 14. Jahrhunderts setzte sich Otto Nortweiner, Abt des in der Diözese Eichstätt gelegenen Klosters Kastl, für eine Rückkehr seiner Mönche zu einer strengen Beachtung der Benediktregel ein. Vorbild waren ihm dabei die hochmittelalterlichen Reformbewegungen von Cluny und Hirsau. Die Kastler Lebensgewohnheiten („*Consuetudines Castellenses*") wurden in über zwanzig Klöstern in Süddeutschland eingeführt, unter anderem in St. Emmeram in Regensburg, Prüfening und Weißenburg. Überstrahlt wurde die Kastler Reform jedoch bald von zwei anderen benediktinischen Erneuerungsbewegungen, die im Kloster Melk an der Donau und in Bursfelde an der unteren Weser ihren Ausgang nahmen.

Der Auftrag zur Reformierung des Klosters Melk war auf dem Konstanzer Konzil erteilt worden. Nikolaus Seyringer, Rektor der Universität zu Wien und Abt des italienischen Klosters Subiaco, wurde im Auftrag des Konzils zur Visitation nach Melk gesandt und übernahm 1418 die Leitung der Abtei. Diese hatte sich von einer schweren Brandkatastrophe 1297 nur mühsam erholt, war hoch verschuldet, und die mönchische Disziplin war zerrüttet. Der neue Abt machte sofort Nägel mit Köpfen. Er berief Mönche aus seiner Abtei Subiaco nach Melk, nur der Prior und neun weitere Mönche des alten Konvents durften dort bleiben. Auf der Grundlage der Lebensgewohnheiten von Subiaco schuf Nikolaus neue, den örtlichen Gegebenheiten angepasste Gewohnheiten, die „*Consuetudines Mellicenses*". Schon nach kurzer Zeit war die Abtei wieder ein Ort der Frömmigkeit, in dem eine strenge klösterliche Disziplin herrschte und die Benediktregel genau beachtet wurde. Um die Lebensweise des Melker Konvents kennen zu lernen, besuchten Mönche aus anderen Abteien das Kloster und verbreiteten die Kunde vom erneuerten Mönchtum. In enger Zusammenarbeit mit der Wiener Universität wurde Melk nicht nur zu einem Ort des Gebets mit vorbildlichem monastischen Leben, sondern auch ein Hort der Wissenschaft. Dafür nahm Nikolaus Seyringer hochrangige Gelehrte in den Konvent auf. Durch die Visitationen in Melk breitete sich die Reform insbesondere in Klöstern im heutigen Österreich und Süddeutschland aus. Zu ihnen gehörten unter vielen anderen Altenburg, Kremsmünster, Tegernsee, Ettal und Andechs. Auch wenn die reformierten Abteien eng miteinander verbunden waren, bildete sich keine eigene Melker Kongregation aus (Tafel 11 oben).

In diesem Punkt unterschied sich Melk von Bursfelde, dessen Reformverband straffer organisiert und mit eigenen Statuten ausgestattet wurde. 1433 führte dort Johannes von Dederoth, Abt des Klosters Clus, eine grundlegende Erneuerung des mönchischen Lebens durch und rief die Brüder zur strikten Rückkehr zur Benediktregel auf. Neben neuen Gottesdienstordnungen führte Dederoth den Gedanken der *Devotio moderna* in Bursfelde ein. Dies war eine mystische Strömung, die eine persönliche Beziehung des Gläubigen zu Gott forderte. Gegenüber dem gemeinsamen Chorgebet wurde der persönlichen Zwiesprache mit Gott und der Meditation ein größerer Stellenwert eingeräumt. Damit reformierte der Abt sowohl die Lebensweise als auch die Spiritualität der Mönche. Sehr schnell begann Bursfelde, seine Neuerungen auf andere Klöster in Mittel- und Westdeutschland zu übertragen, und von dort aus auch in die Niederlande, nach Belgien und Luxemburg. Bursfelde bemühte sich, auf dem Basler Konzil, das von 1431–1449 tagte, die Anerkennung der monastischen Bewegung als Kongregation, also als Zusammenschluss mehrerer Klöster, zu erlangen. Tatsächlich bestätigte das Konzil 1445 nicht nur die neue Gottesdienstordnung, sondern erkannte ein Jahr später auch die einzelnen Klöster der Bursfelder Kongregation an. Auf ihrem Höhepunkt umfasste der Verband etwa 180 Mitgliedsklöster. Ein Problem benediktinischer Reformbewegungen war immer gewesen, dass es kein Kontrollsystem gab, das die Umsetzung der gemeinsamen Gewohnheiten in den ansonsten selbstständigen Abteien überwacht hätte. Die Institution eines Generalkapitels mit Visitationen, wie es die Zisterzienser zu Beginn des 12. Jahrhunderts eingeführt und wie es viele der neuen Orden übernommen hatten, kannten die Benediktiner nicht. Um die strenge Einhaltung der Statuten und Gewohnheiten durchsetzen zu können, hielt nun auch die Bursfelder Kongregation einmal jährlich ein Kapitel ab. Dort sollten alle Fragen besprochen und Neuerungen diskutiert werden. Beschlossene Änderungen in der monastischen Lebensweise wurden erst einem ‚Praxistest‘ unterzogen, bevor sie nach drei Jahren in die Statuten der Kongregation aufgenommen wurden. Eine wichtige Rolle übernahmen die Visitatoren, meist Äbte der benachbarten Klöster der Kongregation, die in regelmäßigen Abständen die Umsetzung der Statuten kontrollierten und zu beständiger Verbesserung in der Lebensweise mahnten.

Die Benediktinerklöster, die sich im 15. Jahrhundert einer Reform anschlossen, sahen dies als ihre große Chance, der wirtschaftlichen und geistlichen Misere zu entkommen und sich in der Welt der Orden die frühere Akzeptanz und gesellschaftliche Anerkennung zurückzuerobern. So bot das oberbayerische Tegernsee, im Hochmittelalter ein bedeutendes und wohlhabendes Kloster, im 15. Jahrhundert zunächst ein Bild des Jammers. Nach einem Brand war das schwer angeschlagene Kloster beinahe verödet. Doch die Einführung der Melker Reform und der abermalige Aufstieg der altehrwürdigen Abtei zu einem geistig-spirituellen Zentrum bescherten Tegernsee noch einmal eine Zeit der kulturellen und wirtschaftlichen Blüte, die bis ins 18. Jahrhundert anhielt.

Wer an der Schwelle zur Neuzeit den Blick zurückrichtet auf die geordneten Anfänge mönchischen Lebens im Frankenreich des 9. Jahrhunderts, der kann die atemberaubende Dynamik und Dramatik erkennen, mit der sich Kirche, Gesellschaft und Reich im Mittelalter verändert haben und wie sich selbst das etablierte benediktinische Mönchtum immer wieder neu definieren musste, um nicht in Bedeutungslosigkeit zu versinken. Schon das äußere Erscheinungsbild der Mönche macht die Vielfalt anschaulich: Um sich von den anderen Orden abzugrenzen, kleideten sich die Benediktiner seit dem 13. Jahrhundert in einen einheitlichen schwarzen Habit. Daneben gab es Zisterzienser im ungefärbten grauen, Kartäuser und Prämonstratenser im weißen Ordenskleid, Franziskaner im graubraunen, Kapuziner im kastanienbraunen und die (Franziskaner-)Minoriten im schwarzen Gewand, sie alle gegürtet mit einem weißen Strick mit drei Knoten, der die Ordensgelübde symbolisieren sollte. Ehrfurcht gebietend wirkten die Dominikaner mit ihrem schwarzen Mantel über der weißen Tunika (Tafel 11 unten).

Vor allem die Dominikaner und die Vertreter der ‚alten‘ Ordnung mussten sich eingestehen, dass auch sie gegen die rasanten religiösen Veränderungen ihrer Zeit machtlos waren und längst nicht allen neuen religiösen Bewegungen Einhalt gebieten konnten. Die Stimmen derer, die offen Kritik an der Lehrautorität der Kirche übten, wurden immer lauter. Einer von ihnen war der Engländer John Wyclif. Bereits 1383 hatte er die Bibel aus dem Lateinischen in seine Landessprache übersetzt und die kirchliche Hierarchie, die Stellung des Papstes, den Heiligenkult und den Priesterzölibat abgelehnt. Seine Lehren gelangten bis nach Böhmen, wo der Reformator Jan Hus Teile davon aufgriff. Zwar wurde Hus auf dem Konstanzer Konzil 1415 als Ketzer verbrannt, doch blieb sein reformatorisches Gedankengut lebendig. Bei Martin Luther fiel es auf besonders fruchtbaren Boden.

Die Reformation stellt nicht nur die größte Zäsur in der Geschichte des abendländischen Christentums, sondern auch in der Geschichte der Orden dar. Die folgenden Jahrhunderte standen ganz im Zeichen der Konfrontation der beiden Konfessionen. Für viele Klöster und Stifte wurde das Zeitalter der Glaubenskämpfe zum Überlebenskampf. Sie mussten zusehen, nicht zwischen den Fronten der Mächtigen aufgerieben zu werden oder den ordenskritischen Reformatoren zum Opfer zu fallen. Dem Papst stand dabei ein wirkmächtiger Helfer zur Seite: Die Gesellschaft Jesu, die mit Abstand der bedeutendste Orden der Neuzeit werden sollte.

DIE KAMPFGRUPPE DES PAPSTES

Die Jesuiten

Im Jahr 1517, als der Papst die endgültige Spaltung des Minderbrüderordens in einen Zweig der Franziskaner und einen Zweig der Minoriten bekannt gab, veröffentlichte der Thüringer Theologe und Augustinermönch Martin Luther 95 Thesen, in denen er vor allem den Ablasshandel durch die Kirche anprangerte. Gläubige hatten die Möglichkeit, Ablassbriefe zu erwerben, durch die ihnen die zeitlichen Sündenstrafen erlassen wurden. Die Briefe waren begehrt, und das Geschäft blühte besonders im 15. und frühen 16. Jahrhundert. Ein Großteil der Gelder floss direkt in den Neubau der Peterskirche in Rom. Ob Luther seine Thesen nun wirklich an die Tür der Schlosskirche von Wittenberg genagelt hat, bleibt umstritten. Doch gilt das Jahr, in dem er erstmals laut seine Stimme gegen die herrschenden Verhältnisse in der Kirche erhob, als Beginn der Reformation. Luther wollte die Christen aus dem kirchlichen Korsett von Dogmen und Sakramentenlehre befreien. Jeder Mensch, so lehrte Luther, könne sich selbst die Wahrheit der heiligen Schrift erschließen. Allein Christus und nicht die Kirche besäße die Autorität über die Gläubigen, allein die Bibel und nicht eine jahrhundertealte kirchliche Tradition sei Grundlage des Glaubens. Gnade könne nur von Gott selbst erlangt werden. Der Amtskirche als Vermittlungsinstanz des Heils war damit die Grundlage entzogen. Diese Ideen waren zu Beginn des 16. Jahrhunderts beileibe nicht neu. Vieles davon findet sich bereits bei älteren Reformatoren wie Jan Hus. Doch erst der Humanismus, der den Menschen als Individuum ansah, bereitete um 1500 den Boden für den Umbruch etablierter religiöser Traditionen. Innerhalb weniger Jahrzehnte veränderte die Reformation Europa völlig und stellte die Gesellschaft und die alten Institutionen vor ungeahnte Herausforderungen.

Es ist bezeichnend für den Zustand der Kirche um 1500, dass Luther und viele seiner Anhänger selbst Ordensangehörige und Priester waren. Sie hatten keineswegs im Sinn, eine neue Konfession zu gründen, sondern wollten einen Anstoß geben für eine lange überfällige Erneuerung der überkommenen Strukturen innerhalb der Kirche. In den Konventen gab es zahlreiche unzufriedene Mönche und Nonnen, die sich begeistert der neuen Lehre anschlossen. Besonders jene Klöster, die sich im 15. Jahrhundert beharrlich der Erneuerungsbewegung verweigert hatten, konnten dem lutherischen Glauben nichts entgegensetzen. In den reformierten Gebieten wie beispielsweise Hessen oder Sachsen wurden sie fast alle aufgehoben (säkularisiert). Ihre ausgedehnten Güter und Ländereien fielen den Landesherren zu. Viele der verwaisten Klostergebäude wurden umgewidmet zu Schulen oder Erziehungseinrichtungen für die Kinder der Adligen. Nur in einigen Reformabteien wie Loccum oder Bursfelde blieb das monastische Leben erhalten, wenn auch – wie in Bursfelde – unter einem evangelischen Abt. Lediglich in den Teilen des Reiches, die fest in katholischer Hand blieben, hatten Orden und Klöster kaum zu zittern. Insgesamt aber bedeutete die Reformation für die Orden und Klöster eine Katastrophe.

Die gesamte Kirche war von der Wucht, mit der die Lehren Luthers und anderer Reformatoren wie Johannes Calvin († 1564) und Ulrich Zwingli († 1531) in die religiöse, politische und gesellschaftliche Welt des 16. Jahrhunderts einschlugen, völlig überrascht. Auf dem Konzil von Trient, das in drei Perioden zwischen 1547 und 1563 tagte, nahmen die Katholiken eine Bestandsaufnahme ihres Glaubens vor und grenzten sich geschlossen von der protestantischen Lehre ab. Zu den sichtbaren Neuerungen im katholischen Gottesdienst gehörten fortan Sitzbänke im Kirchenraum sowie der Hochaltar als liturgischer Mittelpunkt. Priesterseminare sollten künftig eine bessere und einheitlichere Ausbildung der Geistlichen gewährleisten. Eine große, umfassende Kirchenreform, die die lutherische Bewegung geschwächt hätte, war hingegen nicht das Ziel der Kirchenversammlung, obwohl man die Kritik in Einzelpunkten aufgriff. Es ging vielmehr um die Bekräftigung des katholischen Glaubens. Für die dort erstmals greifbare Reaktion der katholischen Kirche auf die Reformation haben spätere Generationen den Begriff der Gegenreformation geprägt. Bis ins 18. Jahrhundert setzte sich die Kirche für die Rekatholisierung protestantischer Gebiete durch Mission, Diplomatie und an der Seite weltlicher Fürsten auch durch Waffengewalt ein. Die Jesuiten kämpften dabei mit dem Schwert des Wortes und des Geistes.

Eine Gesellschaft zur Rettung der Seelen
Ignatius von Loyola und die Gründung des Jesuitenordens

Die Geschichte der Jesuiten beginnt im Krieg. Der baskische Edelmann Ignatius von Loyola (1491–1556) trat zunächst in die Fußstapfen seines Vaters und seiner Brüder und schlug eine militärische Laufbahn ein. Er war fasziniert von der prächtigen Welt der Ritter und verschlang eifrig höfische Literatur um Liebe und ritterliche Abenteuer. Als glänzender Reiter und ausgezeichneter Fechter schien er prädestiniert für den Kriegsdienst. Doch wurde Ignatius 1521 bei der Verteidigung Pamplonas gegen französische Truppen durch eine Kanonenkugel schwer verwundet. Lange Zeit rang er mit dem Tod und vertiefte sich auf dem Krankenlager in religiöse Literatur, nicht zuletzt weil er seine geliebten Ritterromanzen nicht zur Hand hatte. Die Lektüre machte tiefen Eindruck auf ihn. In seinen Lebensbeschreibungen berichtet er von einer Erscheinung: „Als er eines Nachts wach dalag, sah er klar ein Bild Unserer Lieben Frau mit dem heiligen Jesuskind; bei diesem Anblick, der eine beträchtliche Zeit andauerte, empfing er ungemein großen Trost."[13] Ignatius legte den Harnisch ab und führte einige Zeit ein Leben als Einsiedler. Im für frühneuzeitliche Verhältnisse reifen Alter von 33 Jahren begann er zunächst Latein zu lernen und anschließend Theologie zu studieren. Von der Inquisition bedrängt, floh Ignatius nach Frankreich, wo er an der Pariser Sorbonne sein Studium beendete. Es klingt wie eine Ironie der Geschichte, dass die Gründung des Ordens, der die Welt der Neuzeit so entscheidend mitgestalten sollte, beinahe von der Inquisition vereitelt wurde. Obwohl Ignatius sich seit seiner Bekehrung und der Aufnahme seines Theologiestudiums immer wieder vor ihren Gerichten rechtfertigen musste, konnten ihm die Ankläger nie Verstöße nachweisen und mussten ihn und seine Anhänger ein ums andere Mal ziehen lassen. Doch allein die späte Berufung des ehemaligen Offiziers und seine öffentlichen Predigten hatten ausgereicht, um das Misstrauen der Glaubenswächter zu wecken (Tafel 12).

Mit 42 Jahren schloss Ignatius schließlich sein Studium ab. Zusammen mit sechs Gefährten, Peter Faber aus Savoyen, Franz Xaver aus Navarra, Diego Laínez, Alfons Salmeron, Simon Rodriguez und Nikolaus Bobadilla legte er am 15. August 1534 in der Marienkirche auf dem Montmartre ein Gelübde ab, künftig in Armut und Ehelosigkeit zu leben und nach Jerusalem zu pilgern, um dort für die Errettung von Seelen zu kämpfen. Da sich das Vorhaben wegen der unsicheren politischen Lage nicht durchführen ließ, entschloss sich Ignatius, mit seiner „Gesellschaft Jesu" in den Dienst des Papstes zu treten. Im Jahr 1537 zog die Gruppe nach Rom, wo sie sich karitativem Werk und der Predigt widmete. Am 27. September 1540 wurde die „Gesellschaft Jesu" von Papst Paul III. als Orden anerkannt. Ein Jahr später wählten die Brüder Ignatius einstimmig zum ersten Ordensgeneral, ein Amt, das er bis zu seinem Tod 1556 ausübte. Von Anfang an war es die Zielsetzung der Jesuiten, durch Predigt, karitative Werke, geistliche Übungen (Exerzitien), Seelsorge und religiöse Bildung zur Ausbreitung des Glaubens beizutragen und dadurch Seelen zu retten.

Die Jesuiten verzichteten auf ein einheitliches Ordenskleid und die Abhaltung eines Stundengebets. Sie gründeten sich als eine Gemeinschaft von Priestern, die einzeln oder in Gruppen in der Welt wirkten, ohne wie die Klerikerorden des Mittelalters eine *vita communis* in räumlicher Abgeschlossenheit zu führen. Zwar waren die Jesuiten zur Feier der Messe angehalten, doch standen tägliche geistliche Übungen und das Gebet des Einzelnen im Vordergrund. Der Jesuitenorden kannte keine Klöster, sondern gründete verschiedene Niederlassungen (Häuser, Kollegien, Missionen), in denen seine Mitglieder zu Zwecken der Mission, des Studiums oder der Ausbildung untergebracht waren, jederzeit bereit, dem Ruf des Papstes zu folgen und ohne Hab und Gut dorthin aufzubrechen, wohin der Pontifex sie schickte. Auf vier Säulen ruhte nämlich die Gesellschaft Jesu: zunächst auf den drei traditionellen Ordensgelübden der Armut, Keuschheit und des Gehorsams. Neu aber war ein weiteres Gelübde der Jesuiten, der absolute Gehorsam gegenüber dem Papst, „wobei wir alles andere, sogar den begonnenen Buchstaben, unvollendet stehen lassen und die ganze Absicht und alle Kräfte auf den Herrn aller Geschöpfe hinlenken, so dass der heilige Gehorsam sowohl in der Ausführung wie im Willen wie in der Einsicht stets in jeder Hinsicht vollkommen sei, indem wir alles, was uns aufgetragen wird, mit großer Eile, mit geistiger Freude und mit Beharrlichkeit vollbringen, uns selbst davon überzeugen, alles sei recht so, und jede eigene Ansicht und eigenes Urteil, die sich dem widersetzen, in blindem Gehorsam verleugnen, (wie gesagt) in allen vom Obern angeordneten Dingen, an denen nicht irgendein Schein der Sünde ist, indem wir bedenken, dass alle, die unter dem Gehorsam leben, sich von der göttlichen Vorsehung durch den Obern so tragen und lenken lassen müssen, als wären sie ein Leichnam, der sich nach überallhin versetzen und in jeder Weise behandeln lässt, oder als wären sie ein Greisenstab, der in der Hand dessen, der ihn führt und sich seiner bedienen will, überall und zu jeder gewünschten Sache dient."[14] Kritiker des Ordens haben für den absoluten Gehorsam der Jesuiten in Bezug auf den erwähnten

„Leichnam" den despektierlichen Begriff des ‚Kadavergehorsams' geprägt. Doch gilt der Gehorsam des Jesuiten dann nicht, wenn ein Befehl ihn zu sündigem Handeln im Sinne einer Übertretung der Zehn Gebote oder der Morallehren der Kirche zwänge.

Geradezu als Verweis auf Ignatius' militärische Vergangenheit ist die Gesellschaft Jesu streng hierarchisch aufgebaut und straff organisiert. Direkt dem Papst untersteht der Ordensgeneral, der von der Generalkongregation gewählt wird. Diese wird gebildet von den Provinzialen, die den einzelnen Organisationseinheiten vorstehen, sowie zwei Vertretern aus jeder Provinz. Mehrere Provinzen sind zu einer Assistenz zusammengefasst, die von einem Assistenten geleitet wird. Ein Provinzial wiederum steht mehreren Häusern (Kollegien, Seminaren) vor, die ihrerseits der Leitung eines Rektors unterstehen. Jeder Jesuit, selbst wenn er alleine lebt und wirkt, ist einer Hausgemeinschaft zugeordnet und so in die Hierarchie des Ordens eingebunden.

Der Generalobere hat seinen Amtssitz in Rom und wird auf Lebenszeit gewählt. Er trifft die endgültige Entscheidung über die Aufnahme von neuen Mitgliedern und deren Entsendung zum Studium. Vor allem wacht er über die Einhaltung der Satzungen der Gesellschaft Jesu. Ihm obliegt die Disziplinar- und Strafgewalt ebenso wie die Auswahl der Assistenten, Provinziale und Rektoren der einzelnen Häuser. Alle Ämter sind für drei Jahre besetzt, doch kann der General diese Frist verkürzen oder verlängern. Damit er aber nicht die gesamte Führung allein in der Hand hält, untersteht der General der Generalkongregation. In schwerwiegenden Fällen – den Satzungen zufolge etwa wenn er das Keuschheitsgelübde bricht –, kann er durch sie abgesetzt und sogar aus dem Orden ausgeschlossen werden. Sie wird beschickt von den Provinzialen sowie zwei gewählten Vertretern jeder Provinz. In der Kongregation werden die Statuten der Gesellschaft Jesu diskutiert und alle Richtlinien des Ordens festgelegt. Wegen des weltumspannenden Wirkens der Gesellschaft Jesu tritt die Generalkongregation meist nur nach dem Tod eines Ordensgenerals zur Neuwahl zusammen. Als dauerhafte Kontrollinstanz wählt sie deshalb vier Generalassistenten, die dem Ordensgeneral beratend und prüfend zur Seite stehen.

Neben der strengen Hierarchie und der absoluten Gehorsamspflicht gegenüber dem Papst und den Ordensoberen hielt die weit verstreute Gesellschaft Jesu ein geistiges Band fest zusammen. Ordensgründer Ignatius verfasste „Geistliche Übungen" (*Exerzitien*), denen sich jeder Jesuit regelmäßig widmen soll. Durch die Übungen soll der Gläubige im Angesicht Gottes Klarheit über seinen Lebensweg erhalten. Die ignatianischen Exerzitien dauern vier Wochen, die nacheinander den Themen der Sünde, des Lebens Jesu, des Leidens und Sterbens Jesu und schließlich seiner Auferstehung gewidmet sind. Ignatius gibt genaue Anweisungen zu den Zeiten des Gebets, der Meditation und der Gewissenserforschung, ebenso zum Schweigen, Fasten sowie zu den einzelnen Formen des Gebets. Die Exerzitien des Ignatius von Loyola prägen bis heute die Spiritualität des Jesuitenordens in entscheidendem Maße.

Bereits unter Ignatius begann die Gesellschaft Jesu zu erblühen. Der Ordensgeneral bewohnte ein kleines Zimmer nahe der Kirche Santa Maria della Strada in Rom und hielt von dort aus die Fäden seiner rasant sich ausbreitenden Organisation in der Hand. Hatte er ursprünglich nicht mehr als 60 Brüder in die Gesellschaft Jesu aufnehmen wollen, so musste er diese Entscheidung bald revidieren. Denn der Ordensgemeinschaft strömten die Mitglieder in so großer Zahl zu, dass sie sechs Jahre nach ihrer Gründung bereits zwölf Ordensprovinzen aufwies. Diese waren Portugal, die spanischen Provinzen Aragon, Bética und Castilla, Indien, Italien, Sizilien, Brasilien, Frankreich, Niederdeutschland und Oberdeutschland. Eine ägyptische Ordensprovinz hielt sich nur kurze Zeit. Obgleich Ignatius in den Anfangsjahren zum Teil mit erheblichen Schwierigkeiten kämpfen musste, etwa als der ihm feindlich gesonnene Papst Paul IV. die Ordensstatuten verändern wollte, konnte die Gesellschaft Jesu bei Ignatius' Tod 1556 bereits über 1000 Mitglieder verzeichnen.

Bildung und barocke Frömmigkeit
Die Jesuiten und die Gegenreformation

Bereits die frühen Ordensprovinzen Indien und Brasilien lassen erkennen, dass die Gesellschaft Jesu mit dem Ziel gegründet worden war, weltweit missionierend tätig zu werden. Die Jesuiten zählten die Verbreitung des Glaubens durch eine Seelsorge, die Christus den Menschen als Tröster, Helfer und Erlöser näher brachte, zu ihren wichtigsten Aufgaben. Das gesamte Wirken des Ordens solle der „größeren Ehre Gottes" dienen, wie es sein Wahlspruch bis heute verkündet. Die Auswahl der Wirkungsstätten folgte dabei dem Grundsatz, bevorzugt dort tätig zu werden, wo die geistige Not am größten war.

Ignatius selbst bezeichnete die Gesellschaft ganz in militärischer Manier als „Kampfgruppe Jesu Christi." Vor allem der Papst erkannte schnell die Vorzüge der hoch gebildeten, straff organisierten und mobil einsetzbaren Ordenspriester, die ihm zu absolutem Gehorsam verpflichtet waren. Er entschied, dass die Dienste der Jesuiten im durch die Reformation zutiefst erschütterten

Europa besonders vonnöten seien und entsandte sie zur Rettung der Seelen. Er machte sie zur Speerspitze der katholischen Gegenreformation.

Die Jesuiten hatten einen guten Blick dafür, woran es in der katholischen Kirche am meisten krankte. Viele Menschen kehrten ihr den Rücken und wandten sich dem Protestantismus zu, weil die Seelsorge insbesondere in den Städten sehr zu wünschen übrig ließ. Schlecht ausgebildete Priester waren damit überfordert, mitunter hoch gebildete Laien im Schoß der katholischen Kirche zu halten. Gezielt errichteten die Jesuiten daher in den Städten ihre Häuser, Seminare und Kollegien. Sie übernahmen in vielen Bischofsstädten die Leitung der Priesterseminare und bildeten den Nachwuchs selbst aus. Jesuiten lehrten nicht nur an den bereits bestehenden theologischen Fakultäten, sondern gründeten bald eigene Universitäten.

Besonders erfolgreich wirkte die Gesellschaft Jesu dort, wo sie mit dem Einverständnis und der Unterstützung der katholischen Landesherren zusammenarbeitete, was sich am Beispiel Bayerns zeigen lässt. Wie in den meisten anderen Reichsteilen waren dort die Schriften Luthers mit großem Interesse aufgenommen und verbreitet worden. Viele Menschen empörten sich darüber, dass der Bau der Münchner Frauenkirche zu einem Großteil mit Ablassgeldern finanziert wurde, und kritisierten die Prunksucht des Papstes und der kirchlichen Würdenträger. Schnell fand die protestantische Lehre zahlreiche Anhänger. Herzog Wilhelm IV. von Bayern († 1550) jedoch erwies sich als treuer Gefolgsmann Roms und zögerte nicht, gegen die Abtrünnigen mit Waffengewalt vorzugehen. Protestantische Schriften wurden verbrannt und Wortführer eingekerkert. Wo die Lutheraner nicht hingerichtet wurden, vertrieb man sie aus den Städten. Wilhelms Residenzstadt München sollte ein Zentrum des Katholizismus und der Gegenreformation werden. Sein Sohn Albrecht V. († 1579) schlug in der Frage der Glaubensspaltung zwar zunächst sanftere Töne an, verschärfte jedoch bald wieder den Druck auf die Protestanten, indem er ihnen die Ausübung ihrer Religion erschwerte. Doch statt weltliche setzte er nun verstärkt geistliche Waffen ein. 1559, keine zwanzig Jahre nach ihrer Ordensgründung, holte er die Jesuiten nach Bayern. Mit ihrer Ankunft begann im Herzogtum der Wittelsbacher die organisierte Gegenreformation; dabei setzten sie ganz auf Bildung. Petrus Canisius, der erste deutsche Ordensprovinzial der Gesellschaft Jesu, übernahm die Leitung der 1472 gegründeten Universität Ingolstadt. 1555 publizierte er als Antwort auf die Schriften Luthers den ersten Katechismus, der die Katholiken in den Grundfragen ihres Glaubens unterweisen sollte. Das Wirken der Jesuiten an der Universität Ingolstadt garantierte ihnen nicht nur glänzend ausgebildete Priester, sie konnten so auch das gesamte Schul- und Bildungswesen neu organisieren und straffen. Albrechts Sohn Wilhelm V. († 1626) führte diese Politik der Gegenreformation noch kompromissloser fort. Sein Eintreten für die Vernichtung des protestantischen Glaubens in Bayern brachte ihm bei den Zeitgenossen den Beinamen „der Fromme" ein. Der Einfluss der Jesuiten auf ihn und seine Nachfolger war immens. Gegen den Widerstand der Münchner Bevölkerung ließ Wilhelm V. im Zentrum der Stadt eine Kirche samt einem Jesuitenkolleg errichten. Über Verbindungsgänge zur herzoglichen Burg konnten die Jesuiten ständigen Kontakt zum Herzogshof halten. Sie waren Beichtväter, Berater und Erzieher der Wittelsbacher Prinzen. Nur der riesige Renaissancepalast von El Escorial bei Madrid soll noch größer gewesen sein als der Münchner Gebäudekomplex. Allein die Kirche gilt bis heute als größter Sakralbau der Renaissance nördlich der Alpen. Sie wurde dem Erzengel Michael geweiht, dem Sieger über den Antichrist, den Widersacher Christi. Zweiter Patron der Kirche ist der hl. Georg, der Drachentöter, dessen Reliquien in jener Zeit nach München gebracht wurden. Damit war das Programm für die Gegenreformation in Bayern vorgegeben. Das Ringen der beiden Heiligen mit dem Antichrist und dem Drachen symbolisierte den Kampf der Wittelsbacher Herzöge gegen den Protestantismus. Die Jesuiten lieferten ihnen die geistige Munition. Die prächtigen Kirchenbauten, die prunkvollen Prozessionen und Gottesdienste taten ein Übriges, die Bevölkerung wieder für den katholischen Glauben zu begeistern. Bereits im Jahr 1577 hatte Herzog Albrecht V. in München ein dreitägiges Jesuitenspiel mit Prozession unter dem Titel „Esther" aufführen lassen, das vom berühmten Renaissance-Komponisten Orlando di Lasso vertont worden war. Unter Herzog Maximilian I. († 1651) betrieben die Jesuiten zu Beginn des 17. Jahrhunderts eine Steigerung der Marienfrömmigkeit. In einer Zeit, in der sich der Hexenwahn Bahn brach und der Glaubenskrieg in die bewaffnete Auseinandersetzung des Dreißigjährigen Krieges mündete, vertraute sich Bayern dem Schutz der Gottesmutter an. Ihr zu Ehren und zum Dank für gewährte Hilfe errichtete der Herzog inmitten der Stadt eine Säule, bekrönt von einer goldenen Marienstatue. Umringt wird die Säule von vier Engeln (Putti), die die vier Grundübel der Zeit bekämpfen, nämlich Hunger (Drache), Krieg (Löwe), Pest (Basilisk) sowie Ketzerei und Unglaube (Schlange). Nur unter dem Schutz Marias und im Schoß der katholischen Kirche, so wurde den Menschen vor Augen geführt, waren die Prüfungen der Gegenwart zu bestehen.

Die Bilder wirkten. Bereits im 16. Jahrhundert konnte die Gegenreformation in Bayern große Erfolge verzeichnen. Viele, die sich anfangs von der neuen Lehre des Protestantismus angetan gezeigt hatten, kehrten bald zum Katholizismus zurück, und dies nicht nur aufgrund der Repressalien durch die weltliche Obrigkeit. Die durch den Aufbau der Jesuitenschulen verbesserte Seelsorge und die jesuitischen Predigten vom tröstenden, helfenden Heiland taten ihre Wirkung. Insbesondere aber gefielen den Menschen die neuen Formen der Frömmigkeit, die mit den Jesuiten nicht nur in Bayern Einzug gehalten hatten. Die farbenprächtigen Gottesdienste und Prozessionen, die Andachten, Marienwallfahrten, geistlichen Spiele („Jesuitenspiele") und barocken Kirchenbauten sprachen in düsterer Zeit die Sinne der Gläubigen an und verankerten den Katholizismus fest in Brauchtum und Tradition. Um die gesamte Bevölkerung mit dem Glauben zu durchdringen, hatte die Gesellschaft Jesu 1563 in Rom Marianische Kongregationen gegründet. Diese waren religiöse Laienvereinigungen für Männer und Frauen, die sich der Jungfrau Maria weihten und ihrem Vorbild nacheiferten. Es gab unterschiedliche Kongregationen für die verschiedenen Berufe und Stände. Die Gläubigen verpflichteten sich zu täglichem Gebet, regelmäßigem Empfang der hl. Kommunion und tätiger Nächstenliebe. Im 17. Jahrhundert verzeichneten sie im deutschsprachigen Raum gut eine Million Mitglieder. Einige Kongregationen schufen sich eigene Gebets- und Gesangbücher mit Liedern in der Volkssprache. Ignatius von Loyola hatte zwar den Einsatz von Musik und insbesondere des Orgelspiels im Gottesdienst untersagt, doch erkannten die Jesuiten schnell deren Wichtigkeit für die Vermittlung des Glaubens und förderten seit dem 17. Jahrhundert das katholische Kirchenlied in besonderem Maße.

Alle barocke Frömmigkeit der Jesuiten ruhte auf einem fest gefügten theologischen Fundament. Wie vor ihnen die Dominikaner schrieb die Gesellschaft Jesu die immense Bedeutung von Bildung und Wissenschaft für die Glaubensverbreitung von Anfang an in ihren Statuten fest. Alle vollwertigen Jesuiten mussten Priester sein und hatten ein fundiertes Studium der Philosophie und Theologie, daneben aber auch der Fremdsprachen und anderer Wissenschaften zu absolvieren. Bis zu zwölf Jahre konnte die akademische Ausbildung dauern. Sie erfolgte in eigenen Kollegien, in denen die Lehrer den Unterricht sowohl Söhnen von Adligen als auch Angehörigen unterer Schichten kostenlos erteilten. Da der Orden aber zur Armut verpflichtet war, konnte er erst dann ein Kolleg gründen, wenn durch Spenden seine Errichtung sowie der Unterhalt der Lehrenden und Studierenden sichergestellt war. Ein Jesuitenkolleg galt als ein besonderes Aushängeschild für viele Residenz- und Bischofsstädte, deren Herren bereitwillig für den Unterhalt der Bildungseinrichtung aufkamen. Weltweit betrieben die Jesuiten um 1600 245 Kollegien, 26 Jahre später waren es bereits 444.

Ihren Einfluss übten die Jesuiten jedoch nicht alleine durch den Unterricht aus. An etlichen Fürstenhöfen und Königshäusern waren sie Beichtväter, Seelenführer und politische Berater, sehr zum Missfallen der Kritiker des Ordens. Gerade in protestantischen Kreisen nährte man das Klischee, wie sehr katholische Fürsten als bloße Marionetten ihrer jesuitischen Beichtväter agierten. Das Wirken der Gesellschaft Jesu an weltlichen Höfen war für den Orden nicht unproblematisch und oft Gegenstand kontroverser interner Diskussion. Obwohl die Statuten die Bekleidung hoher kirchlicher Ämter für Jesuiten ablehnten, gestattete Ignatius von Loyola eine Tätigkeit als Beichtvater an einem Fürsten- oder Königshof. Das Wohl der Untertanen hinge am Wohl des Fürsten und man dürfe ihm die geistliche Hilfe deswegen nicht verweigern. Andere hingegen waren beunruhigt, waren die großen Höfe doch Orte weltlicher Verlockungen. Die Generalkongregation verbot den Beichtvätern strikt, sich in öffentliche und weltliche Angelegenheiten der Fürsten einzumischen. Im Jahr 1602 wurde das Verhältnis der Jesuiten zu ihren mächtigen Schützlingen in der Schrift „Über die Beichtväter der Fürsten" erstmals klar geregelt. Darin wurde festgelegt, dass der Beichtvater nicht am Hof selbst, sondern in einer Hausgemeinschaft mit anderen Jesuiten leben sollte. Dennoch erwies es sich für die Jesuiten unmöglich, Religion und Politik zu trennen. Sie wurden zu so einflussreichen Persönlichkeiten an den großen Höfen, so dass man ihnen immer öfter vorwarf, als graue Eminenzen die eigentlichen Fäden der Politik in der Hand zu halten.

Die Kritik focht die Gesellschaft Jesu zunächst nicht an. Obgleich die Reformation zu einer Aufsplitterung des Christentums geführt hatte und sich viele Länder und Regionen dem protestantischen Glauben anschlossen, betrieben die Jesuiten ihre Politik der Gegenreformation im Auftrag des Papstes mit großem Erfolg. In neuem Selbstbewusstsein bekannte man sich zum sinnenfreudigen katholischen Glauben.

Das Europa der Glaubensspaltung war freilich nicht der einzige Ort, wo Jesuiten sich bewähren mussten. Mit dem Zeitalter der Entdeckungen war die Welt immer größer geworden, hatten Asien und Afrika in den Köpfen der Menschen immer präzisere Formen angenommen. 1492 konnte der damals bekannten Welt schließlich ein ganz neuer Kontinent hinzugefügt werden. Die Entdeckung Amerikas und die fortschreitende Erschließung ferner Länder durch Forscher und Konquistadoren stellte die Kirche abermals vor große Herausforderungen. Neben der „alten" gab es nun eine „neue", unbekannte und fremde Welt. Die Bibel verpflichtete dazu, den christlichen Glauben zu allen Völkern der Erde zu tragen. Dies war die eigentliche Zielsetzung der Jesuiten und dieser Aufgabe kamen sie seit ihrer Gründung mit großem Eifer nach.

Die Jesuiten und ihr Wirken in der Welt

Die Gesellschaft Jesu war der erste Orden, der eine weltweite Wirkung entfaltete. Schon kurz nach seiner Gründung 1540 wurden erste jesuitische Missionare nach Asien, Afrika und Amerika entsandt. Sie gingen nicht unvorbereitet auf die gefährliche Reise ins Unbekannte, denn in den Ordensstatuten ist verankert, dass sie unbedingt die Sprache der Länder lernen müssen, in denen sie missionarisch tätig sein wollen. Da sie keinen einheitlichen Habit trugen, fiel es ihnen leicht, in Ländern wie China oder Japan ihre eigene Kleidung abzulegen und durch landesübliche Trachten zu ersetzen, um bei der einheimischen Bevölkerung mehr Akzeptanz zu erlangen. Zudem versuchten sie, deren Sitten und Gebräuche sowie deren religiöse Riten kennen zu lernen, um Anknüpfungspunkte für die Vermittlung des christlichen Glaubens finden zu können.

Bereits zwei Jahre, nachdem der Orden die päpstliche Anerkennung erlangt hatte, landeten die ersten jesuitischen Missionare 1542 in Indien. Franz Xaver (Francisco de Xavier, † 1552), Weggefährte des Ignatius und Mitbegründer des Ordens, war kurz zuvor zum Nuntius für ganz Asien ernannt worden. In Goa, wo er ein Seelsorgezentrum errichtete, missionierte er mehrere Jahre lang erfolgreich und lebte unter den einheimischen Perlenfischern. In zahlreichen Briefen in die alte Heimat beschrieb er seine Eindrücke von der fremden Kultur und den Menschen. Leidenschaftlich rief er darin seine Ordensbrüder auf, es ihm gleich zu tun und den christlichen Glauben in die Welt hinaus zu tragen, denn es gäbe so viel zu tun: „Wie viele Bekehrungen bleiben wegen des Mangels an Helfern, die sich des heiligen Werkes annehmen, in diesen Ländern noch zu wirken! Es packt mich, wie oft, das Verlangen, in die Universitäten Europas zu stürmen, schreiend mit lauter Stimme, wie einer, der nicht mehr bei Sinnen ist; vor allem in Paris wollte ich's alle hören lassen, deren Wissen größer ist als der Wunsch, hiervon guten Gebrauch zu machen; vor versammelter Sorbonne wollte ich's ihnen zurufen: wie viele Seelen vom Wege des Heiles abkommen durch ihre Schuld, wie viele Seelen verlorengehen durch ihre Gleichgültigkeit! Wenn sie mit gleichem Eifer, den sie den Studien zuwenden, auch jene Rechenschaft überdenken würden, die Gott, unser Herr, dereinst von ihnen fordern wird, [...] – wie viele von ihnen müssten erschüttert sein! [...] Und sie würden sich [dem] göttlichen Willen fortan bereitwilliger als ihren eigenen Neigungen hingeben, sprechend: ‚Herr! Siehe, hier bin ich. Was willst Du, dass ich tun soll? Sende mich, wohin Du willst, und wenn es gut ist, selbst bis nach Indien!‘"[15]

Bald schon dehnte Xavier sein Wirkungsfeld auf Malakka, Indonesien und 1549 Japan aus. Die dortige Hochkultur beeindruckte ihn tief, und er mühte sich trotz seiner anfangs noch geringen Sprachkenntnisse, die mehrheitlich buddhistische Bevölkerung mit der christlichen Lehre vertraut zu machen. Gerade in Japan war der jesuitischen Mission zunächst großer Erfolg beschieden. 1596 konnte man dort bereits ein Bistum einrichten, das nahezu 300.000 Katholiken betreute. Xaviers Briefe hatten Wirkung gezeigt. Angesteckt von seinem apostolischen Eifer waren zahlreiche Jesuiten seinem Beispiel gefolgt und beteiligten sich an der Mission in Asien. Der weitaus größere Erfolg war jedoch Xaviers Bemühen um eine weitgehende Anpassung an die fremde Kultur geschuldet. Seine Nachfolger begegneten einer solchen Assimilation mit Unverständnis und forderten, die Japaner sollten sich stärker nach den Europäern richten. Dies führte zu ernsten Unstimmigkeiten zwischen der einheimischen Bevölkerung und den ausländischen Ordensbrüdern. Ein erneutes Umschwenken und die Abfassung eines „Japankatechismus", der den Missionaren unter anderem die Beachtung der japanischen Anstandsformen und Essgewohnheiten empfahl und sie in den wichtigsten kulturellen Eigenheiten des Landes unterwies, kam zu spät. Die japanische Obrigkeit fürchtete, eine weitere Verbreitung des Christentums könne zu einer verhängnisvollen Abhängigkeit Japans von europäischen Mächten wie Portugal, Spanien oder den Niederlanden führen. Der japanische Feldherr Toyotomi Hideyoshi, der spätere Begründer der Shogunherrschaft, verbot im Jahr 1587 den christlichen Glauben. Christen und besonders die Jesuiten sahen sich fortan brutalen Verfolgungen ausgesetzt, die bis zur Mitte des 17. Jahrhunderts zur beinahe vollständigen Vernichtung des Katholizismus in Japan führten. Viele Jesuiten, aber auch Teile der christlichen Bevölkerung, verloren dabei ihr Leben. 1597 wurden 26 Christen, darunter jesuitische und franziskanische Missionare, in Nagasaki öffentlich gekreuzigt. Sie wurden im Jahr 1862, nach der Wiederzulassung des Christentums in Japan, als Märtyrer heilig gesprochen (Tafel 13 oben).

Nicht viel erfolgreicher verlief die Missionierung Chinas, die zunächst unter günstigen Vorzeichen unter dem Jesuiten Matteo Ricci begonnen hatte. Noch bevor er 1582 chinesischen Boden betrat, hatte er sich die chinesische Sprache und Schrift angeeignet. Da die Verbotene Stadt den Ausländern nicht zugänglich war, ließ er sich zunächst in Zhaoqing in der Provinz Guangdong nieder. Matteo Ricci verfügte über ausgezeichnete Kenntnisse in Mathematik und Astronomie und verblüffte die Chinesen durch ein geographisches Werk, die „Große Weltkarte der Zehntausend Länder". Er suchte den intensiven Kontakt zu hochrangigen Vertretern des Konfuzianismus und führte mit ihnen gelehrte Gespräche über Religion und Naturwissenschaft. Seine Sprachkenntnisse erlaubten es ihm, die Chinesen erstmals mit den Werken abendländischer Mathematik in Berührung zu bringen. Auch ihre Unterweisung im christlichen Glauben vernachlässigte er nicht. Seine beiden Schriften „Tianzhu Shiyi" („Die wahre Lehre vom Herrn des Himmels") und „Jiaoyou Iun" („Über die Freundschaft") wurden breit rezipiert und brachten nicht nur ihm großen Respekt und Bewunderung, sondern auch dem Christentum viele neue Anhänger. 1597 wurde er zum Leiter der China-Mission seines Ordens berufen. Er widmete sich weiterhin intensiv seinen mathematischen und astronomischen Studien. Sein Wissen erstaunte die chinesischen Gelehrten und machte schließlich auch den Kaiser auf den fremdländischen Missionar aufmerksam. Er berief ihn in das bedeutende Amt des Hofastronomen am Kaiserhof, der den für das ganze Reich verbindlichen Jahreskalender erstellte. Als Matteo Ricci im Jahr 1610 starb, umfassten allein die vier jesuitischen Missionsstationen in Peking über 2.500 Christen. Die Jesuiten hatten sich nicht nur als Männer des Glaubens, sondern auch als hoch angesehene Gelehrte etabliert. Das Amt des Hofastronomen blieb fest in ihrer Hand, der Hof wurde Wirkungsstätte für zahlreiche Mathematiker, Architekten, Geographen und Maler des Ordens. Die wachsende China-Begeisterung europäischer Fürsten, die sich Teehäuser und kleine Salons mit chinesischen Seidentapeten und kostbarem Porzellan einrichteten, ist nicht zuletzt den Jesuiten zu verdanken, die ihre Eindrücke von dem hochkultivierten fremden Land in ihren Schriften festhielten und damit zu einem intensiven Kulturtransfer beitrugen.

Das hohe Ansehen der Jesuiten und ihre Toleranz gegenüber der chinesischen Kultur verhalfen der Mission in China zu großem Erfolg. Im Jahr 1675, so schätzte die Gesellschaft Jesu, sollen etwa 300.000 Chinesen der katholischen Konfession angehört haben. Matteo Ricci und seine Glaubensbrüder gingen sehr behutsam mit den Traditionen der Einheimischen um und versuchten, sich soweit wie möglich anzupassen. So trugen sie selbst die landesübliche Tracht mit Chinahut und Zopf und orientierten sich an den üblichen Formen des Umgangs der Chinesen untereinander. Statt in Latein hielten sie die Liturgie seit 1615 in chinesischer Sprache. Großen Respekt zeigten sie gegenüber den Lehren des Konfuzius und der im Konfuzianismus besonders gepflegten Ahnenverehrung, bei der die Verstorbenen in der Familie integriert bleiben und durch Riten und Orakel angerufen werden. Die Jesuiten gestatteten den zum Christentum konvertierten Konfuzianern, den für sie so wichtigen Ahnenkult und andere tradierte Riten weiter auszuüben. Diese Form der Toleranz aber stieß auf massive Kritik seitens anderer Orden und schließlich auch des Papstes.

Vor allem die Franziskaner und Dominikaner, die sich seit dem Beginn des 17. Jahrhunderts an der Missionierung Chinas beteiligten, warfen den Jesuiten vor, sie würden die „reine Lehre" des Katholizismus durch ihre Politik der Akkommodation gefährden und zu einer Verwässerung des Christentums beitragen. Es kam zum Ritenstreit, in dessen Verlauf die Jesuiten sich vor dem Papst verantworten mussten. Im Jahr 1704 verbot Papst Clemens XI. die Praxis der Akkommodation, insbesondere die Verehrung der Ahnen und des Konfuzius durch chinesische Christen. Im Jahr 1715 wurde dieses Verbot noch einmal bestätigt. Die Konsequenzen für die christliche Mission in China waren verheerend. Kaiser Yongzheng sprach als Reaktion auf die päpstliche Einmischung im Jahr 1724 ein generelles Verbot des Christentums aus. Davon unbeeindruckt untersagte Papst Benedikt XIV. 1742 nun offiziell die chinesischen Riten. Die Jesuiten mussten in der Folge das Land verlassen. Einzig die am Kaiserhof tätigen Astronomen und anderen Wissenschaftler durften in China bleiben. Nur vereinzelt konnten sich kleine christliche Gruppen im Land halten. Die Missionierung Chinas war damit gescheitert.

In Nordamerika war die Gesellschaft Jesu hauptsächlich in den von den Spaniern besetzten Gebieten, namentlich in Kalifornien, und im französischen Teil des heutigen Kanada tätig. Die von den protestantischen Kolonialmächten Großbritannien und den Niederlanden beherrschten Regionen blieben ihnen verschlossen. In Quebec errichteten die Jesuiten 1626 eine Missionszentrale mitsamt einem Priesterseminar zur Ausbildung neuer Missionare und einer Schule für die indianischen Ureinwohner. Sehr schnell knüpften sie gute Kontakte zum Stamm der Huronen, deren Sprache und kulturelle Eigenheiten sie nach bewährtem Muster erlernten. Sie schufen Grammatiken und Wörterbücher der Sprachen verschiedener Stämme und versuchten, die Inhalte des christlichen Glaubens in die fremden Worte zu kleiden. Ab 1658 trachteten die Jesuiten auch danach, die als kriegerisch geltenden Irokesen zu missionieren. Einige von ihnen schlossen sich den als Nomaden umherziehenden Indianern an und versuchten erste Kontakte mit ihnen aufzunehmen. Obwohl in der Mitte des 17. Jahrhunderts über 15.000 Indianer, zumeist Frauen und Kinder, vermutlich freiwillig die Taufe empfangen hatten, war das Christentum an einige Stämme nicht zu vermitteln. Der Jesuit Johannes de Brébeuf, der sich besonders um eine Annäherung an indianische Kulturen bemüht hatte, starb unter grausamen Qualen am Marterpfahl der Irokesen. Mit dem Vordringen der Pelzhändler und der Übernahme Kanadas durch die protestantischen Briten begann der Einfluss der Jesuiten zu schwinden.

Während die Mission auch im afrikanischen Äthiopien nur eine kurze Episode blieb, hinterließ die Gesellschaft Jesu in Südamerika bleibende Spuren. Die Eroberung Mittel- und Südamerikas durch die Portugiesen und Spanier seit dem ausgehenden 15. Jahrhundert änderte das Leben der einheimischen indianischen Bevölkerung völlig. Die neuen Herren hielten sie für dumm und nicht vernunftbegabt, schätzten sehr wohl aber ihre Arbeitskraft. Als Sklaven in Plantagen und in Bergwerken gingen viele von ihnen an der ungewohnten Arbeit psychisch und physisch zugrunde. Wie man heute weiß, starben sie zu Tausenden an Infektionskrankheiten wie einfachen Erkältungen, die die Europäer eingeschleppt hatten und gegen die das Immunsystem der Indios nicht gewappnet war. Erste Missionare berichteten entsetzt über das Massensterben. Die hohe Sterblichkeit der Indios sowie ihre brutale Ausbeutung zwang die Kirche zum Handeln. 1537 verbot Papst Paul III. die Versklavung der Indios und zwang damit die spanische Krone, dem unmenschlichen Treiben Einhalt zu gebieten. Doch alle Versuche kirchlicher und weltlicher Gesetzgebung, die indianischen Ureinwohner zu schützen, scheiterten an der praktischen Umsetzbarkeit und der fehlenden Kontrolle über die Kolonialherren. Die Jesuiten jedoch fanden Wege, die einheimische Bevölkerung zu schützen.

Bereits in den 1540er Jahren waren sie nach Brasilien gekommen und hatten von dort aus Missionsstationen in Peru, Mexiko und in Mittelamerika aufgebaut. Vor Ort errichtete die Gesellschaft Jesu von ihren eigenen Leuten geleitete Indianerdörfer (Reduktionen), in denen die Einheimischen unabhängig von den Kolonialherren und in Sicherheit vor ihnen leben konnten. Wesentlich begründet hat dieses System der Reduktionen José de Acosta († 1600), der Provinzial der peruanischen Ordensprovinz, der sich viele Gedanken um eine erfolgreiche Missionierung machte. In seiner Schrift „De procuranda Indorum salute" („Über das Wohl der Indianer") machte er sich stark für eine Evangelisierung Südamerikas, die von Respekt und Rücksicht auf die Indios und ihre Lebensumwelt geprägt sein sollte. Gewalt, Habsucht, Ignoranz und Unterdrückung konnten seiner Ansicht nach nicht zu einer erfolgreichen Vermittlung des christlichen Glaubens beitragen. Von größter Bedeutung waren die Reduktionen, die die Jesuiten 1609 für den Stamm der Guarani in der Region errichteten, die das heutige Paraguay, Uruguay sowie Teile Argentiniens und Brasiliens umfassten und vereinfachend als „Jesuitenstaat" von Paraguay bezeichnet werden (Tafel 13 unten).

In diesen Missionsdörfern, in denen die Indios weitgehend freiwillig angesiedelt wurden, waren sie dem Zugriff der Ecomenderos, der spanischen Gutsbesitzer, entzogen, auf deren Ländereien sie versklavt worden wären. Nach und nach entstanden über 30 Guarani-Reduktionen, in denen insgesamt bis zu 120.000 Menschen lebten. Nachdem in den ersten Jahren Menschenhändler wiederholt Reduktionen überfallen hatten, um die Indios auf dem Sklavenmarkt zu verkaufen, fingen die Jesuiten an, die einheimische Bevölkerung zu bewaffnen. Nach ersten erfolgreichen Verteidigungsversuchen ließen die Sklavenhändler die Reduktionen fortan weitgehend in Ruhe. So konnten sich diese unbehelligt von außen von einfachen Siedlungen zu wahren Stadtrepubliken verwandeln. Informell unterstanden sie der spanischen Krone. Außer den Indios, den Jesuiten und geladenen Gästen durfte niemand das Areal betreten. Kolonialherren hatten keinerlei Zugriffsrechte.

Die Ländereien der Reduktionen waren zum Großteil Gemeindeland und wurden von den Bewohnern gemeinsam bewirtschaftet. Ein Teil der Erträge war an die spanische Krone abzuführen, der Rest wurde in Gemeindehäusern eingelagert und an die Bewohner verteilt. Im Mittelpunkt einer Reduktion um einen zentralen Platz standen die Kirche, ein Pfarrgebäude sowie ein Verwaltungsbau. Die Indios durften sich selbst organisieren und verwalten. Zwei Bürgermeister und vier Ratsherren bildeten den Stadtrat, der jedes Jahr neu gewählt wurde. Die geistliche Leitung der Reduktion lag in den Händen zweier Jesuitenpatres, die eine Art patriarchalische Herrschaft ausübten. Im Inneren entfaltete sich ein reges Gemeindeleben mit weitgehender sozialer Gleichheit, allgemeiner Lebensmittelversorgung, kostenlosem Schulunterricht und Krankenversorgung, wobei Religion und Glaubenspraxis streng von den Jesuiten vorgegeben wurden. Religion und geistiges Leben dominierten den Alltag, und die Jesuiten förderten Kunst und Musik in besonderem Maße. Viele Indios trugen mit ihren handwerklichen Fähigkeiten zum Bau beeindruckender Barockkirchen bei, die nach europäischen Vorbildern errichtet wurden. Die Arbeitstage waren auf sechs bis acht Stunden begrenzt. Früh schon hatten die Jesuiten nämlich die Beobachtung gemacht, dass die Einheimischen längere Arbeitszeiten körperlich und seelisch nicht verkrafteten, worauf ihrer Meinung nach das Massensterben in den Plantagen und Bergwerken der Ecomenderos zurückzuführen war.

Die spanischen und portugiesischen Kolonialherren waren wütend über den Verlust so vieler kostenloser Arbeitskräfte. Sie verdächtigten die Jesuiten, sich gemeinsam mit der indianischen Bevölkerung gegen die Eroberer zu stellen. Mit der Hilfe von Kaufleuten, kirchlichen und staatlichen Würdenträgern, denen die unabhängigen Reduktionen ein Dorn im Auge waren, betrieben sie die Beseitigung des „Jesuitenstaates". Erleichtert wurde dies durch die Anfeindungen, denen sich die Jesuiten mittlerweile auch in Europa ausgesetzt sahen. Im Jahr 1767 entzog die spanische Krone der Gesellschaft Jesu die Reduktionen. Alle Jesuiten wurden aus Lateinamerika vertrieben und unter hohen Verlusten nach Europa gebracht.

Die Beurteilung des „Jesuitenstaats" durch die Nachwelt könnte nicht unterschiedlicher sein. Was die einen als Idealstaat und frühe Demokratie verherrlichten, verurteilten die anderen als Unterdrückung der indianischen Bevölkerung und Errichtung eines rein kapitalistisch ausgerichteten Systems der Ausbeutung. In diesen Bewertungen spiegeln sich deutlich die Gegenwart und die Wertevorstellungen der Betrachter. Misst man den „Jesuitenstaat" an modernen Demokratien, kann man den Patres vorwerfen, den Indios zu wenig Möglichkeit zur Selbstbestimmung eingeräumt und mit der Christianisierung deren Kulte und Religion zerstört zu haben. Misst man ihn an der politischen und sozialen Realität der Zeit, so war ein von Europäern geschaffenes Gemeinwesen, das auf eine weitgehende Gleichheit der Menschen setzte, auf Folter und Todesstrafe verzichtete und kostenlose Bildung vermittelte, sicher ein faszinierendes und einzigartiges Experiment. Beurteilt werden sollte der „Jesuitenstaat" aber nicht zuletzt an der Zielsetzung der Jesuiten, das Christentum in den Köpfen und Herzen der Indios zu verankern. Die Jesuiten waren Pragmatiker. Sie wollten primär keinen „Idealstaat" errichten, sondern nach ihrer Kenntnis des Landes Lebensbedingungen für die Bewohner schaffen, unter denen die Christianisierung am ehesten gelingen würde. Ihr Konzept ging auf: Obgleich sie selbst des Landes verwiesen wurden, hat der Katholizismus in Lateinamerika feste Wurzeln geschlagen.

Kritik, Verfolgung und Aufhebung der Gesellschaft Jesu

Ihr unermüdlicher Einsatz für die weltweite Verbreitung des Christentums und die Gegenreformation hatte die Jesuiten zur Elite der katholischen Kirche in der Bildung an Universitäten und Seminaren, in der Pflege der Volksfrömmigkeit und insbesondere in der seelsorgerischen und politischen Beratung katholischer Fürsten gemacht. Um 1750 unterhielt der Orden etwa 1500 Niederlassungen in aller Welt. Mit dem stetig wachsenden Einfluss seiner Mitglieder wurden auch die Stimmen der Kritik an der „Kampfgruppe Jesu Christi" immer lauter. Ihre Gegner waren nicht, wie zu vermuten wäre, allein

Protestanten, sondern stammten in überraschend großer Zahl aus den Reihen der katholischen Kirche. Das katholische Geistesleben des 17. und 18. Jahrhunderts wurde so stark von den Jesuiten dominiert, dass andere geistliche Bewegungen und Orden daneben kaum Beachtung fanden. Einer der gefährlichsten Gegner erwuchs der Gesellschaft Jesu daneben in den Anhängern der Aufklärung, die die menschliche Vernunft zur Handlungsmaxime erhoben und zur Befreiung des Menschen aus der Bevormundung durch die Kirche aufriefen. Sie wiederum erblickten in den Jesuiten als den einflussreichsten Bewahrern des katholischen Glaubens ihren mächtigsten Widerpart. Das Zerrbild einer romhörigen Gemeinschaft, die durch finstere Machenschaften alle Bestrebungen der Menschheit, zu einer fortschrittlichen und aufgeklärten Gesellschaft zu finden, zunichte mache, verbreitete sich immer mehr. Der Orden wurde zur Zielscheibe zahlreicher Verschwörungstheorien. Grundlage vieler Anschuldigungen, die im 18. Jahrhundert gegen die Jesuiten vorgebracht wurden, ist die erstmals 1611 belegte Schrift „*Monita secreta*" („Geheime Ermahnungen"), die sich als ein Werk des jesuitischen Ordensgenerals Aquaviva ausgibt. Darin gab er angeblich geheime Anweisungen an die Patres, mit allen Mitteln Reichtum und politischen Einfluss des Ordens zu mehren, ihre Stellung als Beichtväter im Interesse der Gesellschaft Jesu auszunützen und dem Papst den wahren Wohlstand der Gesellschaft zu verheimlichen. Der Autor des Werkes ist unbekannt. Die in diesem Pamphlet zu Papier gebrachten Stereotype des machtlüsternen, intriganten Jesuiten wurden in abgewandelter Form in der Folgezeit jedoch immer wieder gegen den Orden in Anschlag gebracht.

Angriffspunkt für verschiedene Attacken war die Missionstätigkeit der Jesuiten in Übersee. Der Marquis von Pombal, der leitende portugiesische Minister, Freimaurer und Anhänger der Aufklärung, warf ihnen vor, sie würden mit ihren Reduktionen in Brasilien einen „Staat im Staat" gründen wollen. Zudem seien sie die Drahtzieher eines Attentats auf König Joseph I. von Portugal im September 1758 gewesen. Ohne Beweise dafür vorzulegen, beschlagnahmte Pombal die Besitzungen des Ordens und verwies die Jesuiten 1759/60 des Landes oder brachte sie in Kerkerhaft.

In Frankreich machten die Jansenisten der Gesellschaft Jesu das Leben schwer. Die Jansenisten, benannt nach ihrem Begründer Johannes Jansenius, waren eine katholische Bewegung, die sich an der Heilslehre des Augustinus orientierte. Ähnlich wie die Protestanten argumentierten sie, der Mensch habe keinen Einfluss auf seine Erlösung. Diese sei allein von Gottes Gnade abhängig. Aufgrund ihrer von der Aufklärung beeinflussten Vorstellungen waren die Jansenisten erbitterte Gegner der Jesuiten. Sie verbreiteten unter anderem das Gerücht, die Patres hätten ein Attentat auf König Ludwig XV. in Auftrag gegeben. Der Orden stolperte freilich nicht allein über solche Verschwörungstheorien, sondern über die obskuren Geschäfte des Antoine de LaValette. Der Generalobere der Jesuitenmission in Lateinamerika hatte sich durch unerlaubte Handelsaktivitäten auf Martinique (Kleine Antillen) in große finanzielle Schwierigkeiten manövriert und einen Schuldenberg von über zwei Millionen Livres angehäuft. Heute weiß man, dass der Orden die Summe leicht hätte begleichen können. Die Jesuiten stellten sich aber auf den Standpunkt, LaValette hätte in eigener Verantwortung gehandelt und müsse für den Betrag selbst aufkommen. Die Gesellschaft Jesu hingegen sei auf keinen Fall haftbar zu machen. Die sture Haltung der französischen Brüder führte dazu, dass die ordensinterne Auseinandersetzung vor das Parlament in Paris gebracht wurde. Sie bedachten dabei nicht, dass dort vor allem Jansenisten und andere Gegner der Jesuiten saßen, die nur darauf warteten, einen vernichtenden Schlag gegen den Orden führen zu können. Sie sammelten alle Vorwürfe, Behauptungen und Anschuldigungen, die je gegen die Gesellschaft Jesu vorgebracht worden waren. 1761/62 verboten sie dem Orden, Unterricht zu erteilen, und ordneten gegen den ausdrücklichen Willen der französischen Bischöfe die Aufhebung aller jesuitischen Bildungseinrichtungen an. Ferner befahl das Parlament, alle Ordenshäuser schließen und beschlagnahmen zu lassen. Das Ende der Societas Jesu in Frankreich war damit beschlossen und wurde am 1. Dezember 1764 durch König Ludwig XV. besiegelt.

Auch in Spanien hatten sich die Jesuiten viele mächtige Feinde gemacht, weil sie den Kolonialherren durch die Reduktionen Arbeitskräfte vorenthielten. Auch dass sie den Indios gestatteten, sich zu ihrer Verteidigung zu bewaffnen, brachte sie in Verdacht. Als es 1766 aufgrund einer Steuererhöhung und des Verbotes, Sombreros zu tragen, in Madrid zum unblutigen „Aufstand der Hüte" kam, bei dem die Bevölkerung ihrem Unmut über die königliche Politik Luft machte, wurden einmal mehr die Jesuiten als Drahtzieher der Unruhen beschuldigt. Im Jahr 1767 wurde der Orden in Spanien aufgelöst und die Jesuiten des Landes verwiesen. Nur ein Jahr später erfolgte die bereits erwähnte Vertreibung der Missionare aus Lateinamerika.

Nach der Ausweisung der Jesuiten aus ihren Ländern versuchten die bourbonischen Höfe in Frankreich und Spanien den Papst zur Aufhebung des Gesamtordens zu bewegen. Sie setzten ihn unter Druck, indem sie ihm drohten, sich andernfalls von Rom zu lösen und sich eigene Patriarchen zu wählen. Schließlich musste Papst Clemens XIV. nachgeben. 1773 gab er im Breve „*Do-*

minus ac redemptor noster" die Auflösung der Gesellschaft Jesu bekannt. Zwar rühmte er darin ihre wertvollen Verdienste um die Vertiefung und Ausbreitung des Glaubens, kam aber zu folgendem Schluss: „In Erwägung, dass die genannte Gesellschaft die Frucht, wozu sie gestiftet war, nicht mehr bringen kann, [...] ja dass es kaum mehr möglich ist, dass, solange sie besteht, der wahre und dauerhafte Friede in der Kirche wiederhergestellt werden kann, [...] hebe ich mit reifer Überlegung, aus gewisser Erkenntnis und aus der Fülle apostolischer Macht die erwähnte Gesellschaft auf, unterdrücke sie, lösche sie aus, schaffe sie ab."[16]

Während die Ordensleitung in Rom unter dem massiven Druck der weltlichen Mächte in der Engelsburg eingekerkert wurde, führten die Regierungen den Besitz des Ordens neuen Verwendungen zu. Für die etwa 23.000 Jesuiten war die Auflösung der Gesellschaft Jesu ein Schock. Viele von ihnen gingen in den Schuldienst oder übernahmen Pfarrstellen. Völlig auslöschen ließ sich der Orden jedoch nie. In Preußen hielt er sich noch bis 1775, und in Russland blieb er sogar bestehen, da Zarin Katharina die Große sich weigerte, das Breve des Papstes in ihrem Reich zu verkünden. Mit stillem Einverständnis des Papstes wurden dort die Jesuitenkollegien weitergeführt.

Die Aufhebung der Gesellschaft Jesu wurde weithin als Sieg der Aufklärung gefeiert. Doch der Terror der französischen Revolution, die Verfolgung des Christentums in Frankreich, die Entstehung zahlreicher obskurer Geheimgesellschaften und die verheerenden Folgen der Säkularisation zu Beginn des 19. Jahrhunderts ließen die öffentliche Meinung wieder zugunsten der Jesuiten umschwenken. Schritt für Schritt begannen die Päpste, den Orden wiederzubeleben: Zuerst 1801 offiziell in Russland, dann 1803 in England und Irland, 1804 in Neapel und Sizilien, 1805 schließlich in den Vereinigten Staaten von Amerika. Die Wiederherstellung des gesamten Ordens verkündete Papst Pius VII. am 7. August 1814 symbolträchtig in der römischen Kirche Il Gesù, der Mutterkirche der Gesellschaft Jesu.

Der inoffizielle Zweite Orden
Die Englischen Fräulein

Von all den turbulenten Ereignissen um das Verbot und die Wiedergründung der Jesuiten blieben die Englischen Fräulein zumindest äußerlich unberührt. Ursprünglich hießen sie *Institutum Beatae Mariae Virginis* („Institut der seligen Jungfrau Maria"). Ihren im deutschen Sprachraum weitaus bekannteren Na-

men „Englische Fräulein" oder auch „Maria-Ward-Schwestern" verdanken sie
ihrer englischen Gründerin (1585–1645) (Tafel 14).

Mary Ward wuchs als hochbegabte Tochter eines Landadligen aus York-
shire unter dem Eindruck der Katholikenverfolgungen auf, die mit dem Herr-
schaftsantritt der Protestantin Elisabeth I. im Jahr 1558 eingesetzt hatten.
Dennoch fühlte sie sich zum Klosterleben hingezogen. Sie musste aber nach
Flandern gehen, um dort in Sicherheit vor Verfolgung in einen Klarissenkon-
vent eintreten zu können. Desillusioniert vom dortigen Klosterleben gründete
sie eine eigene klösterliche Gemeinschaft für Engländerinnen. Das „Institut
der englischen Fräulein" unterstellte sich den Ordensstatuten des Ignatius von
Loyola und sollte in seinen Inhalten und seiner Zielsetzung der Gesellschaft
Jesu so weit wie möglich angenähert werden. Besonders die Erziehung von
Mädchen war ein Anliegen Mary Wards. Sie war überzeugt, dass Frauen die-
selben intellektuellen Befähigungen wie Männer besaßen und deshalb von einer höheren Bildung nicht ausgeschlossen sein durften. Zunächst konnte Mary mit der Unterstützung mehrere Bischöfe und Landesherren Häuser und
Schulen in Köln, Lüttich, Trier, München, Rom, Neapel, Perugia, Wien und
Pressburg eröffnen. Doch ließen Stimmen der Kritik nicht lange auf sich war-
ten. Diese galten freilich nicht dem Unterricht durch die Schwestern. Es war
ihr Wirken außerhalb der abgeschlossenen Welt der Klausur, ihr Verzicht auf
ein gemeinsames Chorgebet und eine Ordenstracht, die mit jahrhundertealten
Traditionen brach. Auch die Gesellschaft des 17. Jahrhunderts sah für Frauen
immer noch entweder den Ehestand oder ein Leben in Gebet hinter den schützenden Mauern eines Klosters vor. Aber wie konnten sie Unterricht erteilen,
wenn sie hinter Klostermauern eingesperrt waren? An Marys beharrlicher
Weigerung, sich mit ihren Schwestern in Klausur zurückzuziehen, scheiterte
1622 und 1629 die ersehnte päpstliche Anerkennung ihres Institutes, das sie
der Gesellschaft Jesu gleich direkt dem Papst unterstellen wollte. Dass der
Papst neben wohlwollenden Worten zu ihrem Einsatz in der Glaubensvermittlung sich nicht bereit fand, ihre Gemeinschaft anzuerkennen, ärgerte sie maß-
los. Sie schrieb dies der allgemeinen Geringschätzung von Frauen zu: „Es ist
wahr, der Eifer erkaltet manchmal. Was ist jedoch die Ursache? Etwa dies, dass
wir Frauen sind? Nein, sondern dass wir unvollkommene Frauen sind. Es gibt
keinen Unterschied zwischen Männern und Frauen. Die Wahrheit des Herrn
bleibt für ewig. Es heißt nicht veritas hominis, die Wahrheit der Männer oder
Frauen, sondern veritas Domini [die Wahrheit des Herrn], und diese Wahrheit
können die Frauen ebenso gut besitzen wie die Männer. […] Ich hoffe zu Gott,
dass man in Zukunft Frauen sehen wird, die Großes vollbringen. […] Die

Infolge des Verbots des Christentums in Japan wurden 1597 jesuitische und franziskanische Missionare hingerichtet.

Im „Jesuitenstaat" schuf die Gesellschaft Jesu autonome Rückzugsgebiete (Reduktionen) für die von den Kolonialherren bedrohte einheimische Bevölkerung. Hier die Überreste von Sao Miguel das Missoes in Brasilien.

Die Engländerin Mary Ward († 1645) setzte sich maßgeblich für die Bildung und Erziehung von Mädchen ein. Der von ihr gegründete Orden der „Englischen Fräulein" gilt als der inoffizielle weibliche Zweig der Gesellschaft Jesu.

Das Benediktinerkloster Ettal wurde von den Enteignungen der Nationalsozialisten
verschont. Von 1940–1945 wurde der regimekritische Jesuit Rupert Mayer dort unter
Arrest gehalten.

Freimaurer der Hamburger Loge „Absalom zu den drei Nesseln" bei der Tempelarbeit.
Zu Anzug und weißen Handschuhen tragen sie den Maurerschurz, der auf die Ursprünge der Freimaurerei im Bauhandwerk verweist.

Auf dem Zweiten Vatikanischen Konzil wurde mit dem Dekret „Perfectae Caritatis" auch eine Reform und Anpassung der Ordensgemeinschaften an die Gegenwart beschlossen.

Frauen haben weder die Sakramente zu spenden, noch in der Kirche zu predigen; allein inwiefern stehen wir in allen anderen Dingen so sehr hinter anderen Geschöpfen zurück, dass man sagen dürfte ‚nur Frauen'? [...] Wollte Gott, alle Männer verstünden diese Wahrheit, dass wir Frauen Großes leisten können; sie sollen uns nicht glauben machen, wir könnten nichts und seien nur Frauen."[17]

Das Institut der „Englischen Fräulein" und der Einsatz Mary Wards für die Mädchenbildung rief beim Papst und anderen kirchlichen und weltlichen Autoritäten große Bewunderung, Erstaunen, Verständnis, aber auch Ratlosigkeit hervor. Auch die Jesuiten waren sich nicht sicher, was sie von ihren Anhängerinnen halten sollten. Sie zollten zwar Mary Ward für ihr Wirken hohe Anerkennung, über die Organisation sollte jedoch der apostolische Stuhl entscheiden. Schließlich scheiterte Mary doch an den gesellschaftlichen Normen ihrer Zeit. Als die innerkirchliche Kritik an der ungebundenen Lebensführung der Frauen wuchs, hob Papst Urban VIII. in einem Akt der Hilflosigkeit im Jahr 1631 die Gemeinschaft der „Englischen Fräulein" auf, obgleich sich viele weltliche Landesherren für Mary Ward und ihr Institut ausgesprochen hatten. Die Gründerin selbst musste sich wegen Häresie, Ungehorsam gegen die Kirche und Rebellion in Rom vor der Inquisition verantworten und wurde zeitweise in Klosterhaft genommen. Der Papst selbst war hin und her gerissen zwischen Ablehnung und großer Bewunderung für Mary Ward: „Wir sehen in ihr eine Frau von großer Klugheit und außerordentlichem Mut und Geist und, was noch mehr ist: eine heilige große Dienerin Gottes."[18] Sie kehrte schließlich nach England zurück, wo sie 1645 in Heworth bei York starb. Bis heute gilt sie als Wegbereiterin der höheren Mädchenbildung in Europa. Denn trotz der Aufhebung der religiösen Gemeinschaft führten die Schwestern ihre Erziehungsarbeit fort. Schrittweise errangen sie sich die gesellschaftliche und kirchliche Akzeptanz. 1703 wurde ihre Regel, die auf den jesuitischen Konstitutionen beruht, vom Papst anerkannt. Seit 1909 dürfen sich die Englischen Fräulein auf Mary Ward als ihre Stifterin berufen. Eine offizielle Anerkennung als Zweiter Orden der Jesuiten blieb ihnen allerdings versagt. Dass sie im Jahr 2004 zur „Congregatio Jesu" umbenannt wurden, verrät jedoch ihre geistige Nähe zur Societas Jesu.

IM GEIST DER AUFKLÄRUNG

Freimaurer und Illuminaten als
Antwort auf die christlichen Orden

In den Gebieten des Reiches, in denen die Jesuiten erfolgreich im Sinne der Gegenreformation und der (Re-)Katholisierung gewirkt hatten, brach im Zeitalter des Barock eine neue Blütezeit für die alten Orden und Klöster an. Sie machten es sich gemütlich im Schoß der neuen Volksfrömmigkeit, errichteten prächtige Kirchen und Klosteranlagen, die den irdischen Betrachter sich bereits im Himmel wähnen ließen. Die meisten Ordensgemeinschaften nahmen einen neuen Aufschwung und verzeichneten im 18. Jahrhundert die höchsten Mitgliederzahlen überhaupt. 785 Zisterzienserklöster gab es beispielsweise zu dieser Zeit, fast 200 mehr als zu ihrer ersten Blütezeit um 1300. Der nach den Glaubenskämpfen gefestigte Katholizismus erlaubte es den Mönchen und Chorherren, sich mehr als bisher an Universitäten dem Studium der Naturwissenschaft zu widmen und Gottes Schöpfung ihre physikalischen und biologischen Geheimnisse zu entlocken. Die theologisch-gesellschaftlichen Fragen der Armut und wahren Nachfolge Christi gehörten der Vergangenheit an. Dennoch war die Epoche tief religiös und von sinnenfreudiger Spiritualität geprägt. Die barocke Welt der Klöster und Stifte war mit sich selbst zufrieden.

Bereits im 17. Jahrhundert aber begann sich die mächtige geistige Bewegung der Aufklärung zu formieren, um im 18. Jahrhundert schärfere Konturen zu gewinnen und an Stoßkraft zuzulegen. Ihre Anhänger konnten mit den alt-etablierten weltlichen und kirchlichen Strukturen, Standesgrenzen, Dogmen und Vorschriften wenig anfangen. Ihre Kritik richtete sich nicht alleine gegen absolutistische Staatssysteme, sondern auch gegen barocke Kirchenfürsten und das Papsttum mit dem von der Kirche propagierten Anspruch auf die Vermittlung der Wahrheit. Dem setzte die Aufklärung entgegen, dass ein jeder Mensch nur durch den Gebrauch seines Verstandes die Wahrheit erkennen könne. „Habe Mut, dich deines eigenen Verstandes zu bedienen" (lat. ‚sapere aude') fasste Immanuel Kant seine Forderung an die Menschheit zusammen. Aufklärung bedeutete für ihn den „Ausgang des Menschen aus seiner selbst verschuldeten Unmündigkeit" und damit auch die Abstreifung der geistigen Bevormundung durch die Lehren der Kirche. Die Ideen seiner Vorläufer und Weggefährten führten zu radikalen Umbrüchen nicht nur im Europa des 18. und frühen 19. Jahrhunderts. Während in Frankreich in den Wirren der französischen Revolution das Ancien Régime zusammen mit dem König und vielen Adligen zu Grabe getragen wurde, hatte man in den neu gegründeten Vereinigten Staaten von Amerika bereits 1776 erstmals allgemeine Menschenrechte verkündet, die die Freiheit und Gleichheit aller Bürger propagierten. Charakteristisch für die meisten Anhänger der Aufklärung war von Anfang an ein tiefer Antiklerikalismus, der sich in massiver Kritik an der Kirche und ihren Vertretern äußerte. Die gefährlichsten Gegner des 1773 aufgehobenen Jesuitenordens waren Aufklärer gewesen, für die die Gesellschaft Jesu vor allem durch ihr scheinbar bedingungsloses Gehorsamsgelübde gegenüber dem Papst alles verkörperte, was am Katholizismus jener Tage verdammenswert war.

Die Aufklärung bekannte sich zu allgemeinen ethischen Werten, die über allen Konfessionen und Religionen standen. Im Streben um einen die Würde des Einzelnen respektierenden Humanismus, Toleranz und Freiheit traten viele Aufklärer daher den Freimaurern bei, die sich außerhalb jeglichen kirchlichen Einflusses die sittliche Vervollkommnung des Menschen auf der Basis der ethischen Werte der Vernunft zum Ziel gesetzt hatten.

Bau eines Tempels der Humanität
Die Freimaurer

Nicht erst das mediale Interesse und die Vorliebe für angebliche Geheimbünde und Verschwörungstheorien im 20. und 21. Jahrhundert, die sich gewinnbringend in Buchform drucken lassen, machten die Freimaurer zu sinistren Weltverschwörern und einem okkulten Geheimbund. Ihre spezifischen Rituale und ihre Symbolik sowie die Verpflichtung zur Verschwiegenheit erweckten schon im 18. Jahrhundert das Misstrauen der Außenstehenden. Die Betonung, dass die Freimaurer keine Geheimorganisation waren und sind, sondern Satzungen und Ziele stets offen gelegt haben, ist dabei längst zum Gemeinplatz geworden, sei aber angesichts mancher hartnäckiger Vorurteile noch einmal wiederholt.

Eine allgemein gültige Beschreibung der auf der ganzen Welt verbreiteten Freimaurerei ist angesichts vieler lokaler Sonderentwicklungen nicht möglich. Ebenso wenig lässt sich ihr Ursprung genau bestimmen. Versuche, in ihr einen reinen Mysterienkult zu erblicken, sind zwar öffentlichkeitswirksam, bleiben aber reine Spekulation und sind nach wissenschaftlichen Kriterien für Historiker nicht haltbar. Vieles spricht dafür, dass die Freimaurerei aus dem mittelalterlichen Bauhandwerk hervorgegangen ist. Ihr Name ist eine direkte Übersetzung des englischen Begriffs „freemason". Dieser ist im Jahr 1397 erstmals an der Bauhütte der Kathedrale von Exeter belegt. Vielfach wird die Auffassung vertreten, dass er von der Berufsbezeichnung „free-stone mason" abgeleitet wurde. Diese Gruppe von Steinmetzen (stone masons) war auf die kunstvolle Bearbeitung der sichtbaren, freistehenden Steine mit dem Meißel spezialisiert. Alternativ wird vermutet, freemason beziehe sich auf Steinmetze, die frei von Bauhütte zu Bauhütte zogen und zusammen mit ortsansässigen Arbeitern an den großen Kathedralen wirkten.

Angehörige verschiedener Stände und Berufszweige schlossen sich bereits im 12. Jahrhundert zu religiösen Bruderschaften zusammen. Es ist daher anzunehmen, dass die Ursprünge der Freimaurerei in den Steinmetz-Bruderschaften zu suchen sind, die an den großen Bauhütten der Kloster- und Bischofskirchen entstanden. Über deren Organisation, Wirken und Zielsetzung im Spätmittelalter dringt kaum etwas aus dem Dunkel der Geschichte. Dies änderte sich ganz entscheidend mit dem Erstarken der Aufklärung im 18. Jahrhundert. Infolge des Rückgangs von Aufträgen für Neubauten und die Instandsetzung von Kirchen und Kathedralen verfielen zu Beginn des 17. Jahrhunderts viele Bauhütten und mussten zum Teil geschlossen werden. Die Bruderschaften der freemasons jedoch hatten weiter Bestand. Anstelle professioneller Architekten und Steinmetzen wurden nun immer mehr Laien, zumeist Intellektuelle, zunächst als Ehrengäste, dann als accepted masons in die Logen der Bruderschaften aufgenommen. Dies waren meist Gelehrte, Offiziere und Angehörige verschiedener Berufe, wobei deren wirtschaftliche oder soziale Stellung nur eine untergeordnete Rolle spielte. Ihre Mitgliedsbeiträge haben in der Zeit des Niedergangs vermutlich geholfen, die karitativen Verpflichtungen der Bruderschaften gegenüber ihren Angehörigen aufrecht zu erhalten. Zudem waren die noch jungen Ideen der Aufklärung mit den Tugenden der Bauhandwerker wie Korrektheit, Fleiß, Gewissenhaftigkeit, Logik, Verantwortungsgefühl, aber auch Kreativität gut in Einklang zu bringen. Doch war es im Zeitalter der Glaubenskämpfe in Europa kaum ratsam, das Bedürfnis nach geistiger und bürgerlicher Freiheit und religiöser Toleranz öffentlich zu äußern. Die Freimaurerlogen boten vielen Anhängern der Aufklärung eine nach außen abgeschlossene Sphäre, in der sie sich geistig entfalten und mit Gleichgesinnten ungehindert ihre Gedanken austauschen und diskutieren konnten. Die Verpflichtung der Geheimhaltung von Logenbrüdern und geistigen Inhalten, die aus jener Zeit herrührt, gewährte ihnen Sicherheit vor möglichen Repressalien ob ihres Gedankenguts.

So begann sich die ursprüngliche Bruderschaft der Handwerker in der zweiten Hälfte des 17. Jahrhunderts zur sogenannten spekulativen oder symbolischen Freimaurerei zu wandeln. Ihre Wurzeln im Steinmetzberuf sind aber bis heute in ihren Symbolen wie Winkelmaß, Zirkel und Lot sowie in ihrer Terminologie zu erkennen. Wie die alten Steinmetz-Bruderschaften werden Freimaurerlogen von „*Meistern vom Stuhl*" geführt. Auch die Organisationsform der Loge, abgeleitet vom englischen *lodge*, bedeutet nichts anderes als (Bau-) Hütte. Als offizielles Gründungsdatum der neuzeitlichen Freimaurerei gilt der 24. Juni 1717. Zwar gab es schon vorher in mehreren Ländern Europas größere und kleinere Logen, in denen sich die Mitglieder organisierten. Doch an diesem Tag, dem Festtag Johannes des Täufers, soll in London die *Premier Grand Lodge of England* gegründet worden sein, in der fünf Logen Londons und Westminsters zusammengefasst wurden.

Danach nahm das Freimaurertum in England einen rasanten Aufschwung. Doch nicht alle folgten den „Alten Pflichten", den Satzungen, die die *Premier Grand Lodge* aufgestellt hatte. Es meldeten sich nun ältere Logen, die der Großloge vorwarfen, bestehende Traditionen zugunsten unzulässiger Neuerungen verworfen zu haben. Sie schlossen sich zu einer eigenen Großloge zusammen, die sich als Bewahrer der alten Traditionen betrachtete und sich *Antient Grand Lodge* nannte. Beide Großlogen stritten jahrzehntelang über die Ausrichtung des Freimaurertums in England, bis sie 1813 zu einem Kompromiss fanden und sich in der *United Grand Lodge of England* vereinigten. Diese sieht sich bis heute als richtungweisend und an der Spitze der internationalen regulierten Freimaurerei. Im anglikanischen England, wo Antiklerikalismus im Gegensatz zum Kontinent eine wesentlich geringere Rolle spielte, beriefen sich die Logen in ihren ethischen Grundwerten und ihrem Humanismus stark auf das Christentum. Durch viele Werke der Wohltätigkeit sind sie heute noch in der Öffentlichkeit präsent und gelten als geselliger und weniger zurückgezogen als Freimaurer anderer Nationen. Diese Impulse wirkten auch auf die Logen in den Kolonien und den Ländern des Commonwealth.

In Frankreich hingegen waren die Logenbrüder politischer und setzten die Ideen der Freimaurerei entschieden und aktiv im Kampf gegen den Absolutismus und das Ancien Régime ein. Freimaurer wie Voltaire sprachen sich deutlich für religiöse Toleranz, Gewaltenteilung und allgemeine Menschenrechte aus. Zudem vertraten sie einen vehementen Antiklerikalismus. In dem Pariser Parlament, das sich 1764 gegen den Jesuitenorden stellte, saßen neben Jansenisten auch Anhänger der Aufklärung, von denen viele einer Freimaurerloge angehörten. Obgleich Gewaltverzicht zu den grundlegenden Werten der Freimaurer gehörte und sie einen gewaltsamen Umsturz der bestehenden Verhältnisse ablehnten, bereiteten sie zu nicht geringen Teilen die geistigen Grundlagen für die Französische Revolution und trugen deren Forderungen nach „Freiheit, Gleichheit, Brüderlichkeit" in voller Überzeugung mit.

Auf dem Gebiet des Deutschen Reichs entstand die erste Loge 1737 in Hamburg. Von dort verbreitete sich die Freimaurerei sehr schnell, nahm aber aufgrund der Aufteilung Deutschlands in zahlreiche weltliche und geistliche Fürstentümer eine außerordentlich differenzierte Entwicklung. Nicht das Christentum, sondern die Philosophie der deutschen Aufklärung war der Mehrheit der deutschen Freimaurer Grundlage für ihre Vorstellungen von vernunftbeseelter Humanität. Dichter, Künstler und Wissenschaftler wie Lessing, Goethe, Herder und Liszt, aber auch Angehörige regierender Fürstenhäuser wie Friedrich II. von Preußen bekannten sich zu den Idealen der Aufklärung, die sie mitunter mit einem romantischen Streben nach Harmonie verbanden. Nach der gescheiterten Revolution von 1848 und mit dem Aufkommen der Industrialisierung wurden die Logen Orte des bürgerlichen Rückzugs, in denen der Einzelne nach ethischer Vervollkommnung trachtete.

Auch im katholischen Österreich konnte sich die Freimaurerei trotz des Argwohns von Kirche und Kaiserhof im 18. Jahrhundert zunächst schnell ausbreiten. 1743 wurde die erste Loge in Wien gegründet, der bis in die 1790er Jahre noch zahlreiche weitere folgten. In dieser Zeit entwickelten sich die Freimaurer zu den wichtigsten Trägern der Aufklärung in der österreichischen Gesellschaft. In ihren Logen versammelten sich namhafte Naturwissenschaftler und Künstler der Zeit. 1785 ordnete Kaiser Joseph II., der sich den Freimaurern durchaus verbunden fühlte, die Zusammenlegung der zahlreichen Wiener Logen zu zwei oder drei Großlogen an. Unter Kaiser Franz II. nahmen jedoch Überwachung und Bespitzelung zu, so dass sich die meisten österreichischen Logen 1799 selbst auflösten und das freimaurerische Leben in der Donaumonarchie nahezu zum Erliegen kam.

Der bekannteste Wiener Freimaurer des ausgehenden 18. Jahrhunderts ist Wolfgang Amadeus Mozart (1756–1791). Am 14. Dezember 1784 wurde er in die Wiener Loge „Zur Wohltätigkeit" aufgenommen. Durch seine Freimaurer-kantaten und die „maurerische Trauermusik", Werke, die er für seine Loge komponiert hatte, brachte er die Existenz der Freimaurerei einem breiten Publikum zu Bewusstsein, freilich ohne zu viele Details über deren Inhalte und Zielsetzung zu verraten. Vor allem das Singspiel „Die Zauberflöte", dessen Libretto aus der Feder des Freimaurers Emanuel Schikaneder stammt, wird seit Generationen pedantisch nach Hinweisen auf das geistige Verhältnis des Komponisten zu den Logen durchforscht. Mozarts Werk mit seiner Darstellung des weisen Herrschers Sarastro und seinem an ägyptische Traditionen angelehnten Tempel scheint dabei ungewollt das Bild eines in alten heidnischen Mythen verwurzelten Kultes befördert zu haben.

Trotz aller nationalen und regionalen Eigenheiten gründet die Freimaurerei auf einem gemeinsamen geistigen Fundament. Zu ihren Grundwerten zählt die Freiheit. Nur auf der Basis persönlicher Freiheit von Unterdrückung kann geistige Freiheit entstehen. Alle Menschen sind gleich und unterscheiden sich weder durch Stand noch durch Herkunft. Ihre Brüderlichkeit drückt sich durch Respekt, gegenseitiges Zuhören, Hilfe und Verantwortung aus. Toleranz meint die Akzeptanz anderer Meinungen. Die Summe dieser Werte schließlich ist die Humanität. Dies sind die Säulen, die die Freimaurerei tragen und nicht allein im abgeschlossenen Zirkel der Loge diskutiert, sondern aktiv im Leben umgesetzt werden sollen. Indem er sich an ihnen orientiert, arbeitet der Freimaurer an seiner steten ethischen Verbesserung.

In der Vergangenheit betrieben Freimaurer keine Eigenwerbung. Es war aber möglich, durch Empfehlung eines Mitglieds mit einer Loge in Kontakt zu treten. Vielleicht lernte man auch auf einer Veranstaltung einen Freimaurer kennen. Heute informieren Internetauftritte der Großlogen oder Vortragsabende über die Inhalte der Freimaurerei. Ist die Neugierde geweckt, wird man zum *Suchenden*, der um Aufnahme in eine Loge ersucht. Ist ein Suchender volljährig und guten Leumunds, ist er sich über die Zielsetzungen und Anforderungen der Gemeinschaft im Klaren und willig, ihnen zu folgen, nimmt er sechs Monate lang an Gästeabenden einer Loge teil, wo er die einzelnen Mitglieder kennen lernen soll. Ein Logenbruder wird sein Bürge und begleitet ihn während seiner Zeit als Lehrling und Geselle. Hat ein Aufnahmeausschuss die Empfehlung gegeben, den Suchenden aufzunehmen, stimmen die Logenbrüder geheim mit weißen (pro) oder schwarzen (contra) Kugeln ab. Wirft ein Bruder eine schwarze Kugel, so muss er sich zu erkennen geben und die Gründe für seine Entscheidung jenseits persönlicher Animositäten darlegen. Drei schwarze Kugeln reichen für eine Zurückstellung oder eine Ablehnung.

Ist der Suchende aber aufgenommen, so befindet er sich im Rang eines *Lehrlings*. Das bedeutet, dass er auf dem Weg der persönlichen Vervollkommnung noch am Anfang steht. Über dem Grad des Lehrlings stehen, ganz der alten Handwerkertradition verpflichtet, die Grade des *Gesellen* und des *Meisters*. Symbolisch wollen die Freimaurer einen „Tempel der Humanität" errichten: Die Menschen sind dabei die Steine, die durch den Mörtel der Liebe verbunden werden. Der Lehrling gleicht dabei einem unbehauenen, groben Stein, der zum Tempelbau noch ungeeignet ist. Durch Erforschung und Beseitigung seiner Fehler wird er nach Abstimmung durch die Logenbrüder zum Gesellen erhoben. Denn nach der Formgebung gleicht er nun einem behauenen Quader, der sich in die Reihe der anderen Steine einpassen muss. Der Meister schließlich erhält ein Reißbrett, denn er trägt höhere Verantwortung und soll durch sein Vorbild zum Gelingen des Bauwerks beitragen. Ihm stehen dabei das Winkelmaß des Rechts, der Maßstab der Wahrheit und der Zirkel der Pflicht zur Verfügung. Er soll sich der Vergänglichkeit allen Lebens bewusst werden und lernen, sich als Seele, nicht als Körper zu begreifen.

Die Versammlungen der Logenbrüder, in denen unter anderem die Erhebungen in die verschiedenen Grade stattfinden, heißen „Tempelarbeit" und bedienen sich einer breit gefächerten Palette von Zeichen und Ritualen. Diese haben ethischen Charakter und sollen Ziele und Inhalt der Freimaurerei vertiefen und erläutern. So tragen die Freimaurer in der Tempelarbeit nicht nur ein Logenabzeichen (*Bijou*), sondern auch einen Maurerschurz, der für die Arbeit steht. Das Senkblei symbolisiert die Aufrichtigkeit des Menschen, die Wasserwaage die Gleichheit vor dem Gesetz, während der Spitzhammer metaphorisch zum Behauen des Steins dient. Die Tempelarbeit führt der *Meister vom Stuhl*. Ihm zur Seite stehen Aufseher und Zeremonienmeister (Tafel 15 unten).

Alle Brüder sind nach außen zur Verschwiegenheit bezüglich der Rituale und inneren Angelegenheiten des Tempels verpflichtet. Kein Freimaurer darf einen Logenbruder ohne dessen Zustimmung als Freimaurer „enttarnen".

Die Freimaurerei entfaltet sich jenseits von Konfession oder Religion, denn ihre Ethik gilt als universal. Sie kennt keinen Gottesbegriff, sondern bedient sich des Bildes des „Allmächtigen Baumeisters aller Welten". Es bleibt dem einzelnen Mitglied selbst überlassen, dieses Bild mit Inhalt zu füllen. Obwohl sich die Logen zu einem großen Teil aus Christen zusammensetzten und das

Gebot der Gleichheit und Toleranz nicht überall gleichermaßen freudig ausgeführt wurde, fanden immer wieder auch Juden Aufnahme. In einigen Ländern kam es zur Gründung eigener Judenlogen. Auch wenn die Freimaurer betonen, keine Religion zu sein, ist unter anderem in der englischen Tradition, wo von Anfang an stärker auf die christlichen Wurzeln der freimaurerischen Humanität verwiesen wurde, die Nähe zum Christentum deutlich: Bei der Tempelarbeit ist es dort üblich, die Bibel aufzulegen. Die Grenzen zwischen einer Gemeinschaft, die sich nur aus universellen ethischen Werten speist, und einer Ersatzreligion sind kaum eindeutig zu ziehen, zumal die europäische Aufklärung auch viele christliche Traditionen aufnahm.

So mussten sich die Freimaurer in der Vergangenheit immer wieder die Kritik gefallen lassen, sehr wohl eine religiöse Gruppierung darzustellen, die sich sogar über alle anderen Glaubensgemeinschaften stellen wolle. Ihr aufklärerisches Gedankengut, ihr Einsatz für Freiheit, Gleichheit und Toleranz, verbunden mit dem Gebot der Verschwiegenheit und einer überreichen Symbolik, die sich nur dem Eingeweihten erschließt, rückte sie in die Nähe des Okkulten. Kritiker wurden in ihrer Vermutung bestärkt, es doch mit Weltverschwörern zu tun zu haben, die sich mit den Juden oder sogar den Jesuiten verbündeten. Wieder andere glaubten, Verbindungen und geistige Überreste des alten Templerordens in ihrer Gemeinschaft zu entdecken. 1738 verhängte Papst Clemens XII. den Bannfluch über die Freimaurer. Das gleiche tat sein Nachfolger Benedikt XIV. 1751, indem er seiner Sorge darüber Ausdruck verlieh, dass durch die Aufnahme von Menschen aller Konfessionen und Religionen die Reinheit des christlichen Glaubens gefährdet sei. Noch heute gilt im Kirchenrecht die grundsätzliche Unvereinbarkeit zwischen dem katholischen Glauben und der Mitgliedschaft in einer Freimaurerloge. In einer in ihrer Gültigkeit umstrittenen Declaratio hat Joseph Kardinal Ratzinger als Präfekt der Glaubenskongregation 1983 festgelegt, dass katholische Freimaurer nicht mehr automatisch als exkommuniziert gelten, sich jedoch in einem „Zustand der schweren Sünde" befinden. Die Protestanten hingegen überlassen eine Logenzugehörigkeit der Gewissensfreiheit des Einzelnen.

Eine wirksame Bekämpfung der Freimaurer gelang schon allein aufgrund der Geheimhaltungsgebote nicht, und so gibt es noch heute zahlreiche Logen in der ganzen Welt. Sie fühlen sich untereinander verbunden, sind aber nicht international organisiert. Obgleich es zu den ältesten Prinzipien der Freimaurerei gehört, die Harmonie und Gleichheit in den Logen nicht durch politische oder religiöse Streitereien zu stören, haben viele Freimaurer ihre ethischen Prinzipien in die Welt hinaus getragen Der Marquis de la Fayette († 1834) trat beispielsweise in den Vereinigten Staaten aktiv für die Durchsetzung der Menschenrechte und eine Abschaffung der Sklaverei ein. Im 20. Jahrhundert bemühte sich Gustav Stresemann († 1929), Außenminister der Weimarer Republik, um eine friedliche Lösung des Konflikts zwischen Deutschland und Frankreich. Als er 1926 die Aufnahme Deutschlands in den Völkerbund erreichte, bediente er sich in seiner öffentlichen Dankesrede freimaurerischen Wortguts, als er auf den „Baumeister der Erde" verwies.

Obgleich die deutschen Freimaurer im Dritten Reich als Weltverschwörer, die mit den Juden gemeinsame Sache machten, verfemt und 1935 verboten wurden, gibt es heute etwa 470 als regulär bezeichnete und 50 liberale Logen, darunter auch gemischtgeschlechtliche und reine Frauenlogen. Ihre ethischen Grundwerte haben für ihre Mitglieder seit der Aufklärung nicht an Aktualität verloren, und sie setzen sich wie eh und je für ihre Umsetzung in der Gesellschaft ein.

Kampf gegen den Absolutismus
Die Illuminaten

Ein so dauerhafter Erfolg war den Illuminaten nicht beschieden, auch wenn ihr Name im Zusammenhang mit zahllosen Verschwörungstheorien noch weitaus größere Faszination hervorruft. Dies hat zweifellos historische Ursachen: Im Gegensatz zu den Freimaurern waren sie ein echter Geheimbund, der mit ähnlicher Zielsetzung gleichfalls aus dem Geist der Aufklärung entstand. Heute sind die Illuminaten durch einige populäre Romane bekannter denn je, weil sie durch mangelhafte Recherche, Unkenntnis und die überbordende Phantasie der Autoren erneut – zu Unrecht – zu dämonischen Verschwörern stilisiert wurden.

Gegründet wurden die Illuminaten von Adam Weishaupt († 1830) an der Universität Ingolstadt. Durch sein Studium beider Rechte, der Staatswissenschaft und der Philosophie fand er Zugang zur Gedankenwelt der Aufklärung. Diese machte einen umso stärkeren Eindruck auf ihn, als die Universität Ingolstadt noch ganz von den Jesuiten dominiert wurde. Weißhaupt zählte sich bald zu den entschiedenen Gegnern der Societas Jesu. Der Professor für Kirchenrecht war der einzige Ordinarius, der kein Jesuit war, und stand mit seinen philosophischen Ansichten entsprechend isoliert. Auch nach der Aufhebung der Gesellschaft Jesu im Jahr 1773 wirkte ihr Geist in Ingolstadt fort. Am 1. Mai 1776 gründete Weißhaupt den *Bund der Perfektibilisten* (lat. *perfectibilis*

= zur Vervollkommnung geeignet). Er sollte Studenten die Möglichkeit geben, unbeeinflusst ihre politische und philosophische Meinung kundzutun und unbehelligt die Schriften der Aufklärung kennen zu lernen. Etwa zwanzig Studenten traten der Gruppe bei, in der vornehmlich antiklerikale Schriften gelesen wurden. Symbol des Bundes war die Eule der Minerva als Sinnbild der Weisheit.

1788 wurde Weißhaupts geheimer Lesezirkel umorganisiert und erhielt einen neuen Namen. Dem Gründer schwebte zunächst die Bezeichnung „Bienenorden" vor, verstanden als Sinnbild für strebsame Lernende, die wie Bienen an den Blüten der Philosophie unermüdlich Weisheit sammeln. Schließlich kam ihm aber doch noch ein griffigerer Name in den Sinn: aus dem Bund der Perfektibilisten wurde der der *Orden der Illuminaten* (lat. *illuminati* = die Erleuchteten). Seine Blütezeit begann, als sich Adolph Freiherr von Knigge († 1795) zu ihm gesellte. Er gab den Illuminaten eine Struktur von Logen und Graden, die sich eng an die Gebräuche der Freimaurer anlehnten. Auch in ihrer Zielsetzung waren die Illuminaten den Freimaurern ähnlich. Sie wollten gleichfalls eine Verbesserung der Menschen und der Gesellschaft durch die Werte der Aufklärung erreichen. Mit seinem Orden wollte Weißhaupt dem Bösen entgegentreten und die Welt sittlich verbessern, um dadurch die Herrschaft von Menschen über Menschen überflüssig zu machen. Konkret arbeiteten die Illuminaten aktiv an einer Abschaffung des Absolutismus. Diese explizite politische Stoßrichtung machte etliche Freimaurer neugierig auf die Illuminaten, die es sich ihrerseits zur Aufgabe machten, die Freimaurerlogen zu unterwandern, um neue Mitglieder zu werben. Der von Adolph von Knigge umstrukturierte Orden setzte sich aufsteigend aus der *Pflanzschule*, der *Maurerklasse* und der *Mysterienklasse* zusammen. In der Pflanzschule wurden die Neulinge in den Graden *Novize*, *Minerval* und *Illuminatus minor* („geringerer Erleuchteter") mit dem Orden vertraut gemacht. Die Maurerklasse wies die Grade *Lehrling*, *Geselle* und *Meister* sowie *Illuminatus major* und *Illuminatus regens* („älterer" bzw. „leitender Erleuchteter") auf. Die Mysterienklasse sollte aus den Graden *Priester*, *Regent*, *Magus* (Zauberer) und *Rex* (König) bestehen. Da der Illuminatenorden jedoch nur für kurze Zeit Bestand hatte, kamen die Vorschriften und Riten für diese oberste Klasse über die Planungsphase nicht hinaus und wurden nicht schriftlich ausgeführt.

Anders als die Freimaurer hielten die Illuminaten die Existenz ihrer Gemeinschaft stets streng geheim. Zu diesem Zweck führte von Knigge als Neuerung ein, dass jedes Ordensmitglied einen Decknamen anzunehmen hatte. Hinter „Spartacus" verbarg sich kein Geringerer als Weißhaupt selbst, während von Knigge sich nach dem jüdischen Philosophen „Philon" benannte. Ein eigener Kalender und kodierte Ortsnamen vervollständigten die Tarnung. Innerhalb des Ordens herrschte eine strenge Hierarchie. Geleitet wurde er vom *Areopag*, in dem Weißhaupt, von Knigge und andere Führungsmitglieder vertreten waren. Je nach Klasse und Grad wurden die Mitglieder zur Lektüre von für sie bestimmter Literatur angehalten und von Vorgesetzten in ihrem Lernerfolg streng kontrolliert. Offenbar trauten Weißhaupt und Knigge nur wirklich Fortgeschrittenen zu, das eigentliche Geheimnis des Illuminatenordens, die Abschaffung des absolutistischen Staates, zu erfassen. Mitglieder der *Pflanzschule* wurden darüber nicht nur im Dunkeln gelassen, sondern bewusst belogen. Erst mit ihrem Aufstieg in der Hierarchie und zunehmender Schulung im Sinne der Aufklärung sollten sie in der *Mysterienklasse* in die Geheimnisse des Ordens (*Arkana*) eingeweiht werden. Die innere Ordensstruktur mit ihrer bewussten Täuschung der Neulinge und ihrem hohen Maß an Kontrolle der unteren Ränge durch die Oberen scheint dem Ziel der Illuminaten, eine Befreiung des Menschen aus Herrschaft und Willkür zu erreichen, völlig entgegengesetzt. Trotzdem konnten sie in den 1780er Jahren eine Mitgliederzahl von beinahe 2000 Personen aufweisen, von denen immerhin ein Drittel zugleich Freimaurer waren. Zu Weißhaupts Freude war die Mehrzahl der Illuminaten im Staatsdienst als Offiziere oder Beamte tätig.

Als jedoch die Mitgliederzahl wuchs, verstärkten sich die Spannungen innerhalb des Ordens. Seine Existenz war mittlerweile bekannt geworden, nur über seine Zielsetzung herrschte noch Unklarheit. Mitglieder und Vertreter der absolutistischen Obrigkeit, unter ihnen Herzog Carl August von Sachsen-Weimar sowie sein Geheimrat Johann Wolfgang von Goethe, waren den Illuminaten beigetreten, möglicherweise allein in der Absicht, ihre wahren Ziele zu enttarnen. Es kam zum Zerwürfnis zwischen Ordensgründer Weißhaupt und von Knigge. Letzterer nämlich, obwohl er der Organisation ihre ausdifferenzierte Form gegeben hatte, fühlte sich und seine Leistung zu wenig gewürdigt. Immer wieder drohte er, er würde die Geheimnisse des Ordens an Jesuiten und Rosenkreuzer verraten. Frustriert kehrte er schließlich den Illuminaten den Rücken.

Seine Drohung, die Gemeinschaft zu verraten, konnte keine Wirkung mehr entfalten, denn Kurfürst Karl Theodor von Bayern († 1799) verbot 1784 alle Bruderschaften, die nicht mit seiner Genehmigung gegründet worden waren. Als Hausdurchsuchungen Indizien für die radikale Stoßrichtung der Illuminaten zutage förderten, wurde jeder, der neue Mitglieder anwarb, sogar mit der Todesstrafe bedroht. Die Enttarnung des Ordens führte zu einer um sich greifenden Verschwörungshysterie, die noch über Jahre anhielt. So agierten die Illuminaten angeblich als Drahtzieher hinter der französischen Revolution, steckten mit den Freimaurern unter einer Decke und wollten die Weltherrschaft an sich reißen.

Mit den Weltverschwörern in einen Topf geworfen wurde der stark esoterisch ausgerichtete geheime Orden der Rosenkreuzer. Er beruft sich auf Christian Rosencreutz († 1484) als seinen Gründer, doch ist der *Frater C. R.*, wie er in den Schriften meist genannt wird, nicht mehr als eine Schöpfung literarischer Legenden. Mehrere grundlegende Texte der Rosenkreuzer, in denen sie sich auf Rosencreutz berufen, erschienen 1614 bis 1616 im Tübinger Umfeld des protestantischen Theologen Johann Valentin Andreae († 1654). Möglicherweise als Reaktion auf das Erstarken der Jesuiten und die Zurückdrängung der Reformation in vielen Gebieten des Reichs setzten sich die Rosenkreuzer für eine „Generalreformation" ein und äußerten deutliche antiklerikale Worte. Ihre Lehre ist stark mystisch-esoterisch verbrämt mit Elementen der jüdischen Kabbala, geistig gedeuteten Lehren der Alchemie, der Philosophie des Neuplatonismus und der Gnosis. Als Symbole dienen ihnen die Rose und das goldene Kreuz. Während das Kreuz den durch geistige Reinigung veredelten Menschen symbolisieren soll, deutet die Rose auf die sogenannte Seelenessenz, die sich aus der harmonischen Verbindung der vier Elemente Feuer, Wasser, Erde und Luft ergibt. Historisch begegnen die beiden Zeichen aber bereits im Familienwappen Johann Valentin Andreaes. Vermutlich haben Kreuz und Rose so den Eingang in die Gemeinschaft gefunden und wurden anschließend mystisch überbaut und umgedeutet.

Rosenkreuzergemeinschaften gab und gibt es in vielen verschiedenen Ausprägungen. Im 17. Jahrhundert waren ihre Mitglieder vielfach mit den Ideen der frühen Aufklärung in Verbindung zu bringen. Im 18. Jahrhundert bildete sich vor allem in Süddeutschland der „Orden der Gold- und Rosenkreuzer" heraus, der aus den Freimaurern hervorging.

Während die Illuminaten sich eindeutig von den Gold- und Rosenkreuzern distanzierten und sich zwischen beiden eine Art Konkurrenzkampf entspann, war es Kritikern jeglicher Art von Geheimbünden einerlei, welche Zielrichtung die jeweilige Gemeinschaft verfolgte, wodurch sie beeinflusst war und wie sie sich gegenüber anderen abgrenzte. Viele der im späten 18. Jahrhundert so beliebten Bruderschaften, geheim oder nicht, verschmolzen daher in den Köpfen ihrer Gegner undifferenziert zu heimtückischen Komplottschmieden, die die Werte des christlichen Abendlandes konspirativ aus den Angeln heben wollten.

Die zahlreichen Verschwörungstheorien aus dieser Zeit verfolgen die Gruppierungen bis heute und verstellen nicht nur den Blick auf deren wirkliche Ursprünge und Anliegen, sondern auch auf die geistige Grundstimmung der Epoche, in der sie ihren Höhepunkt erlebten. Als Adolph von Knigge im Jahr 1784 enttäuscht den Illuminatenorden verließ, ärgerte er sich darüber, der „Mode-Thorheit" der Geheimgesellschaften erlegen zu sein, die glaubten, die Welt verbessern zu können. Dass aber die Freimaurer seit dem 17. Jahrhundert ihren Aufschwung nahmen und neben Rosenkreuzern und Illuminaten noch zahlreiche andere Gesellschaften wie Pilze aus dem Boden schossen, in denen sich verschiedene Einflüsse konkurrierender Bruderschaften überkreuzten, die mehrheitlich aus dem Geist der Aufklärung entsprangen, zeigt die Kraft des geistigen Aufbruchs seit dem Ende des Dreißigjährigen Krieges. An die Stelle verkrusteter kirchlicher und absolutistischer Strukturen traten die Forderungen nach Freiheit, Gleichheit und Toleranz, die mit ganzen Gebäuden aus mythischen und esoterisch-mystischen Zeichen und Ritualen umkleidet wurden. Durch die starke Ritualisierung gemeinschaftlicher Zusammenkünfte wurde die Lehre der Aufklärung in den Logen äußerlich doch wieder in die Nähe der verfemten Religion gerückt.

In Frankreich trug die Aufklärung wesentlich zum Ausbruch der Französischen Revolution und zur Abschaffung des Ancien Régime bei. Obwohl Papst und Kirche die Freimaurer, Illuminaten und Rosenkreuzer scharf verurteilten und zu kompromittieren suchten, konnten sie nicht verhindern, dass sie auch im deutschen Reich den Boden für ein geistiges Klima bereiteten, in dem man die alten kirchlichen Strukturen und Institutionen für überholt und verzichtbar hielt. Auf dieser Grundlage konnte die Politik der Mächtigen der beschaulichen Welt der Klöster und Orden zu Beginn des 19. Jahrhunderts einen beinahe tödlichen Schlag versetzen.

ZWISCHEN TRADITION UND MODERNE

Ordensgemeinschaften
in der modernen Welt

Der Unmut der Aufklärer richtete sich nicht nur gegen Dogmen, Sakramentenlehre und Wahrheitsanspruch der katholischen Kirche, sondern auch gegen die
weltliche Herrschaft, die Bischöfe, Klöster und Stifte wie in den weit zurücklie-
genden Tagen mittelalterlicher Könige und Kaiser über Land und Leute ausübten. Im Zuge der großen geistlichen und gesellschaftlichen Veränderungen seit
der Mitte des 18. Jahrhunderts wandelten sich die absolutistischen Fürstentümer unter immer stärkerer Einbindung der intellektuellen Schicht des Bürgertums zu aufgeklärten Territorien, in denen neben den Fürsten nun auch Beamte
einen immer wichtigeren Beitrag zum Gemeinwesen leisteten. Aus Territorien,
die Fürstendynastien zu eigen waren, wurden allmählich eigenständige staatliche Gebilde, in die die Fürsten konstitutionell eingefügt wurden. Die zunehmende Abschaffung feudaler Strukturen brachte neue Impulse für Handel und
Gewerbe. Zehntausende arbeiteten in Manufakturen. Auch das Eisen- und
Metallgewerbe erfreute sich eines Aufschwungs. Man sah sich als Zeitzeugen gewaltigen Fortschritts. Demgegenüber musste alles Traditionelle und Bewährte
rückwärtsgewandt erscheinen. Aus der Sicht der Gestalter der neuen rationalen
Welt der Wirtschaft und des Handels, der Wissenschaft und des politisch aktiven
Bürgertums waren die Klöster und Stifte nur noch steinerne Monumente aus
finsterer Vorzeit, die die Sicht auf die Aufklärung, Selbstbestimmung und Freiheit der Bürger verdeckten. Ihre Insassen wurden dem „Zehrstand" zugerechnet,
der im Gegensatz zum „Nährstand" der Bürger und Bauern und dem „Wehr-
stand" des Militärs nichts zum Gemeinwohl des Staates beizutragen vermochte.

Ende und Neuanfang
Die Säkularisation

Es stand daher schlecht um Orden und Klöster, als Napoleon die Ostgrenze Frankreichs bis zum Rhein vorschob und zahlreiche deutsche Fürsten ihre Besitzungen links des Rheins abtreten mussten. Im Reichsdeputationshauptschluss vom 25. Februar 1803 entschied der Immerwährende Reichstag in Regensburg, die Betroffenen mit säkularisiertem, das heißt, der weltlichen Nutzung zugänglich gemachtem, Kirchengut zu entschädigen. In der Umsetzung dieses Beschlusses wurden bis auf Mainz alle geistlichen Fürstentümer des Reichs aufgelöst. Selbst den Landesherren, die keine Gebietsverluste erlitten hatten, wurde gestattet, sich des Besitzes von Klöstern, Stiften und fürstbischöflichen Residenzen zu bemächtigen. Die Reichskirche, die sich seit den Tagen des ottonischen Königtums im 10. Jahrhundert zu einem besonderen Charakteristikum des römisch-deutschen Reichs entwickelt hatte, hörte damit faktisch auf zu existieren. Das Reich selbst hatte als politisches Gebilde nur drei Jahre länger Bestand: Am 26. August 1806 legte Franz II. die Kaiserkrone nieder.

Der Reichsdeputationshauptschluss und seine Umsetzung veränderte das politische Gesicht Deutschlands unwiederbringlich. Besonders in Bayern wurde unter der Hand des Ministers Montgelas († 1838) die Säkularisation mit aller Härte durchgeführt. Geradezu rücksichtslos wurden mancherorts Mönche und Nonnen in Nacht- und Nebelaktionen aus ihren Klöstern vertrieben, liturgisches Gerät eingeschmolzen und für nicht wertvoll erachtete Bücher und andere Dokumente vernichtet, während der Rest in zentrale staatliche Bibliotheken und Archive verbracht wurde. Montgelas war auf diesen Schritt gut vorbereitet, denn er hatte schon 1802 eine Spezialkommission eingerichtet, die sich mit der Aufhebung der Klöster befassen sollte. Der Schlag gegen sie war also dem ordenskritischen Klima entsprechend von langer Hand vorbereitet und hatte durch die große Politik eine Initialzündung erfahren. Die Verantwortlichen für die Durchführung der Säkularisation machten dabei aus ihrer persönlichen Abneigung gegen Orden und Klöster keinen Hehl. In Bayern waren es vor allem die Franziskaner und Kapuziner, die Anfeindungen ausgesetzt waren. Bereits 1802 waren die ersten ihrer Klöster aufgehoben worden. Man warf ihnen vor, durch das Erbetteln von Almosen ehrbaren Menschen das Geld aus der Tasche zu ziehen. Ungebildet und ungewaschen würden sie den leichtgläubigen Menschen Aberglauben predigen. Selbst Herzog Maximilian († 1825), ab 1806 König von Bayern, beschimpfte die Franziskaner, sie würden in

München die Luft verpesten. Über 60 Bettelordensklöster wurden so in Bayern aufgelöst, hunderte Abteien der anderen Orden sollten folgen. Wo Klostergebäude nicht dem Abriss zum Opfer fielen, wurden sie zu Kasernen, Fabriken oder Gefängnissen umfunktioniert. Nur einige wenige Klöster blieben von der Auflösung verschont und dienten als sogenannte Aussterbeklöster, in die Nonnen und Mönche gebracht wurden, die das Klosterleben nicht aufgeben wollten.

Ein Grund für die Vehemenz, mit der Bayern die Säkularisation durchführte, mag gewesen sein, dass sich Klöster und Stifte dort über lange Zeit besonders reich hatten entfalten können und ihre weitläufigen Besitztümer schon seit längerem die Begehrlichkeiten der weltlichen Obrigkeit geweckt hatten. Ihre ausgedehnten Güterkomplexe wurden als „Besitz zur toten Hand" bezeichnet, die dem freien Liegenschaftsverkehr entzogen waren und keinen wirtschaftlichen Nutzen für Staat und Allgemeinheit mehr erbringen konnten. Ihre Nutzbarmachung für Verwaltung, Militär und Unternehmer sollte dabei die staatliche Eigenwirtschaft im Hinblick auf das Wohl der Untertanen stärken. Insgesamt wurde durch die Säkularisation im Deutschen Reich Kirchengut auf einer Grundfläche von etwa 95.000 Quadratkilometern enteignet. Die Schätze aus den Abteien und Stiften zierten zwar bald die königlichen Sammlungen und Bibliotheken, doch brachten die Ländereien und Kunstwerke, die zum Verkauf angeboten wurden, aufgrund der Überschwemmung des Marktes längst nicht den erhofften Gewinn. Zudem flossen viele der neuen Einnahmen gleich wieder in die Begleichung von Schulden, die man mit einigen Klöstern übernommen hatte. Eine Sanierung des Staatshaushaltes blieb Illusion, und nur ein geringer Teil des Gewinns ging direkt oder indirekt an Bauern und Arme des Landes. Schnell erkannte man, dass die verhassten Klöster und Stifte durchaus eine wichtige soziale Funktion in der Gesellschaft ausgeübt hatten. In den betroffenen Gebieten führte die Säkularisation zu einem breiten Niedergang des Schulwesens und hatte in manchen Landstrichen eine völlige geistige und soziale Verödung zur Folge. Die geistlichen Institutionen waren nämlich auch wichtige Arbeitgeber und Stätten der Armen- und Krankenfürsorge gewesen. In Scharen zogen nach ihrer Auflösung Arbeit suchende Handwerker und Tagelöhner durch das Land. Zwar bemühte sich das noch junge Königreich Bayern nach Kräften, diese sozialen Probleme aufzufangen, doch wog der Verlust der Klöster und Stifte gerade in diesem Bereich zunächst schwer.

Eine Beurteilung der Vorgänge von 1803 fällt daher meist zwiespältig aus. Mit der Säkularisation sind jahrhundertealte Kulturgüter und Traditionen, aber auch soziale Strukturen zerstört worden. Andererseits bot sich Orden und Kirche die Chance, befreit vom Ballast der Vergangenheit einen Neuanfang zu wagen. Bereits 1814 hatte der Papst die Gesellschaft Jesu wieder zugelassen. 1817 schließlich schlossen das Königreich Bayern und der Apostolische Stuhl ein Konkordat, in dem das Verhältnis von Kirche und Staat genau geregelt und eine Neuordnung der Bistümer und geistlichen Institutionen vorgenommen wurden. Angestrebt war darin auch eine langfristige Entschädigung der Kirche für die durch die Säkularisation entstandenen Verluste, die bis heute in der Form von Staatsleistungen an die Kirche erbracht werden. Infolge des Konkordats wurden seit 1818 in Bayern nicht nur neue Klöster gegründet, sondern auch säkularisierte Einrichtungen wieder mit Mönchen und Nonnen besiedelt. Insbesondere König Ludwig I. († 1868) tat sich als Förderer des monastischen Lebens hervor: 132 Konvente wurden durch ihn restauriert und zumeist mit Mitteln aus seiner Privatschatulle dotiert. Einen erheblichen Anteil an diesem plötzlichen Stimmungsumschwung leistete nicht zuletzt die mit den Wirren der französischen Revolution und den Napoleonischen Kriegen einsetzende Kritik an den Werten von Fortschritt und Aufklärung. Hinzu trat die im Ringen um einen deutschen Nationalstaat aufkommende Mittelalterromantik, die das gesamte Land durchwehte. Was man nur wenige Jahrzehnte zuvor als Relikte aus finsterer Vergangenheit beseitigt hatte, um dem Fortschritt Platz zu machen, war nun Gegenstand der Verklärung. Vor diesem Hintergrund konnten Kirche und Orden zu neuem Selbstbewusstsein finden.

Aufbruch in die Moderne

Der Aufschwung, den die monastischen Gemeinschaften nach der Aufhebung der Säkularisation nahmen, schlug sich nicht nur in wachsenden Eintritten in die alten Orden nieder. Das 19. Jahrhundert war die große Zeit der neu entstehenden Kongregationen. Der Begriff bedarf der Klärung, denn er bedeutet nicht allein den Zusammenschluss mehrerer Klöster zu einem Verband (z.B. die im 15. Jahrhundert eingerichtete Bursfelder Kongregation), sondern bezeichnet überdies eine weitere Form monastischer Gemeinschaften neben den Orden. Kongregationen sind vom Bischof oder Papst anerkannte Gemeinschaften, deren Mitglieder nur durch einfache Gelübde gebunden sind, während die Angehörigen der Orden die feierlichen Gelübde ablegen. Der Unterschied besteht nicht im Inhalt – für Orden und Kongregationen gelten Armut, Keuschheit und Gehorsam in gleichem Maße –, sondern im Kirchenrecht. Feierliche

Gelübde können nur durch eine kirchliche Autorität gelöst werden, die außerhalb und über der Ordensgemeinschaft steht, einfache Gelübde aber bereits durch einen Oberen innerhalb der Gemeinschaft. Bis heute unterteilt die katholische Kirche die Welt der Ordensgemeinschaften kategorisch in Orden (z.B. Benediktiner und Franziskaner) und Kongregationen.

Die Ursprünge der nach der Säkularisation aufblühenden Kongregationen reichen bis ins 17. Jahrhundert zurück. Die meisten von ihnen wirkten karitativ in der Armenfürsorge und der weltweiten Mission sowie in der Schulbildung. Eine dieser Kongregationen sind die *Salesianer*, die 1858 von dem italienischen Priester Giovanni Melchiore Bosco († 1888), kurz Don Bosco, gegründet wurden. Als Bauernsohn hatte er mit erheblichen Schwierigkeiten zu kämpfen, sein Lebensziel, Priester zu werden, zu verwirklichen. Nur mit Mühe erlangte er eine höhere Schulbildung und konnte in ein Priesterseminar eintreten. Mit 26 Jahren empfing er schließlich doch die Priesterweihe. Sein gesamtes Leben als Geistlicher widmete er armen und benachteiligten Kindern und Jugendlichen in Turin. Seine Gemeinschaft der Salesianer war von Anfang an dem Ziel verpflichtet, diesen Kindern Erziehung und Ausbildung zuteil werden zu lassen. Dazu rief er 1872 auch einen weiblichen Zweig ins Leben, die *Don Bosco-Schwestern*. Sein Lebenswerk war von Erfolg gekrönt, denn sein Wirken fand viele fleißige Anhänger und Nachfolger in der ganzen Welt. Als Don Bosco 1888 starb, hatten die Häuser der Salesianer bereits 130.000 Jungen aufgenommen und ausgebildet. Die Kongregation zählt mit 16.000 Mitgliedern bis heute zu den stärksten monastischen Gemeinschaften für Männer in der katholischen Kirche.

Don Bosco berief sich stark auf das geistige Erbe des charismatischen Heiligen Franz von Sales († 1622), Bischof von Lyon und Kirchenlehrer. Seine Theologie und seine Werke spiegelten seinen unerschütterlichen Optimismus und seine Freude am Glauben an einen liebenden, mitfühlenden Gott wider. Die Menschen waren beeindruckt von seiner Heiterkeit und seinem freundlichen und sanften Wesen. „Gib mir Seelen, alles andere nimm" lautet in Anlehnung an die Spiritualität des Franz von Sales der Leitspruch der Salesianer Don Boscos. Diese waren nicht die einzige Kongregation, die sich auf den Heiligen berief. Neben den Salesianern und den *Schwestern der Heimsuchung Mariens*, die 1610 von ihm selbst ins Leben gerufen worden waren, gehören zur weit gefächerten salesianischen Familie unter anderem auch die *Missionare des hl. Franz von Sales* (gegründet 1838), die *Oblatinnen* und *Oblaten des hl. Franz von Sales* (gegründet 1868 und 1872) und die *Töchter des hl. Franz von Sales von Lugo* (gegründet 1872).

Eine weitere Kongregation, die sich im Bereich der Schulbildung insbesondere für Mädchen hervortat, geht auf Karolina Gerhardinger († 1879) zurück, die im bayerischen Neunburg vorm Wald im Jahr 1833 ein Frauenkloster gründete. Als Ordensfrau nahm sie den Namen Maria Theresia von Jesu an. Die Zeitgenossen waren erstaunt. So umfassend und an der Praxis ausgerichtet wie in ihrer Klosterschule war Unterricht noch nie erteilt worden. Der Stundenplan umfasste neben dem üblichen Fächerkanon Fremdsprachen, Hauswirtschaftslehre und Turnunterricht. Ein besonderes Anliegen war der Ordensgründerin der qualifizierte höhere Unterricht für Mädchen, worin sie an die Ziele der Englischen Fräulein und der 1535 entstandenen *Ursulinen* anknüpfte. Das Kloster Neunburg vorm Wald wurde bald zu klein, so dass Maria Theresia den Sitz ihrer Ordensgemeinschaft der *Armen Schulschwestern von Unserer lieben Frau* nach München verlegte. Sie selbst begleitete eine Abordnung von Schwestern in die Vereinigten Staaten, um dort Klöster zu gründen. Im Jahr 1985 wurde sie von Papst Johannes Paul II. selig gesprochen. Mit der Aufstellung ihrer Büste in der Walhalla bei Regensburg im Jahr 1998 erkannte auch der Freistaat Bayern ihre Verdienste um die Schulbildung an. Heute wirken etwa 5000 Arme Schulschwestern auf allen fünf Kontinenten.

Ganz der Verbreitung des Evangeliums widmete sich der Missionar Arnold Janssen († 1909), der 1875 im niederländischen Steyl die „Gesellschaft des Göttlichen Wortes" ins Leben rief. Gerade in der Zeit, als das noch junge deutsche Kaiserreich im Kulturkampf mit dem Papsttum und der katholischen Zentrumspartei lag, wollte er angesichts der Erschütterung geistiger Werte nun erst Recht dem christlichen Glauben zu weltumspannender Tragkraft verhelfen. In seiner Kongregation lebten Priester und Laienbrüder aus aller Herren Länder zusammen. Von Anfang an waren sie in der Mission tätig und werden deshalb zumeist *Steyler Missionare* genannt. Janssen gründete 1889 zudem die Kongregation der „Dienerinnen des Hl. Geistes", die *Steyler Missionarinnen*. Ihre Aufgabe war es vor allem, Schwestern für die Mission auszubilden. Eine völlig andere Ausrichtung hat dagegen die dritte Kongregation in der Steyler Missionsfamilie. Die 1898 gegründeten „Dienerinnen des Hl. Geistes von der ewigen Anbetung", die *Steyler Anbetungsschwestern*, sollten den beiden aktiven Kongregationen durch ununterbrochenes Gebet Rückhalt und das geistige Fundament für deren Wirken in der Welt bereiten. Sie sind eine streng kontemplative Gemeinschaft und leben nach der Benediktregel in Klausur. Ihre Zielsetzung ist die immerwährende, auch nächtliche Anbetung des Allerheiligsten. Auffällig ist ihr rosa Ordensgewand, das ihnen den Namen

„Rosa Schwestern" eingebracht hat. Die gesamte Ordensfamilie hat weltweit etwa 10.000 Mitglieder.

Neben den Kongregationen entstanden im 20. Jahrhundert als weitere neue Form katholischer Ordensgemeinschaften Säkularinstitute. Angehörige einer solchen Gemeinschaft können die Gelübde der Armut, der Keuschheit und des Gehorsams entweder nur auf Zeit oder für immer ablegen. Einige Säkularinstitute übernahmen Elemente des Ordenslebens wie die gemeinsame Tracht oder die Hausgemeinschaft. In der Regel führen ihre Mitglieder aber ein weltliches Leben. Sie haben private Wohnungen und Häuser und gehen ihren erlernten Berufen nach. Ihr Ziel ist es, ihr Leben Gott zu weihen und doch die Welt nicht zu verlassen, sondern sie durch ihr aktives Wirken im Sinne Gottes zu verbessern. Die Zahl der Säkularinstitute vergrößert sich ständig, wobei Frauengemeinschaften den größeren Anteil haben. Zu den bekanntesten Säkularinstituten gehören das Schweizer *Werk der heiligen Katharina von Siena,* das *Johanneswerk* und die *Schönstätter Marienschwestern.*

Die Familie der katholischen Ordensgemeinschaften erhielt auf diese Weise mannigfaltigen Zuwachs und wurde zur Großfamilie mit vielen neuen Ästen und Zweigen. Auch die alten Orden wurden von dem Aufbruch mitgerissen. Sie konnten sich nach den schweren Jahren der Säkularisation über zahlreiche neue Mitglieder freuen und begannen abermals, sich über ihr Selbstverständnis Gedanken zu machen. Der Benediktinerorden gab sich in dieser Zeit eine übergreifende Organisation. Es fällt angesichts der unterschiedlichen Reformbewegungen schwer, im Früh- und Hochmittelalter von *den* Benediktinern zu sprechen. Obgleich die meisten Mönche und Nonnen, die der Benediktregel folgten, sich in Abgrenzung zu den neuen Orden seit dem 13. Jahrhundert mit dem schwarzen Habit der Cluniazenser ein einheitliches und bis heute charakteristisches Aussehen gaben, lebten sie bis weit in die Neuzeit hinein nicht in dem Bewusstsein, einem gemeinsamen Orden anzugehören. Zwar war im 10. Jahrhundert der Abt von Fulda zum Primas aller Benediktinerklöster im römisch-deutschen Reich erhoben worden, doch war damit keine Weisungsbefugnis, sondern nur ein Ehrenvorrang gegenüber den anderen verbunden. Im Spätmittelalter erhielten die Abteien schließlich die päpstliche Erlaubnis, sich mit anderen selbstständigen Klöstern zu Kongregationen, organisatorischen Verbänden, zu vereinigen. Erst unter Papst Leo XIII. erfolgte 1893 der föderalistische Zusammenschluss aller dieser Kongregationen zur *benediktinischen Konfoederation,* und zwar ohne dass die Rechte, Privilegien und die Selbstständigkeit der einzelnen Abteien beschnitten worden wären. Jede der heute weltweit zwanzig Kongregationen mit insgesamt 341

Männerklöstern bestellt einen Abtpräses, der seinen Klosterverband nach außen vertritt. Drei benediktinische Klöster gehören keinem Verband an und werden deshalb als *extra congregationes* (außerhalb der Kongregationen stehend) bezeichnet. Dies sind die Abteien Chevetogne in Belgien, Le Bouveret in der Schweiz und Jerusalem. Der Konfoederation sind darüber hinaus 840 Frauenklöster mit etwa 16.000 Benediktinerinnen angeschlossen. An der Spitze der gesamten benediktinischen Konfoederation, und damit des Benediktinerordens, steht der *Abtprimas*, der von allen Äbten für einen Zeitraum von zunächst acht Jahren gewählt wird. Die Amtszeit kann durch Wiederwahl um jeweils vier Jahre verlängert werden. Der Abtprimas hat seinen Sitz in der Primarabtei Sant' Anselmo in Rom. Er hat keinerlei zentrale Leitungsfunktion, sondern repräsentiert den Gesamtorden nach innen wie außen und vertritt ihn beim Hl. Stuhl. In Sant' Anselmo treffen sich alle vier Jahre sämtliche Äbte des Ordens zum Kongress (Tafel 17 oben).

Zur benediktinischen Konfoederation gehört auch die 1884 gegründete *Kongregation der Missionsbenediktiner von St. Ottilien*. Der missionarische Aufbruch im 19. Jahrhundert und das Vorbild vieler Ordensgemeinschaften, die sich intensiv der Mission und karitativem Werk in der Welt widmeten, war für den Benediktinerabt Mathias Amrhein († 1927) Anlass, sich mit der Botschaft des Evangeliums und dem Erbe des Benedikt von Nursia auseinander zu setzen. Er wollte den Sendungsauftrag der Bibel mit dem Rückzug aus der Welt, wie ihn die Benediktregel forderte, in Einklang bringen. Dazu gründete er die Kongregation der Missionsbenediktiner, die er in St. Ottilien bei Augsburg ansiedelte. Schon kurze Zeit danach konnten die ersten Mönche nach Tanzania und andere Länder Afrikas, Asiens und Lateinamerikas entsandt werden. Die Brüder ließen sich dort dauerhaft nieder und bildeten vor Ort Ordensnachwuchs aus. Ihr Anliegen war, die noch jungen Kirchen in ihrem Aufbau und ihrem Auftrag der Christianisierung zu unterstützen. Die aktuell zwanzig Mitgliedsabteien der Kongregation der Missionsbenediktiner befinden sich unter anderem in Namibia, Kenia, Uganda, Südkorea, Kolumbien und auf den Philippinen.

Das Beispiel der Missionsbenediktiner zeigt, wie stark der Gedanke der Christianisierung im 19. und 20. Jahrhundert wieder aufgegriffen wurde. Nach dem Vorbild der jesuitischen Missionen im Zeitraum vom 16. bis zum späten 18. Jahrhundert hatten schon damals auch Franziskaner und andere Orden Botschafter des christlichen Glaubens in die Welt entsandt, doch erfolgte die planmäßige Globalisierung vieler Orden und Kongregationen erst an der Schwelle zum 20. Jahrhundert.

Verfolgung und Aufhebung
Orden und Klöster im Dritten Reich

Nachdem das 19. Jahrhundert nach den Umbrüchen der Säkularisation für die katholischen Ordensgemeinschaften eine positive Wende genommen hatte, begannen mit dem 20. Jahrhundert erneut dunkle Wolken aufzuziehen. Immer öfter wurden die von der geschwundenen weltlichen Autorität des Papsttums nurmehr unzulänglich beschirmten Gemeinschaften jetzt Opfer der politischen Entwicklungen. Diese trafen zunächst die Klöster in Frankreich. Nachdem man dort 1904/05 Kirche und Staat getrennt hatte, wurde den Orden und Kongregationen jegliche Lehrtätigkeit untersagt und wurden deren Schulen aufgelöst. Zudem wurde das Vermögen der Klöster beschlagnahmt, mit dessen Hilfe man sich eine Sanierung der maroden Staatsfinanzen erhoffte. Die Vorgänge glichen denen im deutschen Reich von 1803. Die Besitzungen wurden unter ihrem Wert zum Kauf angeboten und Kulturgüter in großem Ausmaß zerstört. Nur wenige kirchliche Einrichtungen und Klöster konnten unter größten wirtschaftlichen Schwierigkeiten überleben. Nach dem Ersten Weltkrieg wurden missionierende Kongregationen und Ordenshäuser wieder zugelassen und entschädigt. Die Narben der Zwangsenteignung trägt die mit vergleichsweise ärmlichen Mitteln ausgestattete katholische Kirche in Frankreich allerdings bis heute.

Mit dem Aufstieg der Nationalsozialisten stand den Orden und Klöstern auch in Deutschland abermals eine schwere Prüfung bevor. Noch vor der Machtergreifung von 1933 hatten sich die deutschen katholischen Bischöfe mehrheitlich gegen die Ideologie der Nationalsozialisten gewandt und Katholiken ein Mitwirken in der Partei untersagt. Nach 1933 jedoch erfolgte eine Annäherung zwischen Kirche und Regime. Um nicht die Gunst der neuen Machthaber und des Volkes zu verlieren, riefen die katholischen Bischöfe die Gläubigen zur Erfüllung ihrer staatsbürgerlichen Pflichten und zum Gehorsam gegenüber der Obrigkeit auf. Einige Oberhirten und Ordensleute hatten sich zudem von Hitler und seinem Programm gewinnen lassen und sahen aus eigenen Interessen heraus keinen Grund, sich gegen ihn zu stellen. Die anfänglich gute Zusammenarbeit wurde erleichtert durch das Reichskonkordat, das 1933 mit dem Heiligen Stuhl geschlossen wurde und das Verhältnis Deutschlands zur katholischen Kirche regelte. Den Ordensgemeinschaften gestattete es die ungehinderte Ausübung ihrer Tätigkeiten in der Seelsorge, im Schulunterricht sowie im sozial-karitativen Bereich. Eine Einmischung in politische Belange war ihnen strikt untersagt.

Doch schwenkte die Stimmung schnell um, als die Nazis begannen, das kirchliche Leben zu behindern, Hausdurchsuchungen in klösterlichen Einrichtungen durchzuführen und Priester und Ordensleute zu verhören. „Mit brennender Sorge und steigendem Befremden beobachten Wir seit geraumer Zeit den Leidensweg der Kirche, die wachsende Bedrängnis der ihr in Gesinnung und Tat treubleibenden Bekenner und Bekennerinnen inmitten des Landes und des Volkes, dem St. Bonifatius einst die Licht- und Frohbotschaft von Christus und dem Reiche Gottes gebracht hat", wandte sich Papst Pius XI. am 14. März 1937 deshalb an die deutsche Bischofskonferenz in Deutschland.[19] Die Enzyklika, die einzige, die jemals im Original in deutscher und nicht in lateinischer Sprache verfasst worden ist, wurde durch die päpstliche Nuntiatur heimlich in Deutschland verbreitet und am 21. März in allen katholischen Gemeinden verlesen. Der Papst äußerte sich darin besorgt über die zunehmende Verfolgung der Kirche im Dritten Reich und verurteilte den offenen Bruch der Vereinbarungen des Reichskonkordats. Die Ideologie und Machenschaften der Nazis, so ist seine Überzeugung, kannten „von Anfang an kein anderes Ziel […] als den Vernichtungskampf". Umso stärker wandte er sich gegen den „Götzenglauben" und mahnte zum Festhalten an der christlichen Heilslehre. Dass sich der Papst in einer Enzyklika nicht nur an die Bischöfe, sondern auch direkt an die Jugend, die Priester und die Ordensleute richtete, war ein unerhörtes Novum und unterstreicht die Wichtigkeit der Worte des Pontifex: „Den katholischen Ordensleuten beiderlei Geschlechts gilt ebenfalls Unser väterlicher Dank, verbunden mit inniger Anteilnahme an dem Geschick, das infolge ordensfeindlicher Maßnahmen viele von ihnen aus segensreicher und liebgewordener Berufsarbeit herausgerissen hat. Wenn einzelne gefehlt und sich ihres Berufes unwürdig erwiesen haben, so mindern ihre auch von der Kirche geahndeten Vergehen nicht die Verdienste der gewaltigen Überzahl, die in Uneigennützigkeit und freiwilliger Armut bemüht waren, ihrem Gott und ihrem Volk mit Hingabe zu dienen. Der Eifer, die Treue, das Tugendstreben, die tätige Nächstenliebe und Hilfsbereitschaft der in Seelsorge, Krankendienst und Schule wirkenden Orden sind und bleiben ein ruhmwürdiger Beitrag zur privaten und öffentlichen Wohlfahrt, denen zweifellos eine spätere, ruhigere Zeit mehr Gerechtigkeit wird widerfahren lassen als die aufgewühlte Gegenwart. Wir haben das Vertrauen zu den Leitern der Ordensgenossenschaften, dass sie die Schwierigkeiten und Prüfungen zum Anlass nehmen, um durch verdoppelten Eifer, vertieftes Gebetsleben, heiligen Berufsernst und echt klösterliche Zucht von dem Allmächtigen neuen Segen und neue Fruchtbarkeit auf ihre schwere Arbeit herabzurufen."

Für die Nationalsozialisten kam die Verlesung der Enzyklika sehr überraschend. Umso entschlossener verstärkten sie in der Folgezeit den Druck auf die Kirchen und Ordenseinrichtungen und unterzogen sie weiterer Repressalien durch Polizei und Gestapo. In Schauprozessen wurden Priester und Ordensleute wegen angeblicher Verbrechen gegen die Sittlichkeit vorgeführt und verurteilt, um ihre Glaubwürdigkeit vor der Öffentlichkeit zu diskreditieren und sie als „Volksschädlinge" zu brandmarken. Der Reichssicherheitsdienst formulierte 1938 entsprechend: „Die Orden sind der militante Arm der katholischen Kirche. Sie müssen daher von ihren Einflussgebieten zurückgedrängt, eingeengt und schließlich vernichtet werden."[20] Mit dem Ausbruch des Zweiten Weltkriegs verschlechterte sich die Lage für die Klöster noch einmal. Viele Mönche und Priester wurden in die Wehrmacht eingezogen und verloren im Krieg ihre Gesundheit oder ihr Leben. Zurück blieben halb verwaiste Abteien, die die verbleibenden Brüder kaum gegen Plünderungen und Zweckentfremdungen durch die Nazis verteidigen konnten. Ein Geheimerlass des NSDAP-Reichsleiters Martin Bormann vom 13. Januar 1941 gab schließlich das Signal zum „Klostersturm", in dessen Folge über 200 Klöster in Deutschland und den annektierten Nachbarländern aufgehoben wurden. In den Gebäuden richteten die Nazis zumeist Lazarette oder Schulungsheime für Soldaten ein. Die alten und behinderten Menschen, die in den Hospitälern und Pflegeeinrichtungen der Orden betreut wurden, wurden zumeist ohne Umschweife direkt dem „Euthanasieprogramm" zugeführt und getötet (Tafel 15 oben).

Ein offenes und einheitliches Bekenntnis gegen die nationalsozialistische Diktatur haben die Orden niemals formuliert. Doch aus den Reihen derer, die als Ordensleute verhaftet und verfolgt wurden, ragen einige Namen heraus, die gegen den Terror ihre Stimme erhoben haben. Zu ihnen gehört die jüdischstämmige Nonne und Philosophin Edith Stein (1891–1942). Sie war erst 1922 zum christlichen Glauben konvertiert und 1938 in Köln in den Orden der *Unbeschuhten Karmelitinnen* eingetreten, der auf die Mystikerin und Kirchenlehrerin Theresa von Avila († 1582) zurückgeht, der sich Edith persönlich sehr verbunden fühlte. Sie nahm den Ordensnamen Theresia Benedicta vom Kreuz an. Angesichts der wachsenden Diskriminierung der Juden versuchte sie mehrfach vergebens, Papst Pius XI. zu einer Stellungnahme gegen den Antisemitismus und die Pogrome der Nazis zu bewegen. Der Gestapo blieb indes nicht verborgen, dass Schwester Theresia Benedicta eine konvertierte Jüdin war. Zusammen mit ihrer Schwester, die ebenfalls zum christlichen Glauben übergetreten und Nonne geworden war, floh sie daher ins niederländische Karmelitinnenkloster Echt. Dort war es die Priorin, die der Gestapo verriet, dass Theresia Benedicta eine geborene Jüdin sei. Sie wurde zusammen mit ihrer Schwester verhaftet und nach Auschwitz deportiert, wo sie am 9. August 1942 in der Gaskammer ermordet wurde. Dass Edith Stein als erste katholische Märtyrerin jüdischer Abstammung 1987 selig und elf Jahre später heilig gesprochen wurde, hat Papst Johannes Paul II. nicht wenig Kritik eingebracht. Man warf ihm vor, sie für die katholische Kirche vereinnahmen zu wollen, wo sie sich doch dem jüdischen Volk bis zuletzt sehr verbunden gefühlt habe und ihr Denken weit über die engen Grenzen ihrer Konfession hinausgegangen sei.

Ebenfalls in Auschwitz kam der polnische Franziskaner-Minorit Maximilian Kolbe (1894–1941) ums Leben. Nach einer Marienerscheinung war er mit sechzehn Jahren ins Kloster eingetreten und acht Jahre später zum Priester geweiht worden. Er gründete die *Unbefleckte Miliz*, eine Glaubensgemeinschaft, die sich um gefallene Sünder kümmern wollte. Vor den Toren Warschaus, in Niepokalanów, richtete er ein Missionszentrum ein, in dem er sich hauptsächlich der Jugendarbeit und der Herausgabe von christlichen Zeitschriften widmete. In der Folgezeit reiste er bis nach Japan, um auch dort Missionshäuser zu eröffnen. Kolbes Publikationen verraten, dass er in den 30er Jahren noch selbst deutlich von antisemitischen Ressentiments beeinflusst war. Wiederholt ist in ihnen vom „Krebsgeschwür des Weltjudentums" die Rede. Für die Rettung Polens sah Kolbe nur eine Lösung, nämlich die vollständige Emigration der Juden. Doch muss er spätestens mit der Eroberung Polens angesichts der unübersehbaren Gräueltaten seine Haltung geändert haben. Denn 1941 wurde er von der Gestapo verhaftet, nachdem sich die Hinweise verdichtet hatten, er würde jüdische Flüchtlinge in Niepokalanów beherbergen. Man brachte ihn nach Auschwitz. Als dort bei einem Appell zehn Männer ausgesondert wurden, die im Austausch für einen angeblich geflohenen Häftling im sogenannten „Hungerbunker" sterben sollten, bot Maximilian Kolbe sein Leben für das des polnischen Familienvaters Franciszek Gajowniczek. Neun Tage verbrachte er mit seinen Leidensgenossen bei Gebet und Gesang im Bunker und wurde schließlich mit einer Giftspritze getötet. 1971 wurde Maximilian Kolbe selig und 1982 im Beisein des von ihm geretteten Gajowniczek als Märtyrer heilig gesprochen.

Unter jenen, die aktiven Widerstand gegen die Nazis leisteten, war der Jesuit Alfred Delp (1907–1945). Nach seinem Ordenseintritt und der Priesterweihe wirkte er zunächst als Erzieher und Lehrer. In München arbeitete er für die von den Jesuiten herausgegebene Monatszeitschrift „Stimmen der Zeit", die 1939 verboten wurde. Er schloss sich 1942 der bürgerlich-intellektuellen Widerstandsgruppe „Kreisauer Kreis" an, die sich um Helmuth James Graf von

Moltke gebildet hatte. Delp setzte sich darin besonders für die Schaffung einer christlich-sozialen Gesellschaftsordnung für die Zeit nach der Nazi-Diktatur ein. Nach dem Scheitern des Attentats auf Adolf Hitler durch Claus Schenk Graf von Stauffenberg am 20. Juli 1944, zu dessen Rädelsführern und Mitwissern man auch den Kreisauer Kreis zählte, wurde Alfred Delp eine Woche später in München verhaftet. Es bleibt unklar, ob er von Stauffenbergs Plänen gewusst hat oder nicht. Vor dem Volksgerichtshof unter dem Vorsitz Roland Freislers wurde er wegen Hoch- und Landesverrats zum Tod durch den Strang verurteilt. Auf das Angebot seiner Freilassung im Tausch gegen den Austritt aus der Gesellschaft Jesu ging er nicht ein. Am 2. Februar 1945 wurde Alfred Delp in Berlin-Plötzensee hingerichtet. Der Jesuitenorden gedenkt seiner im Jahr 2007 ganz besonders, in dem sich am 17. September sein Geburtstag zum 100. Mal jährt.

Ein weiteres Gedenken in der Gesellschaft Jesu gilt 2007 dem zwanzigsten Jahrestag der Seligsprechung Rupert Mayers (1876–1945), der sich gleichfalls dem Naziterror entgegengestellt hatte. Rupert Mayer war nach dem Studium der Theologie und Philosophie mit dreiundzwanzig Jahren zum Priester geweiht und ein Jahr später in die Gesellschaft Jesu aufgenommen worden. Nach Jahren als Missionar und Seelsorger in Deutschland, der Schweiz und den Niederlanden diente er im Ersten Weltkrieg ab 1914 als Feldgeistlicher. 1916 erlitt er eine Verwundung, in deren Folge ihm das linke Bein amputiert werden musste. 1921 wurde er als Leiter der Marianischen Männerkongregation nach München berufen. In der Bevölkerung war er schnell als leidenschaftlicher Seelsorger, Wohltäter und charismatischer Prediger bekannt und geachtet. Schon früh hatte er das Übel des Nationalsozialismus erkannt und von der Kanzel gegen die Ideologie Hitlers und seiner Anhänger gepredigt. Als 1935 der katholische Wohlfahrtsverband Caritas von den Nazis verboten wurde, zog der gehbehinderte Pater selbst mit der Sammelbüchse los. Ein wiederholt gegen ihn verhängtes Predigtverbot missachtete er und wurde infolgedessen 1938 in der Haftanstalt Landsberg am Lech und 1939 schließlich im Konzentrationslager Sachsenhausen interniert. Als sich sein Gesundheitszustand deutlich verschlechterte, stimmten die Nazis zu, Rupert Mayer ins Benediktinerkloster Ettal in Gewahrsam zu verlegen, wo er bis zum Kriegsende ausharren musste. Zurück in München widmete er sich mit aller Kraft der Versorgung der Not leidenden Bevölkerung in der zerstörten Stadt. Doch bereits an Allerheiligen des Jahres 1945 erlitt er während der Messe einen tödlichen Schlaganfall. Er wurde 1987 von Papst Johannes Paul II. selig gesprochen.

Die Bestandsaufnahme der Orden und Klöster inmitten der geistigen und materiellen Trümmerwüste, die die Nationalsozialisten in Deutschland und Europa hinterlassen haben, förderte indes nicht nur mutige Glaubenszeugen und vorbildliche Christen zutage. Die Nachkriegsgenerationen stehen der Rolle der Kirche im Dritten Reich insgesamt kritisch gegenüber und stellen die Frage, ob nicht im Namen der christlichen Nächstenliebe mehr für die Verfolgten und Notleidenden hätte getan werden können und müssen. Doch Pauschalisierungen verbieten sich schon allein durch Unkenntnis der jeweiligen Umstände. Die Entdeckung aber, dass das eine oder andere Kloster, das nicht von Enteignung betroffen war, wissentlich oder unwissentlich auch Zwangsarbeiter beschäftigte, ist für die betroffenen Konvente und deren Orden besonders schmerzlich.

Auf in die Zukunft
Die Orden seit dem Zweiten Vatikanischen Konzil

Obgleich sich Kirchen und Klöster, soweit sie es mit den ihnen verbliebenen Mitteln vermochten, nach dem Ende des Zweiten Weltkriegs dem Wiederaufbau widmeten, den Schulbetrieb wieder aufnahmen und der traumatisierten Bevölkerung nach Kräften unter die Arme griffen, schien die Amtskirche der Katholiken trotz der hohen Laienfrömmigkeit in der Nachkriegszeit in ihrem Inneren in einen Dornröschenschlaf verfallen zu sein. Die Unzufriedenheit mit den erstarrten Formen der Liturgie, die wie vor tausend Jahren in lateinischer Sprache gefeiert wurde, mit alten Formeln und Ritualen, deren Bedeutung keiner mehr verstehen wollte, wuchs. Die Kirche sollte ihre Glaubensbotschaft nicht länger hinter alten Dogmen verbergen, sondern sich dem Geist der Ökumene öffnen. 1962 verschloss sich Papst Johannes XXIII. († 1963) den immer lauter werdenden Forderungen nicht mehr und eröffnete am 11. Oktober das Zweite Vatikanische Konzil, das mit insgesamt 3044 Teilnehmern bis zum 8. Dezember 1965 in vier Sitzungsperioden tagte. Während Kleriker, Mönche und Laien, aber auch Angehörige anderer Konfessionen in gespannter Erwartung nach Rom blickten, gab es eine konservative Minderheit, die eine Aushöhlung der katholischen Lehre befürchtete. So kritisierten die Traditionalisten den viel zitierten Geist des Vatikanischen Konzils, der unter vielen anderen Erneuerungen die Einführung der Volkssprachen in der Liturgie, neue Formen der Glaubensvermittlung in Gottesdienst und Seelsorge und einen erweiterten Dialog mit anderen Konfessionen und Weltreligionen mit sich brachte (Tafel 16).

Die Forderung nach einer Verjüngung der Kirche ließ auch die Ordensgemeinschaften nicht unberührt. Das Konzilsdekret „*Perfectae Caritatis*", das am 28. Oktober 1965 erlassen wurde, betraf die „zeitgemäße Erneuerung des Ordenslebens".[21] Darin würdigt das Konzil zunächst das Wirken der vielen Ordensgemeinschaften im Geist des Evangeliums und das monastische Leben als besonders wertvollen Weg der Christusnachfolge. Sodann jedoch forderte es von den Orden und Kongregationen die Anpassung an die Gegenwart. Die Nachfolge Christi und ihr Ordensziel sollten sie dabei anhand des Evangeliums, ihrer Ordensregel und bewährter Traditionen unter Berücksichtigung der Bedürfnisse gegenwärtiger Zeiten zu verwirklichen trachten. „Alle Institute sollen am Leben der Kirche teilnehmen und sich entsprechend ihrem besonderen Charakter deren Erneuerungsbestrebungen – auf biblischem, liturgischem, dogmatischem, pastoralem, ökumenischem, missionarischem und sozialem Gebiet – zu eigen machen und sie nach Kräften fördern." Monastisches Leben, Gebet und Liturgie müssen, insbesondere in den Missionsgebieten, den geographischen und kulturellen Eigenheiten angepasst werden: „Darum sind die Konstitutionen, die ‚Direktorien', die Gebräuchebücher, Gebetbücher, Zeremonienbücher und dergleichen entsprechend durchzusehen und nach Ausscheiden veralteter Bestimmungen mit den Dokumenten dieser Heiligen Synode in Einklang zu bringen." Das Konzil stellte es den einzelnen Orden, Kongregationen und Säkularinstituten anheim, diese Forderungen auf der Basis ihrer eigenen Spiritualität und im Sinne ihres Gründers durchzusetzen, und appellierte an die Mitarbeit aller Brüder und Schwestern.

Die meisten Orden und Klöster traf der Vorstoß des Konzils völlig überraschend. Sie waren auf eine Reform nicht vorbereitet. Mehr noch als einige Kardinäle und andere Konzilsteilnehmer weigerten sich konservative Mönche und Nonnen, dem Konzil und dem Zeitgeist zu folgen, veränderte Formen der Liturgie aufzugreifen oder an althergebrachten Klausurbestimmungen zu rütteln. Heftig wurde daher in den Konventen und auf Generalkapiteln gestritten, wie denn die Forderung nach spiritueller und struktureller Umgestaltung des Ordenslebens und Anpassung an die Gegenwart aussehen könne. Die Konflikte um Tradition und Moderne hatten viele Austritte insbesondere älterer Mitglieder aus klösterlichen Gemeinschaften zur Folge. Nachwuchsmangel wurde in den westlichen Industrieländern zu einem der größten Probleme der alten Ordensgemeinschaften. Viele ihrer jüngeren Mitglieder stammen heute aus Ländern der Dritten Welt, in denen die Gemeinschaften nach wie vor engagiert im Kampf gegen Analphabetismus und Hunger, Krankheiten und soziales Elend und in der Christianisierung tätig sind.

Werk Gottes?
Opus Dei

Einer der kritischsten Beobachter des Zweiten Vatikanischen Konzils war der spanische Priester Josemaría Escrivá de Balaguer (1902–1975), der überhaupt keinen Anlass sah, die Kirche zu modernisieren. Während sich die meisten Orden um eine Verjüngung und Öffnung zur Moderne bemühten, vertrat seine Gemeinschaft Opus Dei wie kaum eine andere Organisation innerhalb der katholischen Kirche rigorosen Traditionalismus und Sittenstrenge.

Dem Opus Dei (lat. „Werk Gottes") gehörten 2005 weltweit 85.000 Frauen und Männer an, darunter etwa 2000 Priester. Gemessen an geschätzten 1,1 Milliarden Gläubigen machen diese weniger als 0,01 Prozent der Katholiken aus. Dennoch ruft es stärkste Emotionen hervor. Neutrale Positionen scheint es kaum zu geben. Opus Dei wird entweder in den höchsten Tönen gelobt oder als reaktionär konservative Organisation innerhalb der katholischen Kirche verdammt. Seit der amerikanische Schriftsteller Dan Brown in seinem Bestseller „Sakrileg" Opus Dei zu einer Art Schattenkabinett des Vatikans, zu geheimen Drahtziehen finsterer Verschwörungen hinter dem Rücken von Papst und Amtskirche stilisiert hat, scheint es in aller Munde zu sein. Dass viele Leser nicht zwischen der Realität und der Fiktion eines Romans unterscheiden wollen, hat nicht unbedingt zu einer sachlichen und vernünftigen Diskussion beigetragen, zumal der Autor nicht davon ablässt, seine mitunter abstrusen Thesen als ‚echt' zu deklarieren. Angesichts vieler widersprüchlicher Aussagen und Anschuldigungen muss eine angemessene Beschreibung des „realen" Opus Dei zunächst auf dessen Rechtsstatus und Anfänge Bezug nehmen.

Allein schon die Definition des Opus Dei bedarf einiger Erklärungen. Obgleich es starke Wesensmerkmale einer Ordensgemeinschaft aufweist, hat Gründer Josemaría Escrivá stets betont, es sei keinesfalls ein Orden, sondern eine Bewegung, die in keine der Kirche bekannten Formen von Glaubensgemeinschaften passe. Zwar war es 1950 vom Papst als Säkularinstitut anerkannt worden, doch erhielt das Opus Dei 1982 den Status einer Personalprälatur. Diese Rechtsform wurde im Zuge des Zweiten Vatikanischen Konzils geschaffen. Für bestimmte seelsorgerische Aufgaben kann die Kirche bei Bedarf Personalprälaturen einrichten. Diese gleichen vom Prinzip her einer Diözese, sind aber nicht territorial gebunden. Opus Dei übt demnach *de iure* eine nicht-territoriale Seelsorge aus und ist nur der Aufsicht des Papstes unterstellt. Die Ortskirchen haben keinerlei Einfluss auf das Werk. Dennoch bleiben seine

Mitglieder in Belangen, die alle Kathcliken betreffen, etwa eine Eheannullierung, dem Diözesanbischof unterstellt.

Josemaría Escrivá gründete das Opus Dei am 2. Oktober 1928 in Madrid. Er entstammte einer in ärmlichen Verhältnissen lebenden, streng gläubigen Familie aus Barbastro nordöstlich von Madrid. Bereits im Alter von 16 Jahren äußerte er den Wunsch, Priester zu werden, studierte Theologie und empfing schließlich 1925 die Priesterweihe. In Madrid wirkte er einige Zeit als Seelsorger in den Armenvierteln und unter den Straßenkindern. Die Gründung der *Praelatura Sanctae Crucis et Opus Dei* war nach seinen eigenen Aussagen durch eine Vision inspiriert. Auf Gottes Geheiß wollte er darauf hinwirken, dass männliche Laien durch ein Leben ganz nach dem Evangelium und in Ausübung christlicher Nächstenliebe ihren Alltag heiligen. Zwei Jahre später veranlasste ihn eine weitere Vision, einen weiblichen Zweig seiner Organisation zu gründen. In den Jahren des spanischen Bürgerkriegs, die für Priester und Ordensleute schwerste Bedrückungen brachten, floh Escrivá, der weiter als Seelsorger tätig gewesen war, vor den Kommunisten in die Arme General Francos und wurde sein persönlicher Vertrauter. 1943 schließlich gründete er als Teilverband von Opus Dei die *Priestergesellschaft vom heiligen Kreuz*. Seine Organisation wurde 1950 von Papst Pius XII. als Säkularinstitut anerkannt. Mit dieser Rechtsform war Escrivá äußerst unzufrieden. Denn während die Säkularinstitute sich in jener Zeit in ihrer Lebensform immer stärker den echten Orden annäherten, wollte er eine stärkere Verweltlichung und strebte nach einem eigenen rechtlichen Status für seine Gründung. Die Erhebung des Opus Dei zur Personalprälatur im Jahr 1982 sollte er selbst allerdings nicht mehr erleben.

In zahlreichen Abhandlungen und auf Reisen in alle Welt versuchte er, den Geist und die Zielsetzung des Opus Dei zu vermitteln. Sein bis heute bekanntestes Werk ist „Der Weg", eine Sammlung von 999 Sinnsprüchen (Aphorismen), die er den Gläubigen mit auf den Weg gibt.

Escrivás Botschaft erwies sich als ebenso simpel wie effektiv: Alle Christen, auch die Laien, egal welcher Herkunft oder welchen Standes sie sind, sind zur Heiligkeit berufen. Ziel des Gläubigen muss es sein, seinen Alltag, seine Arbeit und damit sein Leben gemäß dem Willen Gottes zu heiligen. Diese Kernaussage verhalf Escrivá und seinem Werk schnell zu großer weltweiter Popularität.

Das Opus Dei ist hierarchisch aufgebaut. An seiner Spitze steht der Prälat, der seinen Amtssitz in Rom hat. Nach Escrivá und seinem Nachfolger Alvaro del Portillo liegt das Werk seit 1994 in den Händen von Escrivás ehemaligem Sekretär, Bischof Javier Eccevarría Rodríguez. Es teilt seine Mitglieder, je nachdem, in welchem Maße sie der Organisation zur Verfügung stehen, in Supernumerarier, Numerarier und Assoziierte ein. Daneben gibt es Helfer, die jedoch keine wirklichen Mitglieder sind. Die Terminologie entstammt dem spanischen Universitätswesen zu Escrivás Zeiten.

Die oberste Hierarchie der Mitglieder bilden die *Numerarier*. Sie machen etwa zwanzig Prozent aller Anhänger des Werks aus. Diese sind Priester oder Laien, die das Gelübde der Ehelosigkeit abgelegt haben und in Zentren des Opus Dei leben. Einige von ihnen arbeiten in Vollzeit für das Werk, etwa in einer der vielen Bildungseinrichtungen. Die Mehrzahl aber geht zivilen Berufen nach. So arbeiten etliche Numerarier als Ärzte, Anwälte oder in anderen Leitungspositionen. Alles Geld, das sie nicht zu ihrem Lebensunterhalt benötigen, stellen sie dem Werk zur Verfügung. Sie durchlaufen ein intensives theologisches und spirituelles Schulungsprogramm und können ihr Wissen und ihre Erfahrung als Leiter von Opus Dei-Zentren an andere Mitglieder weitergeben. Anlass zu heftigster Kritik am Opus Dei bietet die den Numerariern auferlegte Bußpraxis. Einmal in der Woche haben sie sich, während sie das „Vater unser" oder das „Ave Maria" beten, mit der aus Kordeln geflochtenen „Disziplin" selbst zu geißeln. Jeder Numerarier besitzt auch ein *Cilice*, einen mit Metalldornen besetzten kleinen Bußgürtel, den er mit Ausnahme der Sonn- und Feiertage täglich zwei Stunden um den Oberschenkel zu tragen hat.

Zum Kreis der Numerarier gehören auch die *Hilfsnumerarier*. Dies sind ausschließlich Frauen, die in Vollzeit an den Opus Dei-Zentren den Haushalt für die Numerarier führen. In Escrivás Vorstellung verleiht diese weibliche Hand den Zentren den Charakter eines richtigen Heimes. Die Hilfsnumerarier werden für ihre Tätigkeit bezahlt und stellen oft zusätzliche Haushaltshilfen ein. Das Werk besteht darauf, dass die Arbeit der Hilfsnumerarier keine Geringschätzung von Frauen darstellt, nur hätten sie eben für die Hausarbeit die berufeneren Hände.

Anhänger des Opus Dei, die von der zölibatären Lebensweise der Numerarier angetan sind und ein ebensolches Leben führen möchten, jedoch nicht die Möglichkeit haben, in einem Zentrum zu wohnen, können als *Assoziierte* in ihrem familiären Umfeld und eigenen Wohnungen bleiben. Abgesehen vom Wohnort gelten für Numerarier und Assoziierte identische Rechte und Pflichten.

Die Mehrzahl der Mitglieder des Opus Dei sind indes *Supernumerarier*. Häufig sind sie verheiratet und leben in privaten Häusern und Wohnungen. Ihre spirituelle Unterweisung erhalten sie von einem Numerarier an einem Opus Dei-Zentrum. Die Supernumerarier sind diejenigen, die das Werk erst mit Le-

Notker Wolf (* 1940) wurde im Jahr 2000 zum Abtprimas der Benediktinerkonfoederation gewählt und repräsentiert den foederalistisch organisierten Orden nach innen und außen.

Die „Missionarinnen der Nächstenliebe" sind einer der bekanntesten neuen Orden des 20. Jahrhunderts. Die von Mutter Teresa († 1997) gegründete Gemeinschaft widmet sich intensiv der Pflege und Betreuung Armer und Kranker in aller Welt.

Die Heiligsprechung des Opus Dei-Gründers José María Escrivá († 1975) durch Papst Johannes Paul II. am 6. Oktober 2002 wurde mit großem Jubel und massiven Protesten gleichermaßen begleitet.

Frère Roger Schutz ist der Gründer der ökumenischen Communauté von Taizé. 2005 wurde er während eines Abendgebets mit einem Messer tödlich verwundet.

Das kontemplative Leben von Mönchen und Nonnen veranlasst viele Menschen der Gegenwart, sich für einige Wochen selbst in die Stille eines Klosters zurückzuziehen. Hier der romanische Kreuzgang von Fontenay.

Mönche und Nonnen bemühen sich heute um eine aktive Einbindung in die Gesellschaft und zeit-gemäße Vermittlung ihrer Werte, klagen aber über fehlenden Nachwuchs.

ben füllen, denn ihre Familien, ihre Alltags- und Arbeitswelt sollen durch das Wort Gottes und ein aktives christliches Leben geheiligt werden. Das heißt für sie in praktischer Lebensgestaltung, in jeder noch so banalen Tätigkeit ein Werk für Gott zu erblicken. Nach Aussagen von Supernumerariern kann das bedeuten, im Umgang mit nörgelnden Kunden stets freundlich und höflich zu bleiben, im Schuldienst den bestmöglichen Unterricht zu geben, als Busfahrer für einen sauberen Bus zu sorgen oder das heimische Badezimmer besonders sorgfältig zu putzen. Neben ihrem Engagement für Opus Dei sind viele Supernumerarier in Vereinen, Jugendgruppen und Pfarreien aktiv.

Weltweit kann das Werk auf die Unterstützung von knapp 170.000 *Helfern* auch anderer Konfessionen und Religionen zählen, die dem Opus Dei nicht angehören. Sie sind eingebunden in eine Vielzahl von Aktivitäten und stehen im Gegenzug dem Werk zumeist durch finanzielle Unterstützung zur Seite.

Die Seelsorge der Mitglieder besorgen etwa 2000 Priester, die dem Werk angegliedert und direkt dem Prälaten in Rom unterstellt sind. Sie rekrutieren sich aus den Reihen der Numerarier. Weitere ebenfalls etwa 2000 Geistliche gehören der Priestergesellschaft vom Heiligen Kreuz an, deren Mitglieder sich an der Lehre und der Spiritualität des Opus Dei beteiligen. Die Priestergesellschaft wurde 1943 von Escrivá selbst gegründet, damals mit dem Ziel, für die Seelsorge stets auf genügend Geistliche zurückgreifen zu können.

Ein Großteil der Kritik, aber auch des öffentlichen Interesses an Opus Dei, entzündet sich an der rigiden Bußpraxis, die den Numerariern und Assoziierten beiderlei Geschlechts auferlegt ist. Bußübungen wie das Anlegen des *Cilice* und die Selbstgeißelung sind freilich keine Erfindung Escrivás, sondern in der Kirchen- und Ordensgeschichte vielfach belegt. Gerade im südeuropäischen Raum gehörten solche Praktiken vor allem bei Priestern und Ordensleuten vielerorts zur Ausübung des Glaubens. Escrivá integrierte sie fest in sein Werk. Nicht nur werde durch die Selbstkasteiung der Körper im Ertragen von Mühsalen geschult und der Blick dabei ins Innere gerichtet. Sie solle für den Gläubigen ein Weg sein, Sünden und Vergehen zu sühnen und dabei dem Leiden Jesu Christi besonders nahe zu kommen. Der Gedanke der „Abtötung" des Körpers und seiner Leidenschaften war bei Escrivá jedoch besonders zentral. In seinem „Weg" erinnert er an Benedikt von Nursia und Bernhard von Clairvaux, die sich in dorniges Gestrüpp und eiskalte Gewässer gestürzt hätten, um ihre niederen Begierden zu bekämpfen. „Wenn du begriffen hast, dass der Leib dein Feind und Feind der Verherrlichung Gottes ist, weil er deine Heiligung bedroht, warum fasst du ihn dann so weich an?"[22] schrieb Escrivá. Doch schien der Opus Dei-Gründer schon in jungen Jahren in einer übersteigerten Leibfeindlichkeit mit seinen Bußübungen das bis dahin bekannte und kirchlich akzeptierte Maß solcher Praktiken zu übertreffen. „Vergiss nicht, was du bist: ein Kehrrichteimer. Demütige dich: weißt du nicht, dass du ein Eimer für Abfälle bist?"[23] Über tausend Schläge soll er sich einmal im Beisein eines Sekretärs in einer Zelle auf Honduras selbst zugefügt haben, so lange, bis Wände und Fußboden über und über mit Blut bespritzt gewesen seien. Die von den Numerariern und Assoziierten verlangte „Abtötung des Leibes" erscheint daran gemessen moderat. Escrivá warnte vor einer Schädigung der Gesundheit, überließ es aber dem Eifer des einzelnen Gläubigen, in welchem Ausmaß er sich der Selbstkasteiung unterziehen und wie eng er vor allem den Bußgürtel ziehen will – ein Standpunkt, der mithin extreme Formen der Selbstzüchtigung nicht ausdrücklich abweist.

Neben der wöchentlichen Selbstgeißelung und dem täglichen Anlegen des Bußgürtels sollen Numerarier mindestens einmal in der Woche auf einer dünnen Matte auf dem Boden schlafen. Die Numerarierinnen hingegen pflegen auf dünnen Brettern zu schlafen, die sie auf ihre Matratzen legen. Regelmäßig verzichten sie auch auf das Kopfkissen. Was die Askese beim Essen betrifft, so halten die Numerarier die üblichen kirchlichen Fastentage ein. Zusätzlich, so lautet die Anweisung auch an Supernumerarier, sollen sie in jede Mahlzeit eine kleine Abtötung, einen Verzicht einbauen, und so beispielsweise auf einen Nachtisch verzichten oder den Kaffee ohne Milch trinken.

Dass das Opus Dei sich beharrlich weigert, Mitgliederlisten zu veröffentlichen und es jedem Angehörigen des Werks selbst überlassen bleibt, seine Zugehörigkeit öffentlich zu machen oder zu verschweigen, hat die Theorien um eine radikal-konservative Geheimorganisation, die Kirche und Gesellschaft unterwandern will, nie verstummen lassen, sondern noch zusätzlich angeheizt. Das Werk weist darauf hin, dass die Anonymität im zu heiligenden Alltag für die Numerarier und Supernumerarier wesentlich sei und ihre Werke und Leistungen nicht besonders aus der Gesellschaft herausgehoben werden sollen. Dies erlaubt es den Mitgliedern jedoch, Netzwerke untereinander aufzubauen, die bei der Besetzung von Führungspositionen zum Tragen kommen. Der Ruf, das Werk möge für mehr Offenheit und Transparenz sorgen, verhallte bislang ungehört. Besonders in Spanien schon vor Jahrzehnten verbreitete Gerüchte, Mitglieder seien an einem bestimmten Aftershave, einer bevorzugten Zigarettenmarke oder einem fehlenden Knopf am Jackenärmel zu erkennen, erwiesen sich als unzuverlässig, halten sich in manchen Regionen aber hartnäckig.

„Gehorchen – sicherer Weg. Blind dem Vorgesetzten gehorchen – Weg der Heiligkeit"[24], schreibt Escrivá. Ehemalige Numerarier und Numerarierinnen erzählen, auf welche Weise ihnen ein solcher absoluter Gehorsam durch Druck und Kontrolle der Vorgesetzten abverlangt wurde. Missliebige Werke der Weltliteratur wie Immanuel Kants „Kritik der reinen Vernunft" stünden auf einem internen Index und dürften nur zu Studienzwecken und auch dann nur mit Erlaubnis eines Oberen eingesehen werden. Auch geistliche Gespräche mit dem Vorgesetzten sowie die regelmäßige Beichte sollen Berichten zufolge dazu dienen, Kontrolle über die Mitglieder auszuüben.

Beharrlich weist Opus Dei alle Vorwürfe zurück, es habe sich zum Ziel gesetzt, alle wichtigen Führungsämter innerhalb der Kirche sowie in Bereichen der Wirtschaft und Politik ganz in machiavellistischer Manier zu besetzen. Nicht zu übersehen ist aber, dass etliche Bischöfe dem Werk angehören und es mit Stolz auf die hohe Zahl an Universitäten und anderen Bildungseinrichtungen, Zeitungen, Rundfunkanstalten und anderen Medien verwiesen hat, an denen Mitglieder bereits vertreten seien. Auch wenn Opus Dei immer wieder betont, dass es sich jeglicher politischen Stellungnahme enthält, gibt es Hinweise, dass es nach seinen eigenen Maßstäben Punkte für die Glaubenstreue derjenigen vergibt, die als Führungskräfte innerhalb der Kirche in Frage kommen.

Das Wohlwollen, mit dem nicht nur Escrivá, sondern das gesamte Opus Dei vom Papsttum und den höchsten Rängen der katholischen Ämterhierarchie aufgenommen wurde und wird, bereitet den liberalen Kräften der Kirche große Sorge. Papst und Kurie verweisen dabei immer wieder auf Escrivás Botschaft, der zufolge jeder Christ ein Heiliger sein könne, die sein Lebenswerk für die Kirche so wertvoll machte. Sie trage nämlich den Geist des Zweiten Vatikanischen Konzils in sich, auf dem als Quintessenz christlichen Lebens genau das formuliert wurde, was Escrivá schon Jahrzehnte vorher begonnen hatte umzusetzen. Dass der Gründer des Opus Dei den Liberalismus des Konzils, die Öffnung der Kirche und die meisten der Konzilsbeschlüsse als völlig unerträglich ablehnte und sich davon geradezu angewidert zeigte, mag dazu in einem gewissen Widerspruch stehen. Escrivá gilt bis heute nicht nur als bekannt konservativ im Hinblick auf die kirchliche Lehre. Es halten sich zudem Gerüchte, er hätte sich politisch eindeutig rechts orientiert. Als Belege dafür werden oft seine persönliche Nähe zu General Franco sowie seine angebliche Befürwortung des Putsches Augusto Pinochets gegen den chilenischen Präsidenten Allende im Jahr 1973 herangezogen. Da Befürworter und Gegner Escrivás sich in ihren Aussagen diametral entgegenstehen, beide Seiten zu Überzeichnungen neigen und man im Fall des Opus Dei nicht von einem gut zu sichtenden Quellenbestand sprechen kann, können jedoch Spekulationen zur politischen Ausrichtung seines Gründers und seiner Mitglieder ebenso wenig zuverlässig beantwortet werden wie Fragen nach dem Bestehen eines „Masterplans" zur Unterwanderung von Kirche und Gesellschaft oder sektenähnlichen Praktiken bei der Rekrutierung und Kontrolle neuer Mitglieder.

Josemaría Escrivá de Balaguer starb am 26. Juni 1975 in Rom. Sofort nach seinem Tod gingen beim Heiligen Stuhl die Anträge aus aller Welt ein, den Gründer des Opus Dei selig zu sprechen. Unter großer öffentlicher Teilnahme erfolgte die Seligsprechung am 17. Mai 1992. Bereits zehn Jahre später, am 6. Oktober 2002, wurde er heilig gesprochen (Tafel 18).

Dem Opus Dei zugehörige oder nahe stehende Berichterstatter schwärmen bis heute von den fast 300.000 Menschen, die anlässlich dieses Ereignisses aus aller Welt nach Rom kamen und sich auf dem Petersplatz versammelten. Sie verschweigen geflissentlich die Heerscharen von Demonstranten, die in der Stadt gegen das Ereignis protestierten und ihrem blanken Entsetzen über die Heiligsprechung des Opus Dei-Gründers lautstark Ausdruck verliehen. Es war vor allem die umstrittene Persönlichkeit Escrivás und sein radikaler Konservativismus, die ihn nach Meinung seiner Kritiker nicht zum Heiligen qualifizierten. Erneut gehen die Meinungen in diesem Punkt auseinander. Während die einen Escrivá als humorvollen, demütigen und freundlichen Menschen in Erinnerung haben, war er für andere, die ihn persönlich erlebten, lieblos und ein jähzorniger Despot, der alle Eigenschaften eines Heiligen vermissen ließ.

Josemaría Escrivá und Opus Dei polarisieren und spalten. In seinem Werk bündeln sich die konservativen Kräfte der katholischen Kirche des 21. Jahrhunderts und fordern zum Widerspruch und zur Neuorientierung heraus. Die Mechanismen sind dabei nicht neu. Selbst aus einer ordensähnlichen Struktur erwachsen, vermag Opus Dei zu vermitteln, welche große Begeisterung, Verunsicherung, Ablehnung oder Empörung manche Ordensbewegung des Mittelalters und der Frühen Neuzeit bei den Zeitgenossen ausgelöst hat. Die Reaktionen darauf waren und sind Zwang zur spirituellen Selbstverortung, religiöser Disput und geistiger Neuaufbruch.

Laptop und Kutte
Orden heute

Trotz des großen medialen Interesses an Opus Dei bestimmt dieses keineswegs das facettenreiche Bild der christlichen Gemeinschaften der Gegenwart. Zum einen bemühen sich die etablierten Orden, Tradition und Moderne zu verbinden und sich einen festen Platz in der Gesellschaft des 21. Jahrhunderts zu sichern. Zum anderen hat das 20. Jahrhundert auch neue Ordensgemeinschaften hervorgebracht.

Ein besonders erfolgreicher Orden auf dem Gebiet der aktiven Christusnachfolge im Geist der Bettelorden sind die *Missionarinnen der Nächstenliebe*, die 1950 von der albanischen Ordensfrau Mutter Teresa gegründet wurden. Teresa, mit bürgerlichem Namen Agnes Gonxha Bojaxhiu, wurde 1910 in Skopje geboren und entschied sich schon früh für ein Leben im Kloster. Sie trat in den Orden der Englischen Fräulein ein und ging 1928 nach Indien. Eindrücke von der Not und dem Elend in Kalkutta veranlassten sie, sich von ihrem Orden zu lösen und fortan in den Slums der Millionenstadt unter den Ärmsten der Armen zu wirken. Mit ihrer eigenen Gemeinschaft, die 1950 vom Papst anerkannt wurde, widmete sie sich vor allem der Pflege der zahllosen Leprakranken Indiens. Über 3000 Schwestern gehören den Missionarinnen der Nächstenliebe heute an, die in über hundert Ländern der Welt tätig sind. Typisch für die Gemeinschaft ist ihr Ordensgewand, der weiße Sari mit blauem Band. Für ihren selbstlosen Einsatz erhielt Mutter Teresa im Jahr 1979 den Friedensnobelpreis. Am 5. September 1997 starb sie im Alter von 87 Jahren. Noch zu ihren Lebzeiten waren sie und ihr Orden immer wieder wegen der schlechten medizinischen Betreuung der Kranken, ihrer Weigerung, die Einkünfte ihrer Gemeinschaft offen zu legen und nicht zuletzt wegen ihrer kompromisslosen Haltung in Fragen der Verhütung, Abtreibung und Sexualmoral in die Kritik geraten. Dennoch bewundern viele bis heute das soziale Engagement der Mutter Teresa, die im Jahr 2003 selig gesprochen wurde; das Verfahren zur Heiligsprechung ist eingeleitet (Tafel 17 unten).

Ein Mann, der mit Mutter Teresa immer wieder zusammengearbeitet hat, ist selbst Gründer einer der interessantesten Ordensgemeinschaften des 20. Jahrhunderts. Diese verdankt sich ganz dem Gedanken der Ökumene, der mit dem Zweiten Vatikanischen Konzil auch verstärkt Eingang in die katholische Kirche fand. Roger Schutz (1915–2005), genannt Frère Roger, war sogar einer der nicht-katholischen Beobachter gewesen, die zum Konzil zugelassen worden waren. Der evangelische Theologe hatte zunächst auf einem Grundstück in Taizé in Burgund Kriegsflüchtlinge, darunter auch Juden, versteckt, und sich dann, sehr zum Ärger der einheimischen Bevölkerung, nicht nur um die vielen Kinder gekümmert, die im Krieg zu Waisen geworden waren, sondern auch um die Insassen eines benachbarten Kriegsgefangenenlagers. 1949 legte er mit sechs Gefährten die klassischen Gelübde der Armut, Keuschheit und des Gehorsams ab und gründete die *Communauté de Taizé*.

War die Gemeinschaft anfangs rein evangelisch gewesen, änderte sie bald ihre Richtung und wurde zur ersten ökumenischen Ordensgemeinschaft, deren Brüder nach einer von Roger Schutz verfassten Regel leben. Ihm ging es von Anfang an um eine Versöhnung nicht nur zwischen den christlichen Konfessionen, sondern auch um eine Annäherung zwischen den Weltreligionen. Viele der heute etwa 100 männlichen Mitglieder der Gemeinschaft leben in Afrika, Asien oder Lateinamerika in Häusern mit Armen zusammen. Als die *Communauté de Taizé* 1974 ein „Konzil der Jugend" mit 40.000 Teilnehmern abhielt, wurde sie weltweit bekannt und ist bis heute ein beliebter Ort der Begegnung und des friedlichen Miteinanders für Jugendliche und junge Erwachsene aus der ganzen Welt. Umso schockierender nicht nur für die Communauté, sondern auch für Laien und Vertreter beider Konfessionen war die Nachricht, dass der neunzigjährige Frère Roger am 16. August 2005 während des Abendgebetes von einer geistig verwirrten Frau mit einem Messer tödlich verletzt worden war (Tafel 19 oben).

Dass Taizé nicht weit von den Ruinen Clunys, einst Haupt des mächtigsten Reformverbandes des Mittelalters, entfernt liegt, ist ein symbolträchtiger Zufall der Ordensgeschichte. Ist Cluny Sinnbild für das Ringen um geistige Erneuerung von Mönchtum und Kirche im 10. und 11. Jahrhundert, spiegelt sich in Taizé das Bedürfnis der Gläubigen des 20. und 21. Jahrhunderts nach Offenheit und Dialog des Christentums.

Doch auch in Zeiten der Ökumene und Öffnung zur Welt gehört das traditionelle Mönchtum nicht zum alten Eisen. Gerade in den westlichen Ländern bemühen sich die Orden, den Wert und den spirituellen wie kulturellen Reichtum ihrer Lebensform an die Menschen zu vermitteln. Das Internet ist dabei ein wichtiges Medium geworden. Alle Orden sowie die meisten Klöster betreiben eigene Webseiten, die den Besucher einladen, einen neugierigen Blick in eine für sie oft fremde und verborgene Welt zu werfen. Die ‚alten' Benediktiner führen ihn nicht nur ein in die bewegte Geschichte ihrer oft tausendjährigen Klöster und machen ihn mit der Benediktregel und den geistigen Grundlagen ihres Ordens vertraut.[25] Der Leser erhält einen Überblick ihres vielfältigen Wirkens im Schuldienst, in der Betreuung von Alten, Kranken und Obdachlosen und vielen anderen Werken der Nächstenliebe. Sehr stark verweisen die Benediktinerabteien zudem auf jene Leistungen, mit denen sie mehr als alle anderen Orden das Abendland urbar gemacht und sein Werden geprägt haben. Virtuelle Rundgänge zeigen, wie mustergültig noch heute Brauereien, Backstuben und andere wirtschaftliche und agrarische Betriebe von den Mönchen und Nonnen geführt werden und die alten Weisheiten der Klostermedizin in Likören, Kräutertinkturen und anderen Naturheilprodukten zur Anwendung kommen. Klosterläden offerieren – auch online – in großer Auswahl Bildbände, Bücher, CDs und DVDs aus dem Umfeld ihrer Abteien, aber auch zum monastischen und religiösen Leben allgemein. Daneben kann der virtuelle Besucher Kerzen, Rosenkränze und andere Devotionalien katholischen Glaubens bestaunen, wenn nicht gar erwerben. Die Mönche und Nonnen wollen zeigen, dass sie tief im Glauben und der Tradition verwurzelt sind und zugleich in der modernen Welt zu Hause sind, dass sie wie eh und je anzupacken vermögen, gute Ökonomen sind und heute selbstverständlich auch mit dem Computer umzugehen wissen.

Äbte unterschiedlichster Ordenszugehörigkeit sind gern gesehene Gäste in Diskussionsrunden, in denen sie sich nicht nur zur Frage der Aktualität des Glaubens und der Gratwanderung zwischen Tradition und Moderne, sondern auch dezidiert und nicht immer unumstritten zu politischen Themen äußern. Es hilft der Vermittlung eines aufgeschlossenen, verjüngten, aber auch sozialkritischen Mönchtums im 21. Jahrhundert, dass Notker Wolf (*1940), seit dem Jahr 2000 Abtprimas der Benediktinerkonfoederation, gerne zur E-Gitarre greift (Tafel 17 oben). Mönche und Nonnen wollen sich ihren einstigen Platz als Seelsorger in der Mitte der Gesellschaft und im Alltag der Menschen zurückerobern. Paulus Terwitte (*1959), Guardian des Kapuzinerklosters in Dieburg, betrieb auf seiner Homepage[26] bis 2005 eine viel beachtete Internetkolumne, in der er täglich seine Gedanken zum Tagesgeschehen und einen ebenso geistlichen wie geistreichen Kommentar zur Titelschlagzeile einer deutschen Boulevardzeitung veröffentlichte.

Die Welt der Klöster als Räume der Stille und der Einkehr übt auf den Menschen der Gegenwart eine starke Anziehungskraft aus (Tafel 19 unten). Angesichts der Verunsicherungen der modernen Risikogesellschaft, der Hektik des Wirtschaftslebens und der Herausforderungen an individuelle Lebensgestaltung bieten sie für manchen einen Fluchtpunkt der Selbstbesinnung und Ruhe. Viele Abteien aller Orden eröffnen Laien daher die Möglichkeit zur Einkehr und zum „Kloster auf Zeit", in der sie für einige Wochen Beruf, Alltag und Familie hinter sich lassen und am Lebensrhythmus der Mönche und Nonnen teilhaben können. Wer in Zeiten der Globalisierung und der propagierten „Einen Welt" hingegen in tätiger Nächstenliebe an den vielfältigen karitativen Aktivitäten der Orden in aller Welt mitwirken möchte, kann „Missionar auf Zeit" werden und ein Jahr lang vor Ort zusammen mit Ordensleuten helfend aktiv werden.

Doch obwohl Einzelne großes Interesse am monastischen Leben auf Zeit zeigen, wagen nicht viele den großen Schritt, sich fest an eine Ordensgemeinschaft zu binden. Grund dafür ist zum einen die lebenslange Verpflichtung zu einem Leben in Armut, Keuschheit und Gehorsam, die den modernen Vorstellungen von Freiheit und Selbstverwirklichung entgegenstehen. Zum anderen ist die Geschichte der Kirche noch immer belastet durch Akte der Gewalt und Intoleranz. In seiner Bitte um Vergebung für die Verfehlungen der Kirche, die Papst Johannes Paul II. zur Vorbereitung auf das Heilige Jahr 2000 verlas, nannte er unter anderem Unterdrückung und Zwangsbekehrung fremder Völker durch Priester und Ordensleute. Auch auf den Dominikanern lastet noch immer schwer der Schatten der gewaltsamen Auswüchse der Inquisition und des Hexenwahns, zu dem nicht wenige Ordensmitglieder des Mittelalters und der Frühen Neuzeit einen unrühmlichen Beitrag geleistet haben. Als Teil der Vergangenheitsbewältigung im Rahmen des Heiligen Jahres veröffentlichte das Provinzkapitel der Dominikanerprovinz Teutonia (Deutschland) folgende Erklärung: „Deutsche Dominikaner waren nicht nur in die Inquisition verstrickt, sondern haben sich aktiv und umfangreich an ihr beteiligt. Historisch gesichert ist die Mitwirkung an bischöflichen Inquisitionen und an der römischen Inquisition. Unabhängig von den vielleicht manchmal nachvollziehbaren historischen Gründen für die Mitwirkung erkennen wir heute die verheerenden Folgen dieses Tuns unserer Brüder. Wir empfinden dies als ein dunkles und bedrückendes Kapitel unserer Geschichte. Dies gilt in gleicher Weise für die nachgewiesene Beteiligung des deutschen Dominikaners Heinrich Institoris an der Hexenverfolgung. Durch das Verfassen des ‚Hexenhammers' unterstützte und förderte er die menschenverachtende Praxis der Hexenverfolgung. Folter, Verstümmelung und Tötung haben unendliches Leid über zahllose Menschen gebracht; deutsche Dominikaner haben dazu, neben anderen, die Voraussetzung geschaffen. Die Geschichte dieser Opfer – namenlos und vergessen – können wir nicht ungeschehen machen. Wiedergutmachung ist unmöglich. Uns bleibt die Verpflichtung zur Erinnerung. Wir wissen, dass der Geist von Inquisition und Hexenverfolgung – Diskriminierung, Ausgrenzung und Vernichtung Andersdenkender – auch heute latent oder offen in Kirche und Gesellschaft, unter Christen und Nicht-Christen lebendig ist. Dem entgegenzutreten und sich für eine umfassende Respektierung der Rechte aller Menschen einzusetzen, ist unsere Verpflichtung, die wir Dominikaner den Opfern von Inquisition und Hexenverfolgung schulden. Das Provinzkapitel fordert alle Brüder unserer Provinz auf, unsere dominikanische Beteiligung an Inquisition und Hexenverfolgung zum Thema in Predigt und Verkündigung zu machen."[27]

In der öffentlichen Wahrnehmung treten solche Bemühungen der Orden um Versöhnung und ihr Eintreten für Frieden und soziale Gerechtigkeit in der Welt hinter den Akten des Unrechts in der Vergangenheit oft zurück. Viele Kirchenaustritte in der westlichen Welt werden unter anderem mit der finsteren Geschichte von Kirche und Orden begründet. Enttäuscht von der Amtskirche ziehen sich zahlreiche Menschen heute mit ihrem Glauben meist ganz ins Private zurück. Ebenso viele bekennen sich als Agnostiker oder Atheisten. Wieder andere aber suchen in bewusster Abkehr vom Christentum den Weg zurück zur heidnischen Religion (Neopaganismus). Alleine oder in Gruppen folgen sie vermeintlich traditionellen und stark esoterisch aufgeladenen mehrheitlich germanischen und schamanischen Riten und propagieren ihre Nähe und ihre Einheit mit den Kräften und den Wesen der Natur. Neuzeitliche Druidenorden und Hexenzirkel etwa innerhalb des Wicca-Kultes, der in den USA als Religion anerkannt ist, stellen dabei durchaus ein Pendant christlicher Ordensgemeinschaften dar.

Doch die Bewegung geht in beide Richtungen. Während die einen ein Leben ganz außerhalb kirchlicher Lehren und Strukturen führen, zieht es andere zurück zum Glauben und in den Schoß der katholischen Kirche. Viele Menschen in den westlichen Industrienationen beklagen einen Mangel an Werten und geistiger Orientierung. So lässt sich trotz aller betonten Kirchenferne und Kritik an der Papstkirche, trotz mancher Öffnung und Modernisierung des Glaubens daher seit einiger Zeit ein verstärkter Trend zum Traditionalismus beobachten. Inwieweit sich dieser längerfristig auf die Eintrittszahlen in den altetablierten Orden auswirkt, ist noch ungewiss. Der Weg der Nachfolge Christi in Gemeinschaft ist noch nicht zu Ende (Tafel 20).

DIE GRUNDPFEILER DES ORDENSLEBENS

Um einer religiösen Gemeinschaft inneren wie äußeren Zusammenhalt zu geben, wurden schon für die frühesten koinobitisch lebenden Mönche Regeln verfasst. In diese Tradition reihte sich im 5. Jahrhundert die Benediktregel ein. Bis heute ist sie die bekannteste Mönchsregel der Kirchengeschichte. Nach ihr lebten und leben seit dem Mittelalter Tausende von Mönchen und Nonnen im Abendland im harmonischen Gleichklang von Gebet, Arbeit und Studium. Andere Gemeinschaften von Mönchen, Nonnen und Klerikern lebten hingegen nach den Regeln des hl. Augustinus, des hl. Franziskus, der hl. Klara von Assisi und des hl. Ignatius von Loyola, die Hans Urs von Balthasar in seinem Buch „Die Großen Ordensregeln" ediert hat. Die folgenden Seiten wollen einen Einblick in die verschiedenen Regelwerke geben.

Die Benediktregel

Benedikt von Nursia, so beschreibt sein Biograph Gregor der Große, hat für seine Mönchsgemeinschaft auf dem Monte Cassino eine eigene Klosterregel verfasst. Dieses Werk, das demnach zu Beginn des sechsten Jahrhunderts entstanden sein müsste, ist freilich erst im 7. Jahrhundert in Gallien erstmals belegt, seither aber vielfach abgeschrieben und vervielfältigt worden. Um den Klöstern im Frankenreich eine gemeinsame Lebensgrundlage zu geben, hat Abt Benedikt von Aniane sie zu Beginn des 9. Jahrhunderts gründlich überarbeitet und die kursierenden Versionen in eine Reinfassung gebracht. Zugrunde lag ihm dabei eine Abschrift der Regel, die man als Urschrift des Textes in Montecassino aufbewahrt hat. Eine direkte Abschrift dieser „Aachener Normalvariante" des Benedikt von Aniane wiederum wurde schließlich in den 840er Jahren für das Kloster St. Gallen angefertigt und wird in der dortigen Stiftsbibliothek als „Codex Sangallensis 914" bis heute aufbewahrt. Moderne Editionen und Übersetzungen gehen zumeist auf diese Handschrift zurück. So auch die hier verwendete zweisprachige Ausgabe der Benediktusregel, die im Auftrag der Salzburger Äbtekonferenz 1996 in Beuron erschien.

In Benedikts Werk floss viel aus den älteren Mönchsregeln etwa des Pachomius, Augustinus und Kassian ein. Herangezogen hat er daneben aber auch die Schriften der Kirchenväter und die Heilige Schrift selbst. Besonders eng ist die Verwandtschaft zur etwas früher in Italien von einem unbekannten „Magister" verfassten *Magisterregel*, aus der Benedikt wesentliche Teile wörtlich übernommen hat.

Neben einem Prolog enthält die Benediktregel 75 Kapitel unterschiedlicher Länge. Der Autor beschreibt zunächst die spirituellen Grundlagen seines Mönchtums, bevor er im Detail auf Regelungen des Alltags eingeht. In seinen Aussagen zur Spiritualität schöpfte er in hohem Maße aus der Regel des Magisters. In den praktischen Unterweisungen sowie in Fragen der liturgischen Ordnung brachte Benedikt verstärkt eigene Vorstellungen und Erfahrungen in sein Werk ein. An einigen Stellen, zum Beispiel wo er für wärmere oder kältere Regionen verschiedene Kleidung empfiehlt, wird deutlich, dass er die Regel nicht nur für seine eigene Klostergemeinschaft, sondern für ein universal wirkendes Mönchtum konzipiert hat.

Der Inhalt der Regel wird gerne mit dem Leitsatz *Ora et labora*, „bete und arbeite", zusammengefasst. Dieser Ausdruck entstammt allerdings nicht der Benediktregel und vermag auch ihren spirituellen Reichtum nicht zu fassen. Wer in ein Kloster Benedikts eintritt, ist noch kein vollkommener Christ, ganz im Gegenteil. Er steht ganz am Anfang seiner Suche nach Gott, er ist Schüler in der „Schule des Dienstes für den Herrn" (Prolog) unter dem Lehrmeister des Evangeliums. An der Spitze der Gemeinschaft steht der Abt, der Hirte der Seelen und im Kloster der Stellvertreter Christi ist. Am Jüngsten Tag ist er nicht nur für seine eigene Seele, sondern für die aller seiner Mönche verantwortlich: „Der Abt denke immer daran, dass in gleicher Weise über seine Lehre und über den Gehorsam seiner Jünger beim erschreckenden Gericht Gottes entschieden wird." (c. 2, 6) Ohne Blick auf Rang und Herkunft soll er mit stets gleicher Liebe bestrebt sein, „Menschen zu führen und der Eigenart vieler zu dienen. Muss er doch dem einen mit gewinnenden, dem anderen mit tadelnden, dem drit-

ten mit überzeugenden Worten begegnen." (c. 2, 31) Benedikt gibt den Brüdern „Werkzeuge der geistlichen Kunst" an die Hand, einen Tugendkatalog,
der sie Schritt für Schritt zur christlichen Vollkommenheit führen soll: „Sich
dem Treiben der Welt entziehen." – „Den Zorn nicht zur Tat werden lassen." –
„Von der Liebe nicht lassen." – „Keine Arglist im Herzen tragen." – „Nicht Bö-
ses mit Bösem vergelten." – „Nicht stolz sein, nicht trunksüchtig, nicht gefrä-
ßig, nicht schlafsüchtig, nicht faul sein." – „Das Böse aber immer als eigenes
Werk erkennen, sich selbst zuzuschreiben." – „Das eigene Tun und Lassen jederzeit überwachen." – „Die Keuschheit lieben. Niemand hassen. Nicht eifer-
süchtig sein. Nicht aus Neid handeln. Streit nicht lieben. Überheblichkeit fliehen." – „Nach einem Streit noch vor Sonnenuntergang zum Frieden
zurückkehren. Und an Gottes Barmherzigkeit niemals verzweifeln." (c. 4)

Gehorsam vor Gott, dem Abt und der Regel ist eine der wichtigsten Tugenden, die Benedikt fordert, ebenso Schweigsamkeit: „Mag es sich also um noch
so gute, heilige und aufbauende Gespräche handeln, vollkommenen Jüngern
werde nur selten das Reden erlaubt wegen der Bedeutung der Schweigsamkeit. Steht doch geschrieben: ‚Beim vielen Reden wirst du der Sünde nicht ent-
gehen', und an anderer Stelle: ‚Tod und Leben stehen in der Macht der Zunge.'" (c. 6) Schweigsamkeit wiederum war dem Mönchsvater ein Ausdruck
von Gehorsam und Demut gleichermaßen. Wie auf einer Leiter hat der Mönch
acht Stufen der Demut zu erklimmen, bis er „alsbald zu jener vollendeten Got-
tesliebe [gelangt], die alle Furcht vertreibt." (c. 7)

In seiner spirituellen Unterweisung zeigt Benedikt großes Verständnis für
die Schwächen der Menschen, die sich in der Klostergemeinschaft zusammen-
finden. Umso pragmatischer regelt er hingegen die Belange der liturgischen
Ordnung und des alltäglichen Lebens: „Müßiggang ist der Seele Feind. Deshalb
sollen die Brüder zu bestimmten Zeiten mit Handarbeit, zu bestimmten Stunden mit heiliger Lesung beschäftigt sein." (c. 48) Im Zentrum des mönchischen
Lebens steht der Gottesdienst (*Opus Dei*), das Stundengebet. Achtmal täglich,
zu den Vigilien (auch Matutin), zum Morgenlob (Laudes), zu Prim, Terz, Sext,
Non, Vesper und Komplet, versammeln sich die Mönche in der Kirche zum gemeinsam gesungenen Chorgebet. Dazwischen liegen Zeiten der Handarbeit,
des Studiums (*Lectio divina*) und der Ruhe. Minutiös regelt Benedikt, welche
Psalmen und Hymnen in welchem Ablauf wann gesungen werden.

Im Sommer erhalten die Mönche zwei Mahlzeiten am Tag, im Winter hingegen nur eine. Das Fleisch vierfüßiger Tiere ist ihnen verboten, und auch
Wein gesteht ihnen Benedikt nur ungern zu: „Zwar lesen wir, Wein passe überhaupt nicht für Mönche. Aber weil sich die Mönche heutzutage davon nicht

überzeugen lassen, sollten wir uns wenigstens darauf einigen, nicht bis zum Übermaß zu trinken, sondern weniger. Denn der Wein bringt sogar die Weisen zu Fall." (c. 40) Die Mahlzeiten werden schweigend eingenommen und nur von der Tischlesung eines Bruders aus der Regel, der Heiligen Schrift oder anderen erbaulichen Texten begleitet.

Auf keinen Fall dürfen die Brüder persönliches Eigentum besitzen. Alles, was sie an Kleidung und persönlichen Gegenständen benötigen, erhalten sie vom Abt. Zum Wechseln jeweils zwei Tuniken (Untergewand) und Kukullen (mantelartiges Übergewand) aus schlichter, ungefärbter Wolle, dazu Beinlinge und Schuhe, müssen der Eitelkeit der Mönche Genüge tun. Sie haben die Sachen selbst zu waschen und zu flicken. Abgetragenes in noch brauchbarem Zustand soll an der Kleiderkammer abgegeben werden, damit man es noch den Armen geben könne. Zum Schlafen erhielten die Mönche je eine Matte, ein Laken, eine Decke und ein Kopfkissen. „Der Abt durchsuche häufig die Betten, ob sich dort nicht Eigenbesitz finde." (c. 44)

Zur inneren Ordnung des Konvents stellt Benedikt fest, dass grundsätzlich alle Brüder vor dem Abt gleich sind, und dass ansonsten der Eintrittszeitpunkt in die Gemeinschaft den Rang des Einzelnen bestimmt. Darüber hinaus sieht die Regel für besonders geeignete Brüder Ämter vor. Einen Prior als Stellvertreter des Abtes, wie dies andere Bruderschaften pflegten, lehnt Benedikt ab und verweist darauf, dieser könne als Einzelperson zu leicht in Konkurrenz zum Abt treten. Er bevorzugt es, die Last der Verantwortung auf die Schultern von mehreren Dekanen zu verteilen, von denen einer jeweils zehn Mönchen vorsteht. Als Klosterämter nennt Benedikt zudem aber bereits den Pförtner und den Kellermeister (*Cellerar*), dem die Verantwortung über alle Vorräte und Gerätschaften des Konvents obliegt.

Bereits die Mönchsgemeinschaft Benedikts nahm Kinder auf, die als *pueri oblati* dem Kloster übergeben wurden. Daneben traten Menschen in den Konvent ein, die zunächst ein weltliches Leben geführt oder als Priester gewirkt hatten. Sie waren erst nach einer einjährigen Zeit der Prüfung, dem Noviziat, vollwertige Mitglieder der Gemeinschaft. Während des Noviziats soll sich der angehende Mönch mit den spirituellen und praktischen Grundanforderungen des Klosterlebens vertraut machen und sich intensiv mit der Klosterregel auseinandersetzen, bevor er die drei Mönchsgelübde ablegt: Verbleib im Kloster (*stabilitas loci*), Umkehr der Sitten (*conversio morum*) und Gehorsam (*oboedientia*). Wer angesichts dessen, was auf dem Weg zu Gott von ihm erwartet wurde, verzagen mag, den weiß die Benediktregel zu trösten. Eine Mönchsgemeinschaft bestehe aus unvollkommenen Menschen und gerade am Anfang des Lernens und Suchens müsse der Weg zum Heil eng und steinig sein. „Wer aber im klösterlichen Leben und im Glauben fortschreitet, dem wird das Herz sich weiten und er läuft in unsagbarem Glück der Liebe den Weg der Gebote Gottes." (Prolog)

Nach der Benediktregel lebten und leben alle männlichen und weiblichen Zweige der Benediktiner, der Zisterzienser sowie der aus den Zisterziensern erwachsenen Trappisten.

Die Augustinusregel

Wenn man von der Augustinusregel spricht, meint man eigentlich mehrere Texte, die unter dem Namen des bedeutenden Kirchenvaters Augustinus (354–430) überliefert sind. Zum einen das *Praeceptum* („Lehre", „Vorschrift"), das er wohl um 397 für eine Lebensgemeinschaft von Klerikern verfasst hat, die er im nordafrikanischen Hippo gegründet hatte. Dieses *Praeceptum* ist das Kernstück der Augustinusregel. Ergänzt wird es durch einen kurzen Text über die äußere Form des klösterlichen Alltags, den sogenannten *Ordo monasterii*. Die Augustinusregel, so wie sie heute in den Klöstern und Stiften verwendet wird, nennt sich *Regula recepta*. Sie wird eingeleitet durch einen Abschnitt aus dem *Ordo monasterii* und durch das *Praeceptum* fortgesetzt.

Erstmals im 13. Jahrhundert ist eine umgearbeitete Form des *Praeceptum* auch in Frauenkonventen überliefert, die sich *Regularis informatio* nennt. Die Forschung vermutet, dass Augustinus seine Männerregel auf die Bedürfnisse von Frauen hin verändert und einem Nonnenkonvent in Hippo überreicht hatte.

Ziel des Augustinus war es, eine heilige Gemeinschaft zu verwirklichen, die ganz in Gott begründet ist. Die Brüder sollen in einer Güter- und Liebesgemeinschaft leben wie die ersten Christen der Gemeinde in Jerusalem. „Das erste Ziel eures gemeinschaftlichen Lebens ist, in Eintracht zusammen zu wohnen und ein Herz und eine Seele in Gott zu haben." „Lebt also in Eintracht und Liebe beisammen und ehrt in euch gegenseitig Gott, dessen Tempel ihr geworden seid." (c. 1) Dieser in der Regel so explizit formulierte Wunsch, der Urkirche in den Klöstern zu neuem Leben zu verhelfen, machte die Augustinusregel im 11. und 12. Jahrhundert bei den Regularkanonikern und Prämonstratensern so beliebt.

Im *Ordo monasterii* macht Augustinus zunächst Angaben zum gemeinsamen Chorgebet, zu den Zeiten der Handarbeit und den Mahlzeiten. In einigen

Regularkanonikerstiften bemängelten die Kanoniker im frühen 12. Jahrhundert, dass in diesen Punkten die Augustinusregel nicht anwendbar sei, weil die Gebetszeiten nicht dem in der römischen Kirche üblichen Brauch entsprächen, Augustinus täglich nur eine Mahlzeit erlaube und die geforderte Handarbeit zu viel sei. Der Papst gestattete ihnen daraufhin, auf diese Regelungen zu verzichten und auf allgemein übliche Gewohnheiten zurückzugreifen. Andere Stifte wie das bedeutende Springiersbach begrüßten hingegen die größere Strenge des *Ordo Monasterii* und folgten ihr ganz bewusst.

Dennoch stand das *Praeceptum* über Jahrhunderte im Mittelpunkt der Aufmerksamkeit. In ihm lieferte Augustinus die Begründung des monastischen Daseins. Ohne sich mit Äußerlichkeiten aufzuhalten, machte er allgemeine asketisch-moralische Ausführungen, die sich in sein Gesamtkonzept von der im Konvent verwirklichten Urkirche einfügen. Um der Gemeinschaft willen hat der Einzelne sich zurückzunehmen und sich freizumachen von jeglicher Ichsucht. Absolut notwendig ist es, dass alle Brüder arm sind. Alles, was ein Einzelner durch Arbeit oder Geschenk erwirbt, wird sogleich Eigentum der Gütergemeinschaft, ohne dass jemand einen Anspruch darauf erheben könnte. „Deshalb nennt nichts euer Eigen, sondern alles gehöre euch, und durch euren Obern werde jedem von euch Nahrung und Kleidung zugeteilt, nicht allen in gleicher Weise, weil ihr nicht alle die gleiche Gesundheit habt, sondern vielmehr jedem so, wie er es nötig hat." (c. 1) Die Kleidung etwa soll in einer gemeinsamen Kleiderkammer aufbewahrt werden und regelmäßig von zwei Brüdern ausgestaubt werden, „damit sie nicht von den Motten zerfressen" werde. (c. 8) Auf Befehl des Klosteroberen sollen die Kleider entweder von den Brüdern selbst oder in der Wäscherei gewaschen werden. Niemand solle sich darüber beschweren, wenn er bei der Ausgabe nicht das Gewand erhalte, das er begehre, oder neidisch auf den Bruder blicken, der ein besseres Kleid trage. Denn nicht durch ihr Äußeres sollen die Brüder auffallen, sondern durch ihr Betragen.

Die Askese, die die Regel von den Kanonikern fordert, ist kein Selbstzweck, sondern soll zur Erneuerung des Menschen in Gott beitragen. Obgleich Augustinus generell fordert, „euer Fleisch [zu bezähmen] durch Fasten und Enthaltsamkeit in Speise und Trank" (c. 4), nimmt er doch darauf Rücksicht, dass nicht alle in dieser Hinsicht das gleiche leisten können. So gestattet er den Brüdern aus gesundheitlichen Gründen zu baden.

Keuschheit ist oberstes Gebot und die Brüder sollen, wenn sie ausgehen, beieinander bleiben und nichts tun, woran irgendjemand Anstoß nehmen könne. Wer seinen Blick auf eine Frau werfe, der achte darauf, dass er an ihr nicht haften bleibe, denn das Begehren entstehe bereits durch „Gemütsbewegung und Anblick". Und auch wenn ein Bruder meine, man bemerke seine unkeuschen Blicke nicht, so solle er doch bedenken, „dass Gott alles sieht, damit er nicht in sündhafter Weise eine Frau zu sehen verlange." (c. 6) Bemerkt ein Bruder die sündhaften Blicke, so sei es seine Pflicht, den anderen streng zu ermahnen und zur Besserung anzuhalten. Dies gelte auch für alle anderen Vergehen. Ein jeder ist für die stete moralische Verbesserung und das Seelenheil des anderen mitverantwortlich. Deswegen steht er in der Pflicht, den anderen auf Verfehlungen aufmerksam zu machen und stets Rücksicht zu üben. Wünschenswert, so Augustinus, wäre es, wenn es in der Gemeinschaft niemals zum Streit käme. Kommt es aber doch zu unschönen Worten und Beleidigungen, so soll nicht nur der, der diese ausgesprochen hat, den anderen um Verzeihung bitten, sondern der Beleidigte brüderlich dem anderen vergeben.

Im Dienste dieser Gemeinschaft habe alle Sorge und Arbeit zu stehen. Alles sei mit größerer Freude und mit größerem Eifer zu verrichten als für einen allein. Darin liegt für Augustinus die Definition der Liebe, die der Bibel zufolge „nicht das Ihrige sucht" (1 Kor 13, 5) und das Interesse der Gemeinschaft dem Eigeninteresse vorzieht.

Gegenüber dem Oberen der Gemeinschaft haben alle Brüder uneingeschränkten Gehorsam zu leisten. Dieser aber solle ihnen in allem mit gutem Beispiel voran gehen und die Klosterordnung „ehrfurchtgebietend" durchführen. „Durch die Ehrenstellung vor den Menschen stehe er über euch, im Angesichte Gottes aber liege er in Furcht zu euren Füßen." (c. 11) Wie der Abt in der Benediktregel muss auch der Vorsteher des Kanonikerkonvents am Ende der Zeiten Rechenschaft für die Seelen der ihm Untergebenen ablegen: „Habt deshalb durch um so willigeren Gehorsam nicht bloß mit Euch, sondern mit ihm selbst Erbarmen. Denn je höher seine Stellung ist, desto größer ist auch die Gefahr, in der er sich befindet." (c. 11)

Auf Armut, Gemeinschaftssinn, Liebe und Gehorsam fußt das mönchische Leben bei Augustinus. Einmal wöchentlich, so befindet der Kirchenvater, soll die Regel den Brüdern vorgelesen werden. „Wenn ihr dann findet, dass ihr die Vorschriften befolgt, so dankt dem Herrn, dem Geber alles Guten. Wenn aber irgendeiner von euch bei sich einen Mangel entdeckt, dann bereue er das Vergangene, nehme sich für die Zukunft in Acht und bete, dass ihm die Schuld vergeben und er nicht in Versuchung geführt werde." (c. 12)

Nach der Augustinusregel lebten und leben unter anderem die Regularkanoniker, Augustiner-Chorherren, Dominikanerinnen und Dominikaner sowie die Prämonstratenserinnen und Prämonstratenser.

Die Regeln der Minderbrüder und Klarissen

Bereits vor 1209 verfasste Franziskus von Assisi eine erste Regel für seine Bruderschaft. Diese „Urregel" ist nicht überliefert, war aber vermutlich aus Evangelientexten zusammengestellt. Als die Zahl der Minderbrüder so stark anwuchs, dass Franziskus um die spirituelle Einheit der Gemeinschaft und die Einhaltung des radikalen Armutsgebots fürchtete, verfasste er ab 1216 eine neue Regel. Sie sollte den organisatorischen Schwierigkeiten Rechnung tragen, dass bereits mehr als 1000 Brüder der Gemeinschaft angehörten und Niederlassungen im ganzen Abendland gegründet worden waren. Da sie vom Papst nur informell, ohne feierliches Siegel, anerkannt wurde, trägt sie den Namen nicht-bullierte Regel (*Regula non bullata*).

Die nicht-bullierte Regel von 1221

Anders als für die alten, kontemplativen Orden der Benediktiner und Zisterzienser waren für Franziskus von Assisi gesetzgeberische Normen, konkrete Anweisungen zum Stundengebet oder zum Tagesablauf nicht wichtig. So schweigt die Regel beharrlich über die genaue Organisation der franziskanischen Häuser, die Ausbildung des Nachwuchses, über Stundengebet, Stillschweigen, Krankenpflege und den Umgang mit Almosen. Franziskus' Regel war kein Gesetzeswerk, sondern beschrieb eine Lebensform, die sich einzig am Evangelium orientierte. Sie sollte nicht in ein Korsett aus Normen zwängen, sondern frei machen. Deshalb nennt er sie nicht Regel, sondern „Leben des Evangeliums Jesu Christi". (Prolog) In diese „Vita" hat Franziskus all seinen Eifer, seine Liebe zu Gott und den Menschen, aber auch seine Radikalität einfließen lassen.

Er gliederte die 24 Kapitel seiner Regel in fünf Abschnitte, die nach einem Prolog die Grundlagen der Lebensordnung (Kapitel 1–3), das Wesen der brüderlichen Gemeinschaft (Kapitel 4–11), das Wirken der Minderbrüder in der Welt (Kapitel 12–21) sowie die spirituelle Vereinigung mit Gott (Kapitel 22) ausführen und mit einem Lobeshymnus an Gott (Kapitel 23) und einem Epilog (Kapitel 24) enden.

Schon zum Auftakt seiner Schrift legt Franziskus dar, worin das franziskanische Mönchtum besteht, nämlich in einem Leben in Gehorsam, Keuschheit, Armut, und „der Lehre und den Fußspuren unseres Herrn Jesus Christus folgen". (c. 1) Wer bereit sei, sich diesen Zielen zu verschreiben, der solle von den Minderbrüdern gütig aufgenommen und dem zuständigen Provinzialminister vorgestellt werden, der ihm die franziskanische Lebensweise noch einmal vor Augen führe. Anschließend muss der Aufnahmewillige all seine irdischen Güter verkaufen und den Erlös den Armen geben. Für ihn folgt nun das einjährige Noviziat, eine Zeit der Prüfung. Dafür erhält er zweimal je ein kapuzenloses Gewand, Hosen, einen Gürtel und ein über Brust und Schultern zu tragendes Tuch, den *Kaparon*. Nach Ablegen der Gelübde ist es unmöglich, den Orden wieder zu verlassen. Die schlichte Kleidung des nun vollwertigen Minderbruders besteht aus einem Gewand mit Kapuze, einem ohne Kapuze sowie jeweils zwei Hosen und einem Gürtel.

Grundsätzlich dürfen die Minderbrüder alle Speisen essen, die ihnen geboten werden. Auf das rechte Maß kommt es an. Grundsätzliche Fastenzeiten sind von Allerheiligen bis Weihnachten sowie von Epiphanie (6. Januar) bis Ostern. In der übrigen Zeit ist nur der Freitag als Fastentag einzuhalten. Was nun Franziskus genau unter Fasten verstand und welches Maß die Speisen haben sollten, erklärt die Regel nicht. Die Mönche sollten sich vor Schlemmerei und Trunkenheit schützen. Er stellt es den Brüdern jedoch anheim, gerade in Zeiten des Mangels nach ihren Bedürfnissen zu essen, „denn Not kennt kein Gesetz." (c. 9)

Jene Brüder, die zum Priester geweiht sind, sollen sich an die Gebetsvorgaben des römischen Offiziums halten. Sie dürfen nur die Bücher besitzen, die sie zur Verrichtung des Stundengebets benötigen. Laienbrüder, die lesen können und den Psalter verstehen, dürfen einen solchen besitzen. Wer aber nicht lesen kann, darf kein Buch besitzen. Ihre Gebetszeiten richten sich ebenfalls nach denen des römischen Offiziums, sie beten zur Matutin, zum Morgenlob, zur Prim, Terz, Sext, Non, Vesper und Komplet. Doch nicht Psalter und komplexe Hymnenfolgen beherrschen das Gotteslob der Laienbrüder, sondern einfache, bekannte Gebete wie das Glaubensbekenntnis und das Vaterunser. So sollen sie „für die Matutin das ‚Ich glaube an Gott' und vierundzwanzig Vaterunser mit ‚Ehre sei dem Vater' beten." (c. 3)

Wer zum Provinzialminister und Diener über die anderen Brüder bestellt sei, solle die ihm untergebenen Brüder oft besuchen und sie im rechten Leben unterweisen. Die Brüder wiederum sollen ihm in allem gehorchen. Der Gehorsam endet aber dort, wo ein Vorgesetzter Anordnungen gegen die franziskanische Lebensweise gibt. Für Verfehlungen muss ein Oberer getadelt und, wenn er sich nicht bessert, auf dem Generalkapitel angezeigt werden. Einfache Mönche sollen ebenso von ihren Mitbrüdern beständig gemahnt und zur Besserung angehalten werden. Notfalls sollen sie beim Oberen oder Provinzialminister angezeigt werden, der mit dem Schuldigen verfahren solle, wie er es für am besten hielt.

Den Provinzialministern steht es frei, sich einmal jährlich am Fest des hl. Michael zusammenzufinden und sich auszutauschen. Verbindlich hingegen ist für sie das Generalkapitel, das jährlich zu Pfingsten in Portiunkula stattfindet. Die Leiter der Provinzen jenseits der Alpen und jenseits des Mittelmeeres brauchen nur alle drei Jahre dort zu erscheinen.

Alle Brüder sollen sich untereinander in Liebe begegnen, sich freiwillig dienen und gehorchen und nicht in Zorn geraten über die Fehltritte des Nächsten. Überhaupt sind sie angehalten, soviel wie möglich zu schweigen, und wenn sie sprechen, sich aller Verleumdungen, Lästereien und bösen Worte zu enthalten. Vielmehr gelte es, die eigenen Fehler zu betrachten und zu überdenken. Wichtig war Franziskus, dass sein Orden den Boden der Kirche niemals verlässt. Deshalb ordnete er an, dass alle Minderbrüder katholisch, das heißt rechtgläubig sein müssen und keiner Irrlehre anhängen dürfen. Andernfalls müssen sie aus dem Orden verstoßen werden. Die Brüder sollen bei den Priestern des Ordens beichten, sofern ihnen dies möglich ist, ansonsten aber bei jedem anderen rechtgläubigen Geistlichen.

Die Einhaltung der Grundsätze franziskanischen Lebens soll auch dann Bestand haben, wenn die Brüder in Einrichtungen außerhalb der eigenen Häuser arbeiten. Niemals dürfen sie dort Ämter annehmen, die irgendwie mit Besitz und Vermögen zu tun haben, wie das des Kämmerers oder Kellermeisters. Wer könne, dürfe seine Arbeit oder sein Handwerk ausüben, wie er es gelernt habe. Dazu darf er auch im Besitz der notwendigen Werkzeuge sein. Franziskus zitiert die Benediktregel, wenn er sagt, dass jeder beständig entweder dem Gebet oder einem guten Werk nachgehen soll: „Der Müßiggang ist ein Feind der Seele." (c. 7)

Zu keinem Zeitpunkt darf ein Minderbruder Geld annehmen oder mit sich führen, weder als Arbeitslohn, noch für Bücher, Kleider oder einen anderen Zweck. „Denn wir dürfen von Geld und Münzen nicht höheren Nutzen haben und sie nicht höher einschätzen als Steine." (c. 8) Wer also Geld auf der Straße liegen sieht, soll darüber hinwegsteigen, als wäre es Staub. Dasselbe gilt für Geld, das einem Bruder beim Betteln als Almosen angeboten wird: Er hat dies zu verschmähen und es zu unterlassen, einen anderen zum Geld sammeln zu schicken oder einen solchen zu begleiten. Einzig für Aussätzige, die in großer Not sind, dürfen Minderbrüder Geld erbetteln. Wird einer in Abweichung von diesem Gebot aber doch mit Geld in der Tasche erwischt und zeigt keine Reue deswegen, soll er von den Brüdern als Abtrünniger, Dieb und Räuber behandelt werden.

Für einen Minderbruder war das Betteln keine Schande wie für den Rest der mittelalterlichen Gesellschaft. Im Gegenteil, es brachte ihn Christus näher. Selbst wenn die Mitmenschen auf einen bettelnden Mönch hartherzig und mit schmähenden Worten statt mit milden Gaben reagierten, war dies für Franziskus ein Grund, um Gott zu danken.

Kranke Brüder sollten in der dauernden Obhut eines oder mehrerer Brüder oder einer anderen vertrauenswürdigen Person bleiben, die ihn nach Kräften pflegen sollen. Franziskus appelliert aber geradezu an die Kranken, Leiden als von Gott gegeben anzunehmen und keinen Zorn gegen den Herrn und die Brüder zu hegen oder allzu ungeduldig Arznei zu verlangen.

Obgleich Franziskus Klara und ihrem Konvent in großer Verehrung und Zuneigung verbunden war, mahnt er die Minderbrüder eindringlich zur Vorsicht beim Umgang mit Frauen. Niemals darf einer von ihnen alleine mit einer Frau ein Gespräch führen, mit ihr zusammen gehen oder aus der gleichen Schüssel essen. Alle Gespräche und Akte der Seelsorge haben in größter Schicklichkeit stattzufinden. „Wir müssen uns sehr in acht nehmen und alle unsere Sinne rein bewahren; denn der Herr spricht (Mt 15, 28): „Jeder, der eine Frau auch nur ansieht, um sie zu begehren, hat in seinem Herzen schon Ehebruch mit ihr begangen.“ (c. 12) Macht sich ein Mitbruder aber doch der Unzucht schuldig, muss er seinen Habit ablegen und den Orden verlassen. Denn den Trieben nachzugeben ist etwas Teuflisches und der irdische Leib hassenswert, „weil er fleischlich leben und uns die Liebe unseres Herrn Jesus Christus rauben und sich selbst mit allen in die Hölle stürzen will.“ (c. 22)

Auf Reisen tragen die Brüder nichts bei sich, keinen Beutel und auch keinen Stock, erst recht kein Geld. Auch sollen sie nicht reiten (wie sie auch sonst keine Tiere besitzen dürfen). Finden sie Unterkunft in einem Haus, dürfen sie, solange sie dort zu Gast sind, essen, was auch immer man ihnen vorsetzt. In allem müssen sie sich in der Kunst der Feindesliebe üben: „Dem Böswilligen sollen sie nicht Widerstand leisten, sondern schlägt man sie auf eine Wange, so halten sie ihm auch die andere hin; wer ihnen den Mantel nimmt, dem sollen sie auch den Rock nicht verwehren. Jedem, der sie darum bittet, sollen sie es schenken, und wenn man ihnen das Ihrige wegnimmt, es nicht mehr zurückfordern.“ (c. 14)

Predigen darf nur, wer von seinem Provinzialminister nach reichlicher Überlegung die Erlaubnis dazu erhält und auch nur, wenn der Inhalt mit den Lehren der Kirche übereinstimmt. Wichtiger als die Predigt mit Worten sei jedoch die Predigt mit Taten. Franziskus nimmt diese Überlegungen zum Anlass, zu immerwährender Demut zu mahnen: „Daher bitte ich mit jener Liebe, ‚die

Gott ist' (Joh 4, 16), alle meine Brüder Prediger, Beter und Arbeiter, Kleriker wie Laien, dass sie sich in allen Dingen zu verdemütigen trachten, sich nicht zu brüsten, noch selbstgefällig zu sein, noch innerlich zu erheben bei gut gelungenen Worten und Werken, überhaupt über nichts Gutes, das Gott zuweilen in ihnen und durch sie spricht, vollbringt und wirkt." (c. 17)

Nach abermaligen eindringlichen Warnungen und einem Dankgebet an Gott schließt die Regel mit folgenden Worten: „Und ich beschwöre alle, indem ich ihnen die Füße küsse, dass sie dies Geschriebene überaus lieben, beschützen und verwahren. Und von seiten Gottes, des Allmächtigen, und des Herrn Papstes und kraft des Gehorsams befehle und gebiete ich, Bruder Franziskus, streng, dass von dem, was in diesem geschrieben ist, keiner etwas mäßige oder schriftlich hinzufüge; noch sollen die Brüder eine andere Regel haben." (c. 24)

Die bullierte Regel von 1223

Franziskus' letzte Worte verhallten ungehört. Zu dem Zeitpunkt, als er die nicht-bullierte Regel fertig stellte, hatte er sich bereits von der Leitung des Ordens zurückgezogen und sich nurmehr dem Gebet, der Askese und der Predigt hingegeben.

Die Brüder aber waren nicht zufrieden mit dem, was ihr Ordensvater ihnen an die Hand gegeben hatte. Die Regel war ihnen zu lang, bot zu wenig Konkretes und war überladen mit Bibelzitaten. Präzise Normen statt lange Ausführungen zur minoritischen Spiritualität brauchten sie, um den expandierenden Orden leiten zu können. Sie trugen Franziskus den Wunsch vor, er möge seine Regel überarbeiten und dabei ihre Anmerkungen und Wünsche berücksichtigen. Abermals griff Franziskus zur Feder. Doch die Neufassung, die er den Brüdern vorlegte, ging, so ist überliefert, durch die Sorglosigkeit eines Bruders verloren. So schrieb Franziskus ein neues Regelwerk, aus dem allerdings von den Provinzialministern gegen seinen Willen viele Stellen gestrichen wurden. Dennoch approbierte Papst Honorius III. diese Version im November 1223 und machte sie zur offiziellen Richtschnur des Minderbrüderordens und aller später aus ihm erwachsenen Zweige.

Die bullierte Regel ist mit 12 Kapiteln wesentlich kürzer als die nicht-bullierte. Sie ist straffer, geschäftsmäßiger und trägt weniger die spirituelle Handschrift des Franziskus. In einigen Punkten gibt es deutliche inhaltliche Abweichungen von der ersten Regel. Die wichtigste betrifft die Verfassung des Ordens. Franziskus macht nun deutliche Angaben zur Wahl des Generalministers, der die oberste Leitung des Ordens innehat. Dieser soll von den Provinzialministern und Kustoden auf dem nun mindestens alle drei Jahre stattfindenden Pfingstkapitel gewählt werden. Entscheidend ist, dass er sein Amt nicht auf Lebenszeit hat, sondern, wenn er den Brüdern für ungeeignet erscheint, ersetzt werden kann. Dass ein Generalminister nach beinahe demokratischen Prinzipien abgewählt werden kann, ist in der Ordensgeschichte zu diesem Zeitpunkt einzigartig und geradezu revolutionär.

Dem einzelnen Bruder ist nun „aus berechtigtem Grunde" (c. 2) Schuhwerk erlaubt. Zudem dürfen Priester zum Stundengebet nun ein Brevier benutzen. Die Gebetstexte darin sind kürzer als die des offiziellen Chorgebets, doch ist diese Erleichterung offensichtlich den umfassenden Verpflichtungen der Minderbrüder durch karitatives Werk und lange Reisen geschuldet. Nachdrücklich mahnt Franziskus abermals zu Demut und bittet die unwissenden Brüder, nicht nach Wissenschaft zu streben, sondern nach einem reinen Herzen, Geduld und nach dem Geist des Herrn. Für das Verhältnis zu Frauen findet er deutlich schärfere und prägnantere Worte als in der nicht-bullierten Regel: „Ich verbiete nachdrücklich sämtlichen Brüdern, verdächtige Beziehungen oder Beratungen mit Frauen zu unterhalten und Frauenklöster zu betreten, ausgenommen jene Brüder, denen vom apostolischen Stuhle eine besondere Erlaubnis erteilt wurde." (c. 11)

Es oblag ganz der Entscheidung eines Bischofs, ob ein Minderbruder in seinem Bistum predigen durfte. Daran hätten sie sich strikt zu halten. Bei der Predigt selbst sei darauf zu achten, zur Erbauung des Volkes, „von Lastern und Tugenden, von Strafe und Herrlichkeit in kurzen Worten [zu] predigen, weil ‚der Herr sein Wort auf Erden begrenzt hat' (Röm 29, 28)". (c. 9) Brüder, die um der Verbreitung des christlichen Glaubens willen in den Gebieten der Sarazenen oder anderer Nicht-Christen wirken wollten, mussten dazu die Erlaubnis des Provinzialministers einholen. Dieser sollte aber den Papst um einen Kardinal bitten, der Leiter und Beschützer dieser Brüderschaft sei.

Nach der *Regula bullata* lebten und leben alle aus dem Minderbrüderorden des hl. Franziskus hervorgegangenen Zweige, die Franziskaner, Kapuziner und Minoriten.

Die Regel der hl. Klara von Assisi

Die erste „Lebensform" (*Forma vivendi*) für die in strenger Askese lebenden Frauen um Klara von Assisi stammte aus der Feder des Franziskus selbst. Er hatte eine Aufnahme der Frauen in seinen Orden der Minderbrüder abgelehnt, sie jedoch dabei unterstützt, bei der Kirche San Damiano einen eigenen Konvent zu gründen. Frauengemeinschaften, die keinem Orden angehörten, gerieten leicht unter Argwohn, zumal alle geistlichen Gemeinschaften jener Tage dahingehend beäugt wurden, ob sie nicht einem Irrglauben anhingen. Um die päpstliche Approbation zu erhalten, benötigte Klara für ihre Gemeinschaft eine neue Regel, die Gewähr für ein geordnetes und rechtgläubiges Leben bot. Kardinal Hugolin von Ostia verfasste deshalb 1218 eine Regel, die den Gepflogenheiten für Frauen folgend auf der Benediktregel fußte. Hinsichtlich der für Klara so eminent wichtigen radikalen Besitzlosigkeit, in der sie Franziskus nachfolgen wollte, war diese Regel nicht akzeptabel, setzte sie doch unter anderem Besitz der Klostergemeinschaft voraus. Infolgedessen ließ sie sich die Besitzlosigkeit als Privileg vom Papst verbriefen. Sie verwarf die Hugolin-Regel und schuf eine eigene Fassung, für deren Anerkennung sie bis an ihr Lebensende kämpfte. Auf dem Sterbebett, zwei Tage vor ihrem Tod am 11. August 1253, erlangte „Regel und Leben der armen Schwestern von der strengen Klausur" die Anerkennung durch Papst Innozenz IV.

In zwölf Kapiteln legt Klara ihre Vorstellungen von einem Leben nach dem Evangelium in der Nachfolge Christi nach dem Vorbild des hl. Franziskus dar. Ihre enge spirituelle Verbindung zum Gründervater der Minderbrüder betont Klara in der Regel mehrmals und mit großem Nachdruck und nennt sich selbst „kleine Pflanze des hochseligen Vaters Franziskus". (c. 1) Einige Passagen aus seiner nicht-bullierten Regel von 1221 sind fast wörtlich in die Klarissenregel eingeflossen.

An die Spitze des Konvents setzt Klara die Äbtissin, die aus den Reihen der Schwestern gewählt wird, die bereits die vollen Gelübde abgelegt haben. Die Klarissen haben sich niemals in Provinz- und Generalkapitel organisiert wie die Minderbrüder, doch legen sie Wert darauf, dass einer ihrer Provinzialminister oder der Generalminister selbst bei der Wahl anwesend sind, bevor die neu Gewählte vom zuständigen Ortsbischof geweiht wird. Ansonsten unterstellen sich die Schwestern dem Schutz desselben Kardinals der römischen Kirche wie die Minderbrüder.

Befindet der Konvent, dass sich ihre Äbtissin für das verantwortungsvolle Amt als ungeeignet erweist, kann er sie absetzen und eine Nachfolgerin wählen. Die Äbtissin soll allen Schwestern in gutem Beispiel vorangehen. Nicht das Amt solle sie über die anderen erheben, sondern ihr Vorbild in Tugend und Demut. Um der Gerechtigkeit, der Gleichheit und der Eintracht willen darf sie keine Freundschaften pflegen oder irgendeine Nonne besonders bevorzugen oder benachteiligen. Der Leiterin des Klosters steht eine Vikarin zur Seite, die sie dabei unterstützt, „das gemeinsame Leben [zu] beobachten, vornehmlich aber in der Kirche, im Schlafraum, im Refektorium, im Krankenzimmer und bezüglich der Kleidung." (c. 4)

Der Rat des Konvents hat Gewicht: Einmal in der Woche versammelt die Äbtissin alle Nonnen zum Kapitel. Dort tragen sie nicht nur Verfehlungen und Nachlässigkeiten vor, sondern besprechen auch wichtige, den ganzen Konvent betreffende Dinge. Mit Zustimmung aller Schwestern werden geeignete Frauen in die wichtigen Klosterämter gewählt; mindestens acht von ihnen werden zu sogenannten Ratschwestern. Ihren Rat muss die Äbtissin nämlich zu allen wichtigen Entscheidungen einholen. Die Schwestern sollen sich in gegenseitiger Liebe begegnen, auf böse Worte verzichten und nach einem Streit der anderen vergeben oder um Verzeihung bitten. Allem Haß, Stolz, Neid und Ruhmsucht haben sie sich zu enthalten. „Immer aber sollen sie besorgt sein, einander die Einigkeit der gegenseitigen Liebe zu bewahren, die das Band der Vollkommenheit ist." (c. 10)

Wünscht eine Frau Aufnahme in ein Klarissenkloster, so soll die Äbtissin ebenfalls die Zustimmung aller Schwestern einholen. Ist die Mehrheit der Schwestern dafür, so wird sie, nachdem ihre Rechtgläubigkeit überprüft wurde, mit Erlaubnis des Kardinalprotektors zum einjährigen Noviziat aufgenommen. Der Novizin werden die Haare geschnitten, und sie wird in einen schlichten Habit gekleidet. Ein Jahr lang soll sie von einer Meisterin im rechten Leben in franziskanischer Armut und nach dem Evangelium unterwiesen werden. Den Schleier empfängt sie erst nach Ablauf des Noviziats, wenn sie die Gelübde ablegt, die sie auf ewig an die Regel binden.

Klara äußert sich nicht konkret zur Kleidung der Nonnen. „Geringwertig" (c. 2) muss sie sein. Bei Bedarf und wenn es die Schicklichkeit erfordert, dürfen sie einen Mantel erhalten, Schuhe aber nur, wenn sie zum Dienst außerhalb des Klosters bestimmt sind. Bis auf Weihnachten, wo es zwei Mahlzeiten gibt, essen die Schwestern nur einmal täglich. Wer gebrechlich, krank oder außerhalb des Klosters tätig ist, kann von der Äbtissin vom Fasten entbunden werden.

Generell werden den Kranken auf Wunsch einige Annehmlichkeiten bereitet. So dürfen sie auf Strohsäcken schlafen, erhalten ein mit Federn gefülltes Kopfkissen, Polster und Wollsocken, sofern sie dies wünschen. Sie sind von den Fastenregelungen ausgenommen und dürfen auf dem Krankenlager mit Besuchern des Klosters einige Worte wechseln.

Für den Rest des Konvents gilt jedoch strengste Klausur und Schweigepflicht. Außer im Krankenzimmer und außerhalb des Klosters sollen die Klarissen von der Komplet um etwa 20.00 Uhr bis zur Terz um etwa 9.00 Uhr sowie grundsätzlich während den Mahlzeiten, in der Kirche und im Schlafraum schweigen. Nur auf Weisung und mit Erlaubnis der Äbtissin dürfen die Schwestern das Kloster verlassen. Ansonsten stellt ein Sprechzimmer mit einem mit einem Tuch verhängten Sprechgitter die Schwelle zwischen der Außenwelt und der Klausur dar. Das Gitter selbst soll eine Tür haben, die mit zwei Schlössern sowie Bolzen von innen fest verriegelt ist. Nur mit der Erlaubnis der Äbtissin oder Vikarin dürfen die Schwestern dort mit jemandem sprechen. Auf jeden Fall müssen immer Nonnen mit anwesend sein, die zuhören und mit Rat zur Seite stehen. Das gilt auch für die Äbtissin und Vikarin selbst. Im Sprechzimmer wird durch einen Priester des Franziskanerordens die Beichte gehört und Wichtiges mit der Äbtissin und den Ratschwestern besprochen. Nur in wenigen Fällen darf eine Person von außen die Klausur betreten, etwa um einer Sterbenden die Sakramente zu spenden. Die Klausur der Schwestern ist ansonsten ein völlig geschützter Bereich. Klarissen, die tagsüber außerhalb des Klosters arbeiten, ist es streng verboten, irgendetwas dessen, was darin geschieht oder gesprochen wird, nach außen zu tragen. Besonders sie haben sich in allem streng nach der Regel zu verhalten und sich vor allem Bekanntschaften mit Männern zu enthalten.

Was das Chorgebet betrifft, so orientiert sich Klara am römischen Stundengebet. Die Schwestern, die lesen können, beten das Brevier, das auch den Minderbrüdern in der bullierten Regel von 1223 gestattet worden war. Wer des Lesens nicht mächtig ist, beschränkt sich auf das Beten insbesondere des Vaterunser. Ihnen legt Klara dem hl. Franziskus folgend besonders ans Herz, sich die Schlichtheit des Gemüts zu bewahren: „Und die keine wissenschaftlichen Kenntnisse haben, dürfen nicht danach trachten, sich wissenschaftliche Bildung zu verschaffen. Sie sollen vielmehr bedenken, daß ihr Verlangen vor allem dahin gehen muß, den Geist des Herrn zu besitzen und sein heiliges Wirken, allzeit mit reinem Herzen zu ihm zu beten, Demut und Geduld in Trübsal und Krankheit zu bewahren und jene zu lieben, die uns verfolgen, tadeln und anschuldigen." (c. 10) Zwölf Mal im Jahr sollen die Schwestern beichten und siebenmal, an Weihnachten, Gründonnerstag, Ostern, Pfingsten, Maria Himmelfahrt, dem Festtag des hl. Franziskus und an Allerheiligen, die Kommunion empfangen.

Für Klara ganz zentral war die Forderung nach Besitzlosigkeit. Ihr räumt sie ein eigenes Kapitel ein, in dem sie noch einmal darauf hinweist, wie sehr sie darin dem Evangelium und dem Beispiel des hl. Franziskus nachfolge und darin sein großes Vermächtnis sieht: „Und damit weder wir, noch auch die, welche nach uns kommen, von der heiligsten Armut, welche wir erwählt haben, jemals abweichen, schrieb er uns abermals, kurz vor seinem Heimgang, seinen letzten Willen mit folgenden Worten: Ich, der ganz geringe Bruder Franziskus, will dem Leben und der Armut unseres höchsten Herrn Jesus Christus und seiner heiligsten Mutter nachfolgen und in ihr bis zum Ende verharren. Und ich bitte euch, meine Herrinnen, und ich rate euch, ihr möchtet doch allezeit in diesem heiligsten Leben und in der Armut leben. Und hütet euch mit Sorgfalt, damit ihr nicht auf die Lehre oder den Rat von irgend jemand hin in irgendeiner Form auf ewig davon abweicht." (c. 6)

Die Schwestern verpflichten sich, „weder Besitz noch Eigentum noch sonst irgend etwas, was begründeterweise Eigentum genannt werden kann, anzunehmen oder zu besitzen, weder persönlich noch durch einen Vermittler." (c. 6) Davon ausgenommen ist genau soviel kultiviertes Land, wie der Konvent für seinen Eigenbedarf benötigt. Almosen, die dem Kloster geschenkt werden, werden von der Äbtissin oder der Vikarin an alle Schwestern verteilt, ebenso das, was die Schwestern in eigener Arbeit anfertigen.

Nach der Regel der hl. Klara und abgeänderten Fassungen dieser Regel leben die Klarissen und Kapuzinerinnen.

Die Satzungen der Gesellschaft Jesu
Formula Instituti und Konstitutionen

Als Ordensgründer Ignatius von Loyola 1539 um die päpstliche Anerkennung seiner Gemeinschaft ersuchte, legte er dem Heiligen Stuhl ein Ordensprogramm vor, die *Formula Instituti.* Sie ist das eigentliche Grundgesetz des Jesuitenordens. Der Text spricht den Menschen direkt an, wendet sich an ihn als ein Individuum, der sich aus freien Stücken entscheidet, der Gesellschaft Jesu zu dienen und seinen Beitrag zum Erlösungswerk der Welt zu leisten. Nicht mehr die sittliche Umkehr des Mönches oder der Nonne im Sinne der Nachfolge Christi und damit der Selbstheiligung, sondern der aktive Beitrag zum Seelenheil anderer stehen im Vordergrund: „Wer immer in unserer Gesellschaft, die wir mit dem Namen Jesu auszuzeichnen wünschen, unter dem Banner des Kreuzes für Gott streiten und dem einzigen Herrn sowie dem Römischen Papste, Seinem Statthalter auf Erden, dienen will, vergegenwärtige sich im Geiste, dass er nach Ablegung des feierlichen Gelübdes ewiger Keuschheit (erstes Gelübde) Glied dieser Gesellschaft ist, die vor allem dazu gegründet wurde, dass sie sich vorzüglich für die Förderung der Seelen im christlichen Leben und in der christlichen Lehre und für die Ausbreitung des Glaubens einsetze: durch freies Predigen und Verkünden des Wortes Gottes, durch Geistliche Übungen (*Exerzitien*) und Werke der Liebe, und namentlich durch das Unterweisen der Jugend und des einfachen Volkes im christlichen Glauben und durch das Trösten der Gläubigen Christi im Beichtehören." (S. 337)

Die Jesuiten brechen mit den Prinzipien aller anderen christlichen Orden. Sie verzichten auf ein gemeinsames Chorgebet, auf einen gemeinsamen Habit und ein Leben in Gemeinschaft. Die Societas Jesu setzt sich aus Individuen zusammen, die sich neben den Gelübden der Keuschheit, der persönlichen Armut und des Gehorsams auch dem Gehorsam gegenüber dem Papst verpflichten.

Nachdem die Gesellschaft Jesu 1540 als Orden anerkannt und Ignatius von Loyola ein Jahr später zum ersten Ordensgeneral gewählt worden war, war es seine Aufgabe, die Ordensgrundsätze der *Formula* auszuarbeiten. Ignatius rang sehr mit sich, seine Überzeugungen und seine Spiritualität in die Form von Statuten fließen zu lassen. 1550 waren seine *Konstitutionen* vollendet und wurden vom Papst anerkannt. Bis zu seinem Tod 1556 ließ Ignatius daran jedoch noch Änderungen vornehmen und sie auf ihre praktische Umsetzbarkeit prüfen, bis sie 1558 dann offiziell beschlossen wurden.

In den *Konstitutionen* betont Ignatius noch einmal, dass die Gesellschaft Jesu von Gott selbst eingesetzt worden sei und ihr Zweck darin bestehe, „dass sie sich für die Förderung der Seelen im christlichen Leben und in der christlichen Lehre und für die Ausbreitung des Glaubens einsetze." (S. 401) Doch nicht jedem ist es gegeben, in die Gesellschaft Jesu einzutreten. Wie die Apostel seien ihre Mitglieder von Christus selbst berufen und hätten, wenn sie ihr beitreten wollten, „lange und gut zu überlegen […], ob der Heilige Geist, der sie antreibt, ihnen soviel Gnade verspricht, dass sie hoffen können, diese Last mit seiner Hilfe zu tragen." (S. 338)

Die *Konstitutionen* nennen erneut die drei „klassischen" Gelübde der Armut, Keuschheit und des Gehorsams, die um ein viertes Gelübde gegenüber dem Papst erweitert sind, „überallhin zu gehen, wohin seine Heiligkeit sie schickt, zu Gläubigen oder Ungläubigen, ohne Ausrede, und ohne um irgendeine Wegzehrung zu bitten, für Aufgaben, die den göttlichen Dienst und das Beste der christlichen Religion betreffen." (S. 344)

Aufnahme in den Rang eines *Professen*, der alle vier Gelübde ablegt, findet aber nur, wer zum Priester geweiht ist und über eine wissenschaftliche Ausbildung verfügt. Reichtum und Herkunft sind nicht von Belang, der Berufene muss jedoch eine „gesunde Lehre", die Fähigkeit zu klugen Entscheidungen, schnelle Auffassungsgabe, ein gutes Gedächtnis und den Willen zur geistigen Vervollkommnung als grundlegende Voraussetzungen mitbringen. Die *Professen* bilden den Kern der Gesellschaft Jesu. Darunter steht die Gruppe der Helfer, die aus Priestern und Laien besteht. Sie legen nur die drei einfachen Gelübde der Armut, Keuschheit und des Gehorsams ab. Die dritte Gruppe der Studierenden besteht aus begabten jungen Männern, die an einem Kolleg oder einer Universität studieren und sich verpflichten, später als *Professen* in den Orden einzutreten. Die vierte Gruppe beherbergt die *Anwärter*, die aufgenommen und erst nach Prüfung ihrer Eignung und Talente einer bestimmten Gruppe zugewiesen werden.

Während alle anderen Orden ein Noviziat von nur einem Jahr kennen, dauert die Probezeit für Jesuiten zwei Jahre, die sich für Studierende nach Abschluss des Studiums noch um ein weiteres Jahr verlängert. Alle müssen jedoch mehrere Prüfungen ablegen: Zunächst muss jeder vierwöchige geistige Übungen (*Exerzitien*) durchlaufen, eine Generalbeichte ablegen und einen einmonatigen Dienst in Armen- und Siechenhäusern leisten, „indem er allen, Gesunden und Kranken, hilft und dient, wie es ihm aufgetragen ist, damit er sich mehr erniedrige und verdemütige und ein vollkommenes Zeugnis von sich gebe, dass er der gesamten Welt, all ihrem Glanz und ihrer Eitelkeit entsagt habe, dazuhin, in allem seinem Schöpfer und Herrn, der seinetwegen gekreuzigt wurde, zu dienen." (S. 352) Des Weiteren soll jeder einen Monat lang als Bettler leben und um Almosen von Tür zu Tür gehen, um sich an schlechte Lebensbedingungen zu gewöhnen und damit er endgültig „alle Hoffnung, die er noch auf Geld und andere geschaffene Dinge setzen könnte, preisgibt." (S. 352) Nach der Aufnahme in ein Ordenshaus übernimmt der Kandidat nun demütigende und niedrige Arbeiten. Später soll er dann die einfache Bevölkerung und Kinder in der Lehre Jesu unterweisen. Nach der Priesterweihe darf er schließlich predigen, die Beichte abnehmen und in anderen Bereichen der Seelsorge tätig werden.

Die gesamte langjährige Ausbildung wird von Novizenmeistern und Beichtvätern sorgsam begleitet und überwacht. Die größte Verantwortung liegt jedoch beim Kandidaten selbst, der sich aus eigenem Antrieb ständigen Exerzitien, persönlichem Studium, Gebeten und Gewissenserforschungen zu unterziehen hat.

Die „Kampfgruppe Jesu Christi", wie sie der ehemalige Offizier Ignatius selbst zu nennen pflegte (S. 338), ist zentralistisch und beinahe militärisch organisiert. Die Gesellschaft Jesu wird von einem Ordensgeneral geleitet, der von der Versammlung aller Professen auf Lebenszeit gewählt wird. Die Versammlung befindet auch über Satzungsänderungen oder die Aufhebung von Provinzen. Sonst aber trifft der General, dem nur ein kleines Beratergremium zur Seite steht, alle Entscheidungen. Unter anderem ernennt er die Provinzialen, die wiederum die Leiter der einzelnen Häuser ernennen. Alle Ämter außer dem des Generals werden nur auf Zeit vergeben.

Die Bedeutung des Studiums und der Wissenschaft für die Erreichung der Ziele des Ordens, nämlich der Errettung möglichst vieler Seelen, werden in den *Konstitutionen* deutlich hervorgehoben. Dazu bedürfen die Jesuiten ausgezeichneter Kenntnisse in verschiedenen Sprachen, Philosophie und Theologie. Was nun der einzelne genau studiert, hängt von seiner Begabung, seinem Einsatz und nicht zuletzt vom Urteil der Oberen ab. „In den Wissenschaften soll Ordnung eingehalten werden; zuerst lege man ein gründliches Fundament in Latein, ehe man die Philosophie hört. Dasselbe [gilt für die Philosophie], ehe man zur scholastischen Theologie übergeht, und in dieser, ehe man die positive [Theologie] studiert; die Heilige Schrift wird man gleichzeitig oder nachher studieren können." (S. 364) Zur Pflege der Wissenschaft und zur spezifischen Ausbildung ganz nach den Zielsetzungen des Ordens hat die Gesellschaft Jesu von Anfang an Universitäten eingerichtet, in denen größter Wert auf eine hoch qualifizierte Lehre gelegt wird, und dies nicht nur in den genannten Fächern, sondern auch in Griechisch und Hebräisch. „Wenn an einem Kolleg oder einer Universität der Plan gefasst würde, Hilfskräfte zu den Mohren oder Türken auszurüsten, so wäre die arabische oder chaldäische Sprache angemessen, zu den Indern die indische, und so können für andere Gegenden andere Sprachen um ähnlicher Gründe willen von größerem Nutzen sein." (S. 368)

Die persönliche Armut ist von besonderer Bedeutung. Jeder Eintretende hat sich von seinem persönlichen Besitz und Vermögen zu trennen. Die Professen leben von Almosen und vom Betteln. Einzig den Kollegien und Universitäten sind feste Einnahmen gestattet. Jedes Grundstück aber, das der Gesellschaft geschenkt wird, soll sofort verkauft werden und der Erlös den Armen gegeben werden. Seelheilstiftungen sollen die Jesuiten ablehnen, da sie feste geistliche Verpflichtungen beinhalten, die der notwendigen Mobilität der Mitglieder entgegenstünden. Dasselbe gilt für Verpflichtungen hinsichtlich einer dauernden Seelsorge in Frauenklöstern oder ähnlichen Einrichtungen. Die Forderung nach Armut ist jedoch wie bei den Dominikanern nicht mit einer übertriebenen Askese verbunden. Freiwillige Fasten- und Bußübungen sollen ein Maß nicht überschreiten, das dem Körper Schaden zufügt. Ein jeder soll daher seinem Beichtvater offen legen, inwieweit er sich solchen Übungen hingebe, und der Beichtvater soll gegebenenfalls mahnend einschreiten. Die Kleidung der Mitglieder des Ordens sei zum einen ehrbar, zum anderen den Gepflogenheiten des Landes, in dem man lebt, angepasst und schließlich nicht gegen das Armutsgebot gerichtet, also schlicht und unauffällig.

Im Gegensatz zur *Formula Instituti* dürfen die *Konstitutionen* von der Generalversammlung geändert werden. Neben den Mitgliedern der Gesellschaft Jesu (Societas Jesu, SJ) leben nach den Regeltexten in abgeänderter Form auch die Schwestern der Congregatio Jesu (CJ), die auch Englische Fräulein oder Maria-Ward-Schwestern genannt werden. Sie gelten inoffiziell als Zweiter Orden der Jesuiten.

ANHANG

Anmerkungen

1   Weisung der Väter. Apophthegmata Patrum. Übersetzt v. Bonifaz Miller. Trier ⁵2002, Nr. 11.

2   Ludwig Bieler, Libri Epistolarum Sancti Patricii Episcopi, Dublin 1952. Hier Confessio, c. 51.

3   G.S.M. Walker (Hg.): Sancti Columbani Opera (Scriptores Latini Hiberniae Vol. II). Dublin 1957 (Neudruck 1970), S. 127.

4   Ebd.

5   Rodulfus Glaber: *Historiarum libri quinque*. Hg. und übersetzt von John France (Oxford Medieval Texts). Oxford 1989, lib. III, 4.

6   Die Benediktusregel, lateinisch / deutsch, herausgegeben im Auftrag der Salzburger Äbtekonferenz, Beuron ³2001, c. 48.

7   Thomas von Celano: Leben und Wunder des heiligen Franziskus von Assisi. Hg. von Engelbert Grau OFM. 4., neu bearb. Aufl. Werl 1988, c. I, S. 78f.

8   Ebd., c. I, S. 86.

9   Kajetan Esser OFM (Hg.): Die Opuscula des hl. Franziskus v. Assisi. Rom 1989, S. 128 f.

10   Mechthild von Magdeburg: Das fließende Licht der Gottheit. Übers. von Margot Schmidt. Stuttgart/Bad Cannstatt 1995.

11   Ebd., I, 19.

12   Ebd., II, 26.

13   Ignatius von Loyola: Lebenserinnerungen des Ignatius von Loyola. Übersetzt und eingeleitet von A. Feder SJ. Regensburg 1922, c. 10.

14   Die Satzungen der Gesellschaft Jesu. Aus dem Spanischen übersetzt und eingeleitet von Mario Schoenenberger und Robert Stalder, in: Hans Urs von Bal-

thasar (Hg.): Die großen Ordensregeln. Zürich/Köln ²1961, S. 325–408, hier S. 375f.

[15] Die Briefe des Francisco de Xavier. Hg. und übersetzt von Elisabeth Gräfin Vitzthum. München 1950, S. 49f.

[16] Augustin Theiner (Hg.): Clementis XIV epistolae et brevia. 2 Bde. Paris 1852.

[17] Brief Maria Wards von 1617, hier zitiert nach Schwaiger, Mönchtum, Orden, Klöster, S. 180f.

[18] Ebd., S. 182.

[19] Pius XI: Enzyklika „Mit brennender Sorge", in: Acta Apostolicae Sedis 29 (1937), S. 145–167.

[20] Zitiert nach Hubert Jedin/Konrad Repgen: Handbuch der Kirchengeschichte Bd. 7. Freiburg 1979, S. 376.

[21] Heinrich Denzinger/Peter Hünerman (Hg.): Kompendium der Glaubensbekenntnisse und kirchlichen Lehrentscheidungen. 38., aktualisierte Auflage. Freiburg 1999, Nr. 255.

[22] Josemaría Escrivá de Balaguer: Der Weg. Köln ¹¹1984, Nr. 227.

[23] Ebd., Nr. 592.

[24] Ebd., Nr. 941.

[25] Das Portal der Benediktiner im deutschen Sprachraum unter http://www.benediktiner.de.

[26] Das „Portal zum Menschen": http://www.bruder-paulus.de.

[27] Das Portal zur Dominikanerprovinz Teutonia unter http://www.dominikaner.de, hier http://www.dominikaner.de/geschichte/inquisition.htm.

Auswahlbibliographie

Allgemein

Dinzelbacher, Peter/James L. Hogg (Hg.): Kulturgeschichte der christlichen Orden in Einzeldarstellungen. Stuttgart 1997.

Frank, K. Suso: Geschichte des christlichen Mönchtums. Darmstadt 1996.

Hawel, Peter: Zwischen Wüste und Welt: Das Mönchtum im Abendland. München 1997.

Hawel, Peter: Das Mönchtum im Abendland. Geschichte – Kultur – Lebensform. Freiburg i. Br. 1997.

Schwaiger, Georg (Hg.): Mönchtum, Orden, Klöster. Von den Anfängen bis zur Gegenwart. Ein Lexikon. (Beck´sche Reihe). München 2003.

Schwaiger, Georg/ Manfred Heim: Orden und Klöster. Das christliche Mönchtum in der Geschichte. München 2002.

Asketen, Einsiedler und Missionare

Angenendt, Arnold: Das Frühmittelalter. Die abendländische Christenheit von 400 bis 900. Stuttgart ³2001.

Bacht, Heinrich: Das Vermächtnis des Ursprungs. Studien zum frühen Mönchtum, Bd. 2: Pachomius, der Mann und sein Werk. Würzburg 1983.

Bitel, Lisa M.: Isle of the Saints. Monastic Settlement and Christian Community in Early Ireland. Ithaca 1990.

Goehring, James E.: Ascetics, society and the desert. Studies in early Egypt monasticism. Harrisburg 1999.

Prinz, Friedrich: Askese und Kultur. Vor- und frühbenediktinisches Mönchtum an der Wiege Europas. München 1980.

Prinz, Friedrich: Frühes Mönchtum im Frankenreich. Kultur und Gesellschaft in Gallien, den Rheinlanden und Bayern am Beispiel der monastischen Entwicklung (4.–8. Jahrhundert). München ²1988.

Richter, Martin: Irland im Mittelalter. Kultur und Geschichte. München 1996.

Ryan, John: Irish Monasticism. Origins and Early Development. Dublin 1986.

Gorze und Cluny

Buttinger, Sabine: Hinter Klostermauern. Leben im mittelalterlichen Kloster (Geschichte erzählt; 5). Darmstadt 2007.

Constable, Giles/Gert Melville/Jörg Oberste (Hg.): Die Cluniazenser in ihrem politisch-sozialen Umfeld. Münster 1998.

Elm, Kaspar (Hg.): Erwerbspolitik und Wirtschaftsweise mittelalterlicher Orden und Klöster. Berlin 1992.

Hallinger, Kassius: Gorze – Kluny. Studien zu den monastischen Lebensformen und Gegensätzen im Hochmittelalter (Studia Anselmiana XXII-XXV). Rom 1950–51.

Kottje, Raymund/Helmut Maurer(Hg.): Monastische Reformen im 9. und 10. Jahrhundert. Sigmaringen 1989.

Poeck, Dietrich W.: Cluniacensis ecclesia: Der cluniacensische Klosterverband (10.–12. Jahrhundert). München 1998.

Vogtherr, Thomas: Die Reichsabteien der Benediktiner und das Königtum im hohen Mittelalter (900–1125) (Mittelalter-Forschungen; 5). Stuttgart 2001.

Wollasch, Joachim: Cluny – ‚Licht der Welt‘. Aufstieg und Niedergang der klösterlichen Gemeinschaft. Düsseldorf 2001.

Hirsau, Zisterzienser usw.

Borst, Arno: Die Katharer. Stuttgart 1953.

Dinzelbacher, Peter: Bernhard von Clairvaux. Leben und Werk des berühmten Zisterziensers. Darmstadt 1998.

Eberl, Immo: Die Zisterzienser. Geschichte eines europäischen Ordens. Stuttgart 1992.

Elm, Kaspar (Hg.): Norbert von Xanten. Adliger, Ordensstifter, Kirchenfürst. Köln 1984.

Haarländer, Stephanie: Die Zisterzienser. Stuttgart 2006.

Jakobs, Hermann: Die Hirsauer. Ihre Ausbreitung und Rechtsstellung im Zeitalter des Investiturstreits (Bonner Historische Abhandlungen; 4). Köln/Graz 1961.

Knefelkamp, Ulrich (Hg.): Zisterzienser: Norm, Kultur, Reform – 900 Jahre Zisterzienser. Frankfurt/Oder 1998.

Oberste, Jörg: Der Kreuzzug gegen die Albigenser. Darmstadt 2003.

Serrou, Robert: Kartäuser. Vom Leben in der Wüste. Würzburg 2002.

Schreiner, Klaus (Bearb.): Hirsau. St. Peter und Paul 1091–1991. Teil II: Geschichte, Lebens- und Verfassungsformen eines Reformklosters (Forschungen und Berichte der Archäologie des Mittelalters in Baden-Württemberg; 10/2). Stuttgart 1991.

Tourn, Giorgio: Geschichte der Waldenser. Klagenfurt 2006.

Weinfurter, Stefan: Grundlinien der Kanonikerreform im Reich im 12. Jahrhundert, in: Franz Nikolasch (Hg.): Studien zur Geschichte von Millstatt und Kärnten. Klagenfurt 1997, S. 751–770.

Bettelorden und Laienbewegung

Bauer, Dieter (Hg.): Franz von Assisi. Das Bild des Heiligen aus neuer Sicht. Köln 2003.

Berg, Dieter: Armut und Geschichte. Studien zur Geschichte der Bettelorden im Hohen und Späten Mittelalter. Kevelaer 2001.

Feld, Helmut: Franz von Assisi. München 2001.

Feld, Helmut: Die Eingeschlossene von San Damiano. 800 Jahre Klara von Assisi 1193–1993. Tübingen 1993.

Hinnebusch, William A.: Kleine Geschichte des Dominikanerordens, aus dem Amerikanischen von Chr. Holzer und W. Locher. Leipzig 2004.

Melville, Gert (Hg.): In proposito paupertatis: Studien zum Armutsverständnis bei den mittelalterlichen Bettelorden. Münster 2001.

Reichstein, Frank-Michael: Das Beginenwesen in Deutschland. Studien und Katalog. Berlin 2001.

Sankt Elisabeth. Fürstin, Dienerin, Heilige. Aufsätze, Dokumentation. Katalog hg. von der Philipps-Universität Marburg in Verbindung mit dem Hessischen Landesamt für geschichtliche Landeskunde. Sigmaringen 1981.

Schwerhoff, Gerd: Die Inquisition. München 2004.

Frauenklöster und Spätmittelalter

Benker, Gertrud: Ludwig der Bayer. Ein Wittelsbacher auf dem Kaiserthron, 1282–1347. München 1997.

Dinzelbacher, Peter: Mittelalterliche Frauenmystik. Paderborn u.a. 1993.

Helbling, Hanno: Katharina von Siena. Mystik und Politik. München 2000.

Heutger, Nikolaus: Bursfelde und seine Reformklöster. 2. erw. Auflage. Hildesheim 1975.

Iserloh, Erwin: Die Spiritualenbewegung und der Armutsstreit, in: Hubert Jedin (Hg.): Handbuch der Kirchengeschichte. Freiburg 1986.

Krone und Schleier. Kunst aus mittelalterlichen Frauenklöstern. Hg. von der Kunst- und Ausstellungshalle der Bundesrepublik Deutschland, Bonn, und dem Ruhrlandmuseum Essen. München 2005.

Menzel Michael: Ludwig der Bayer. Der letzte Kampf zwischen Kaisertum und Papsttum, in: Alois Schmid/Katharina Weigand (Hg.): Die Herrscher Bayerns. 25 historische Porträts von Tassilo III. bis Ludwig III. München 2001, S. 134–148.

Jesuiten, Freimaurer, Illuminaten

Agethen, Manfred: Geheimbund und Utopie. Illuminaten, Freimaurer und deutsche Spätaufklärung. München 1987.

Hartmann, Peter Claus: Die Jesuiten. München 2001.

Hartmann, Peter Claus: Der Jesuitenstaat in Südamerika 1609–1768. Eine christliche Alternative zu Kolonialismus und Marxismus. Weißenhorn 1994.

Herzig, Arno: Der Zwang zum wahren Glauben. Rekatholisierungspolitik vom 15. bis zum 18. Jahrhundert. Göttingen 2000.

Lutz, Heinrich: Reformation und Gegenreformation. München 2005.

Peters, Henriette: Mary Ward. Ihre Persönlichkeit und ihr Institut. Innsbruck/Wien 1991.

Reinalter, Helmut: Freimaurer. München ³2002.

Reinalter, Helmut (Hg.): Der Illuminatenorden (1776–1784/87). Frankfurt/Main 1997.

Weiß, Dieter J.: Katholische Reform und Gegenreformation. Ein Überblick. Darmstadt 2005.

Wright, Jonathan: Die Jesuiten. Mythos – Macht – Mission. Essen 2005.

Neuzeit und Opus Dei

Chatterjee, Haroub: Mother Teresa. The Final Verdict. Kalkutta 2003.

Endraß, Elke: Gemeinsam gegen Hitler. Pater Alfred Delp und Helmuth James Graf von Moltke. Stuttgart 2007.

Groß, Alexander: Gehorsame Kirche – ungehorsame Christen im Nationalsozialismus. Der Widerstand katholischer Christen gegen das NS-Regime. Mainz 2004.

Rita Haub: Pater Rupert Mayer. Ein Lebensbild. München 2007.

Peter Hertel, „Ich verspreche Euch den Himmel." Geistlicher Anspruch, gesellschaftliche Ziele und kirchliche Bedeutung des Opus Dei. Düsseldorf [4]1991.

Mertens, Annette: Himmlers Klostersturm: Der Angriff auf katholische Einrichtungen im Zweiten Weltkrieg und die Wiedergutmachung nach 1945. Paderborn u.a. 2006.

Pesch, Otto Hermann: Das Zweite Vatikanische Konzil – Vorgeschichte, Verlauf, Ergebnisse, Nachgeschichte. Würzburg 1993.

Schmid, Alois (Hg.): Die Säkularisation in Bayern 1803 (Zeitschrift für Bayerische Landesgeschichte; Beiheft 23). München 2003.

Spink, Kathryn: Frère Roger, Gründer von Taizé – Leben für die Versöhnung. Freiburg im Br. 2007.

Steigleder, Klaus: Das Opus Dei, eine Innenansicht. München 1996.

Ordensregeln

Die Benediktregel. Lateinisch – Deutsch. Hg. im Auftrag der Salzburger Äbtekonferenz. Beuron [3]2001.

Die endgültige Regel der minderen Brüder des heiligen Franziskus von Assisi, in: Hans Urs von Balthasar (Hg.): Die großen Ordensregeln. Zürich/Köln [2]1961, S. 314–321.

Die erste Regel der minderen Brüder des heiligen Franziskus von Assisi, in: Balthasar, Die großen Ordensregeln, S. 287–313.

Die Regel des hl. Augustinus, in: Balthasar, Die großen Ordensregeln, S. 137–171.

Die Satzungen der Gesellschaft Jesu. Aus dem Spanischen übersetzt und eingeleitet von M. Scheonberger und R. Stalder, in: Balthasar, Die großen Ordensregeln, S. 325–411.

Grau, Engelbert/Marianne Schlosser (Hg.): Leben und Schriften der heiligen Klara von Assisi. Kevelaer [8]2001.

Glossar

Abtei: ein Kloster, das von einem eigenen Abt geleitet und selbstständig ist.

Anachoreten: in Askese lebende Einsiedler.

Approbation: Anerkennung durch den Papst. Seit dem 13. Jahrhundert behielt sich der Pontifex nicht nur vor, weltliche Herrscher anzuerkennen oder abzulehnen. Es waren aufgrund der vielen häretischen Strömungen dieser Zeit auch nur Ordensgemeinschaften erlaubt, die vom Papst approbiert waren.

Bettelorden: Im 13. Jahrhundert entstandene Mönchsorden, die sich unter Befolgung eines strengen Armutsgebots vornehmlich der Predigt und karitativem Werk in den Städten widmen. Im Gegensatz zu den → kontemplativen Orden sind die Brüder nicht an ein bestimmtes Kloster gebunden. Die bekanntesten Bettelorden sind die franziskanischen Minderbrüder und die Dominikaner.

Brevier: Ein Brevier (lat. *breve* = kurz) enthält die Texte für das Stundengebet. Im Vergleich zu den Texten des gesungenen Chorgebets waren diese kürzer gehalten.

Cellerar: Der Kellermeister eines Klosters oder Stifts. Er ist für die Verwaltung sämtlicher Vorräte und Gerätschaften zuständig.

Consuetudines: „Lebensgewohnheiten", in denen in Auslegung der oft knapp gehaltenen Ordensregel detaillierte Bestimmungen zum Alltagsleben in Kloster und Stift fixiert sind. Die benediktinischen Cluniazenser beispielsweise hielten zwar an der Benediktregel fest, grenzten sich von anderen Benediktinermönchen aber durch eigene Consuetudines ab.

Dormitorium: der gemeinsame Schlafraum von Mönchen oder Nonnen.

Eigenkirchenrecht: Das Recht des Eigenkirchenherrn (König, Bischof oder Adliger), Einkünfte aus seinem Kloster oder Stift zu beziehen und auf innere Strukturen (z.B. Abtwahlen) Einfluss zu nehmen. Im Gegenzug stattete er sein Kloster mit Gütern und Ländereien aus und sorgte für den Schutz der Mönche und der Klosterfamilie, indem er einen Vogt bestellte oder diese Funktion selbst ausübte. Die Mönche beteten für sein Wohlergehen und sein Seelenheil und bewahrten das liturgische Andenken (*memoria*) an ihn über viele Generationen.

Gelübde: Armut, Keuschheit und Gehorsam sind die traditionellen Gelübde, die ein Mönch oder eine Nonne ablegt. Das Kirchenrecht unterscheidet dabei zwischen *feierlichen* Gelübden, die nur von einem übergeordneten geistlichen Würdenträger außerhalb der Ordensgemeinschaft gelöst werden können, und *einfachen* Gelübden, die ein Oberer innerhalb der Ordensgemeinschaft aufheben kann.

Habit: das Gewand eines Mönches oder Klerikers. Grundbestandteile sind in verschiedenen Ausführungen die *Tunika* als Untergewand und die mit einer Kapuze versehenen *Kukulle* als Obergewand. Einige Orden tragen die sogenannte *Skapulierkukulle*, bei der die Kukulle mit dem aus einer Arbeitsschürze entstandenen *Skapulier* verbunden ist. Charakteristisch für Nonnen und Stiftsdamen ist der Schleier als Kopfbedeckung. Frauenorden orientieren sich ansonsten an den Farben und Gewandformen ihrer Ordensbrüder.

Hexenhammer: Anleitung zum Erkennen und Überführen von Hexen und Zauberern, die von dem Dominikaner Heinrich Kramer (lat. Henricus Institor) 1487 publiziert wurde. Der lateinische Name des Autors wird häufig irrtümlich mit „Institoris“, der Genitivform von „Institor“, wiedergegeben.

Investiturstreit: Auseinandersetzung zwischen Papst und Kaiser um die höchste Autorität auf Erden, die 1076 in der Exkommunikation Heinrichs IV. durch Gregor VII. gipfelte. Danach verlagerte sich der Konflikt ganz auf die Frage, in welchem Umfang der weltliche Herrscher an der Einsetzung von Bischöfen beteiligt sein dürfe. Da der gesamte Streit in vollem Umfang erst seit 1100 zu Recht den Namen Investiturstreit trägt, ist in der neueren historischen Forschung zumeist vom „sogenannten Investiturstreit“ die Rede.

Kämmerer: der Verwalter aller Einkünfte eines Klosters oder Stifts.

Klausur: der zentrale Bereich eines Klosters, den nur die Mönche und Nonnen betreten dürfen. Dazu gehören Dormitorium, Refektorium, Skriptorium und Kapitelsaal. Für viele Frauenorden, beispielsweise für die Klarissen, galten strenge Bestimmungen, denen zufolge sie den Bereich der Klausur nie oder nur selten verlassen durften. Schaltstelle zur Außenwelt war für sie ein Sprechzimmer sowie ein mit einem Tuch verhängtes Sprechgitter.

Kleriker: Weltgeistliche (Priester), auch Kanoniker oder Chorherren genannt. Kleriker können an einer Pfarrkirche dienen oder aber in klosterähnlicher Gemeinschaft unter einer gemeinsamen Regel in einem Stift leben.

Kloster: In einem Kloster leben Mönche und Nonnen nach Ablegen der → Gelübde nach einer gemeinsamen Regel.

Koinobiten: in Gemeinschaft lebende Mönche (z.B. Benediktiner).

Kongregation: a) Organisatorischer Zusammenschluss mehrerer Klöster eines Ordens (z.B. Bursfelder Kongregation im 15. Jahrhundert)
b) Ordensgemeinschaften, die entweder vom Ortsbischof oder vom Papst anerkannt werden. Die Mitglieder legen die einfachen → Gelübde ab und leben in klösterlicher Gemeinschaft (z.B. Salesianer Don Boscos).

kontemplative Orden: Mönchsorden, die sich, dem Gelübde der Ortsgebundenheit (*stabilitas loci*) folgend, dem Gebet und Studium widmen. Zu ihnen gehören die Benediktiner, Zisterzienser und Kartäuser.

Konvent: die Gemeinschaft der Mönche eines Klosters. Im engeren Sinn bezeichnet der Begriff auch alle vollwertigen (stimmberechtigten) Mitglieder eines Klosters.

Konversen: Mönche, die erst im Erwachsenenalter ins Kloster eintreten. In den Benediktinerabteien des Frühmittelalters waren sie vollwertige Mitglieder des → Konvents. Mit den Reformbewegungen des 11. Jahrhunderts (Hirsauer) bildete sich eine neue Form des Konverseninstituts aus: In den Reformklöstern lebten Konversen (Laienbrüder) unter einer vereinfachten Form der Regel und leisteten im Gegensatz zu den Vollmönchen hauptsächlich körperliche Arbeit. Sie waren keine Mitglieder des Konvents.

Minderbrüder: Von Franziskus von Assisi gegründeter Bettelorden, der sich im frühen 16. Jahrhundert aufspaltet in die Orden der Franziskaner und Minoriten. Von den Franziskanern schließlich spalten sich die Kapuziner ab.

Ministerialen: Unfreie Dienstleute, die seit dem 11. Jahrhundert zunächst an Bischofshöfen, dann auch an den Höfen weltlicher Fürsten zu Militär- und Verwaltungsdiensten herangezogen werden. Dazu werden sie mit Dienstlehen (z.B. Ländereien) ausgestattet. Mit Beginn des 12. Jahrhunderts beginnen Ministerialen auch in bedeutende Funktionen am Königshof aufzurücken. Trotz ihrer Unfreiheit bringen es viele von ihnen zu beachtlichem Einfluss und Wohlstand.

Oblaten: lat. *oblatus* = der Dargebrachte. Kinder, die Gott „geopfert" und im Alter von etwa sechs bis sieben Jahren in ein Kloster gegeben werden. Die hauptsächlich von Benediktinern praktizierte Oblation war auch im Mittelalter nicht unumstritten und wurde von einigen benediktinischen Zweigen abgelehnt (z.B. von den Hirsauern). Kirchenrechtlich wurde sie erst 1563 abgeschafft.

Ordensfamilien: Bereits im 13. Jahrhundert begannen die Bettelorden Ordensfamilien auszubilden. Der Erste Orden ist stets der der Männer. Die Frauengemeinschaften bilden den Zweiten und die Laien den Dritten Orden.

Personalprälatur: Klerikale Zweckverbände, die zur Erfüllung besonderer Aufgaben in der Seelsorge vom Apostolischen Stuhl eingerichtet werden können und unter eigener Leitung stehen. Sie sind nicht an ein Territorium gebunden und unterstehen daher nicht den Ortsbischöfen.

Propst: Leiter eines Stifts. Seinem Amt entspricht das des Abtes in den Klöstern.

Säkularinstitut: Ordensgemeinschaften des späten 19. und 20. Jahrhunderts, deren Mitglieder nach Ablegen der einfachen → Gelübde zumeist in ihrem familiären Umfeld verbleiben und ihrem erlernten Beruf nachgehen. Vor allem im Verlauf des 20. Jahrhunderts strebten einige Säkularinstitute verstärkt nach einer Annäherung an eine Lebensweise traditioneller Orden.

Sakramente: sichtbare Zeichen, in denen Gott seine Gegenwart offenbart. Zu ihnen zählen bereits im Mittelalter Taufe, Kommunion (Eucharistie), Firmung,
Beichte, Ehesakrament, Priesterweihe und die Sterbesakramente. Auch die
Königssalbung besaß sakramentalen Charakter.

Skriptorium: die Schreibstube der Klöster und Stifte.

Stift: In einem Stift leben Kleriker (= Kanoniker) oder Stiftsdamen (Kanonissen)
in klosterähnlicher Gemeinschaft nach einer Regel, zumeist der Augustinusregel.

Register der Orts- und Personennamen

Abkürzungen: Äbt.: Äbtissin; Bf.: Bischof; Hzg.: Herzog; Hl.: Heiliger / Heilige;
Kg.: König; Kgn.: Königin; Kl.: Kloster; Ks.: Kaiser; Ksn.: Kaiserin; St.: Stift

Stammtafeln

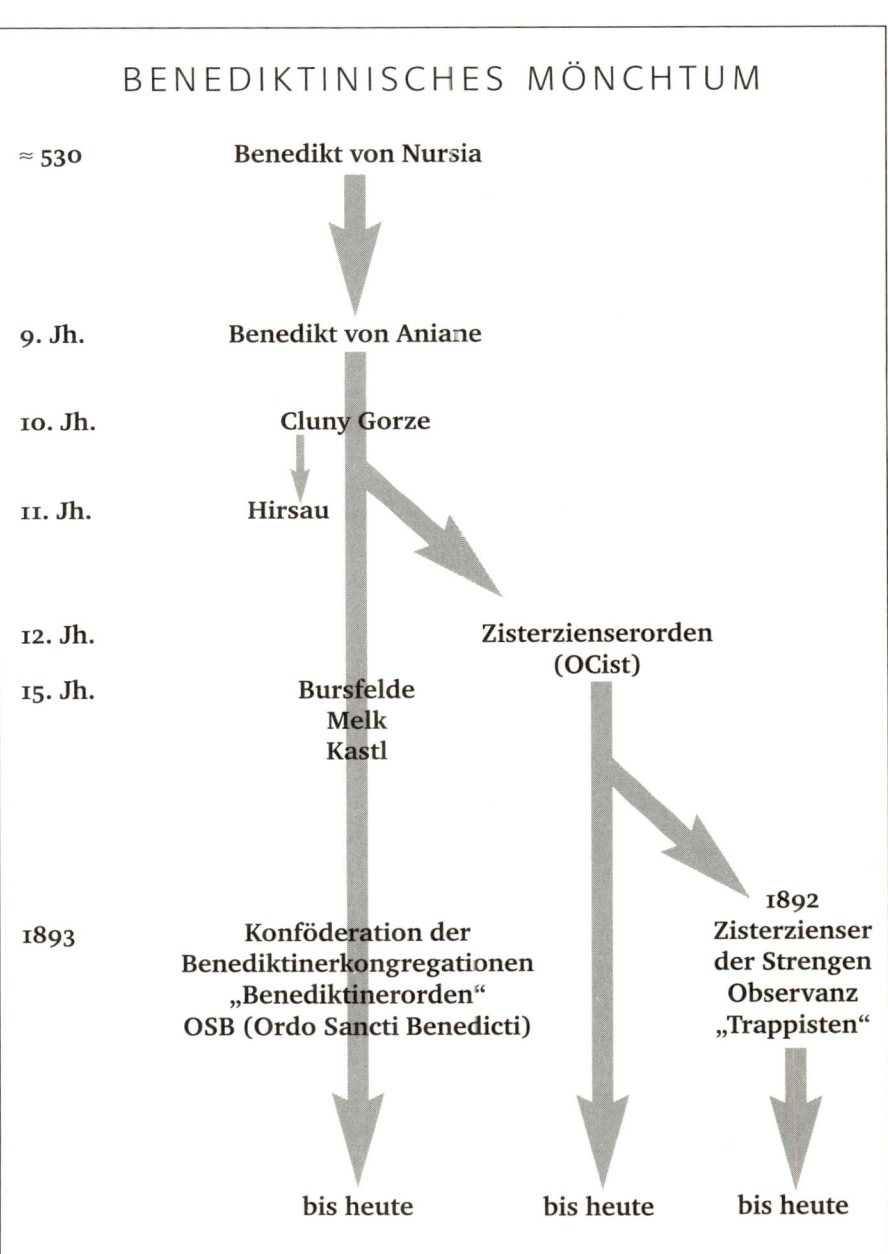

BENEDIKTINISCHES MÖNCHTUM

≈ 530 — Benedikt von Nursia

9. Jh. — Benedikt von Aniane

10. Jh. — Cluny Gorze

11. Jh. — Hirsau

12. Jh. — Zisterzienserorden (OCist)

15. Jh. — Bursfelde Melk Kastl

1893 — Konföderation der Benediktinerkongregationen „Benediktinerorden" OSB (Ordo Sancti Benedicti)

1892 Zisterzienser der Strengen Observanz „Trappisten"

bis heute   bis heute   bis heute

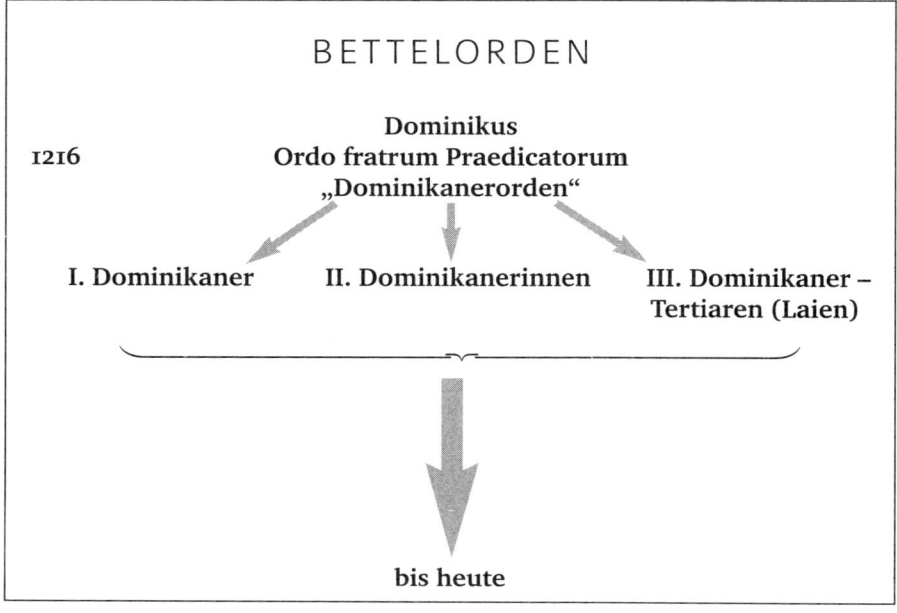

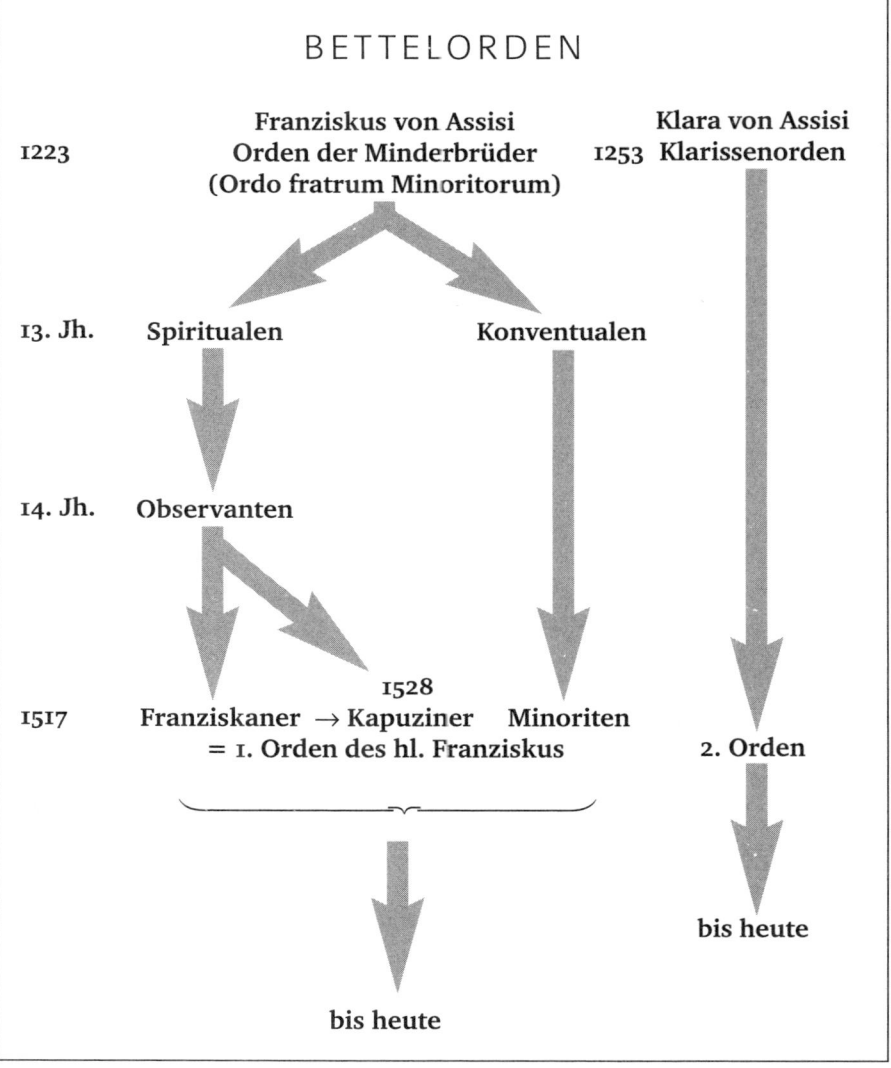

BETTELORDEN

1223	**Franziskus von Assisi** **Orden der Minderbrüder** **(Ordo fratrum Minoritorum)**	1253 **Klara von Assisi** **Klarissenorden**
13. Jh.	**Spiritualen**	**Konventualen**
14. Jh.	**Observanten**	
1517	1528 **Franziskaner → Kapuziner Minoriten** **= 1. Orden des hl. Franziskus**	**2. Orden**
	bis heute	**bis heute**

Der Aufstieg des Christentums

Geschichte und Archäologie einer Weltreligion

Der Leser erfährt, weshalb die Wurzeln des christlichen Mönchtums im Orient liegen und warum man im frühen Mittelalter christliche Kirchen vorzugsweise auf heidnischen Kultstätten errichtete. Spezielle Beachtung finden die Spuren, welche die frühen Christen im deutschen Sprachraum hinterlassen haben.

Von Werner Heinz. 128 Seiten mit 144 farbigen Abbildungen und Karten.

Geschichte der katholischen Kirche

Von den Anfängen bis heute

Die erste reich illustrierte und brillant geschriebene Geschichte der katholischen Kirche – von den ersten urchristlichen Gemeinden bis zu »unserem« Papst Benedikt XVI. Dabei blickt der Autor immer wieder hinter die Kulissen und ergründet die Ursachen gewaltiger Veränderungen, die die Kirche mehrfach in ihrem Inneren erschütterten.

Von Edward Norman. 192 Seiten mit 151 meist farbigen Abbildungen.

Christianisierung im Mittelalter

Der Autor führt den Leser von Irland über das Frankenreich, Skandinavien, das Baltikum, bis nach Russland und zeigt, wie Europa im Mittelalter zu einem christlichen Kontinent wurde. Mit lebendigen Texten und vielen Fotos von Kultgegenständen, Buchmalereien und Kirchen zeichnet der Band ein facettenreiches Bild dieser frühen Zeit Europas.

Von Lutz E. von Padberg. 176 Seiten mit 68 meist farbigen Abbildungen.

Ritterorden im Mittelalter

Rätsel und Legenden umgeben die Geschichte der Ritterorden bis heute. Wie unterschieden sich die einzelnen Bruderschaften und wie sah der Alltag der Ordensritter aus? Das große Überblickswerk verfolgt Aufstieg und Niedergang der europäischen Ritterorden und zeigt, welch tief greifende Spuren Johanniter, Templer und Deutscher Orden in der Welt hinterlassen haben.

Hrsg. von Feliciano N. Portela und Carlos de Ayala Martínez. 240 Seiten mit 210 farbigen Abbildungen.